BICICLETAS NAS CIDADES

VICTOR ANDRADE & LETÍCIA QUINTANILHA
(organização)

BICICLETAS

NAS CIDADES

Experiências de compartilhamento, diversidade e tecnologia

SUMÁRIO

Apresentação: A bicicleta compartilhada e o futuro das cidades 10

1. OPERAÇÃO, PROCESSO E PERFORMANCE

1. Desvendando os benefícios do sistema *dockless* de bicicletas compartilhadas 20
Dana Yanocha

2. O sistema compartilhado de bicicletas de *dockless* na Ásia: Desafios e lições 34
Amanda F. Ferreira
S. K. Jason Chang
Liu Zhuming
Mirian Greiner
Ya-Wen Chen

3. Desafios na operação de sistemas de bicicletas compartilhadas de cidades brasileiras 62
Renata Rabello
Mauricio Villar
Débora Gonçalves
Marina Marques

4. Sistema de bicicletas compartilhadas de Lisboa — Gira 106
Rosa Félix
Filipe Moura

2. BIKE PARA TODXS: DIVERSIDADE E ACESSO

5. Mulheres no pedal: Questões de gênero nos sistemas brasileiros de bicicletas compartilhadas 122
Victor Andrade
Letícia Quintanilha

6. Engajamento comunitário: O caso da Estação Bike 12 Horas em Cidade Tiradentes, São Paulo 136
Cadu Ronca
Natalia Cerri
Natália Lackeski

7. Colorindo as cidades com novas experiências de mobilidade 156
Luiz Alves
Renata Greco
André Kwak
Manuela Colombo

3. POLÍTICAS PÚBLICAS E GESTÃO DE MOBILIDADE COMPARTILHADA

8. Como viabilizar o sistema de bicicletas compartilhadas: Estudos e tendências 170
Aris Moro

9. Sistemas de bicicletas compartilhadas de Fortaleza 186
Bianca Macedo
Tais Costa
Beatriz Rodrigues
Gustavo Pinheiro

10. Os benefícios da mobilidade ativa: Da vontade política à política pública — O caso da Cidade do México 200
Iván de La Lanza

4. EFEITOS DO PEDALAR: BEM VIVER E MEIO AMBIENTE

11. Bicicletas na dinâmica das cidades: Verdadeiras aliadas no combate à emissão de poluentes 226
David Tsai
Felipe Barcellos
Hellem Miranda
Marcelo Cremer

12. Bicicletas compartilhadas e desigualdades socioambientais 244
Victor Callil
Eduardo Rumenig

13. Sistemas de bicicletas compartilhadas, atividade física e saúde 258
Ricardo Brandão
Victor Andrade
Letícia Quintanilha

APRESENTAÇÃO

A bicicleta compartilhada e o futuro das cidades

*Victor Andrade &
Letícia Quintanilha*

Há uma transformação paradigmática no mundo contemporâneo da qual emerge a visão de uma sociedade mais justa e solidária inserida num contexto de transição energética e de maior preocupação com a sustentabilidade. Essa mudança tem efeitos diversos na paisagem e no cotidiano das cidades. Seus desdobramentos são ainda mais evidentes sobre as formas como as pessoas se movimentam e também sobre como é entendida e planejada a mobilidade urbana desses locais.

São Paulo, Los Angeles, Taipei, Mumbai, entre tantas outras cidades do mundo, hoje veem um crescimento exponencial do uso das bicicletas. Trata-se de um fenômeno muito bem-vindo a seus respectivos contextos, haja vista o papel central ocupado pelo transporte motorizado na dinâmica local dos deslocamentos. Todos os dias, habitantes dessas cidades são impactados pelas consequências decorrentes de um modelo de planejamento urbano que durante anos canalizou os investimentos para valorização e priorização do carro. Contudo, já é amplamente reconhecido que o ideal de desenvolvimento urbano que forjou cidades carrocêntricas gera resultados perversos para todos: imobilidade devido ao caos no trânsito e consequente deseconomia, poluição atmosférica que afeta a saúde pública e um desenho urbano que leva ao espraiamento e à segregação social.

Apesar de parecer desolador, o cenário que se vislumbra é de esperança. A constatação dessas consequências negativas acabou se tornando um estímulo para que cidades ao redor do mundo iniciassem uma revolução no seu sistema de transportes. Aos poucos, a paisagem dura e segregadora desses locais, antes dominada pela infraestrutura voltada ao transporte motorizado, vem dando cada vez mais espaço a modos de deslocamento mais democráticos e generosos com a urbanidade — a exemplo da bicicleta. Esse veículo, como modo que oferece inúmeras vantagens — eficiência para deslocamentos de pequena e média distâncias, baixo custo, não poluente e ainda promotor de atividade física —, representa uma importante resposta à necessidade de mudança e de enfrentamento aos atuais obstáculos de mobilidade.

Esse fenômeno de incremento do uso da bicicleta pode ser percebido de maneira ainda mais acentuada na década de 2010. Entre os fatores que o propiciaram, destaca-se o surgimento e crescimento dos sistemas de aluguel de bicicletas compartilhadas (ou, no inglês, *Bike Share Systems* — BSS), já presentes em mais de quatrocentas cidades ao redor do mundo. Assumindo diferentes formatos de operação em cada contexto, os serviços de bicicleta compartilhada se aprimoraram ao longo do tempo e encontraram solo fértil para sua consolidação diante dos avanços tecnológicos na interação com sistemas inteligentes e dados, além do fortalecimento da lógica da economia colaborativa e do compartilhamento.

Essa aceleração da presença e uso das bicicletas também reforça a aproximação de um futuro com cidades mais democráticas. Desde o baixo custo oferecido em comparação a outros modos, passando por condições de maior segurança e praticidade para os usuários, chegando até questões básicas como a flexibilidade de percursos, possibilidade de integração com outros modos, entre outras conveniências, as bicicletas compartilhadas têm demonstrado a capacidade de alcançar um público bastante diverso e que encontra no seu uso uma nova perspectiva de exercício do seu direito à mobilidade e à cidade. Com isso, as bicicletas compartilhadas revelam um papel transformador, tornando o espaço urbano mais acessível.

É do universo das bicicletas compartilhadas que este livro se constrói, observando importantes experiências no Brasil e no mundo. Busca-se, então, compreender como essas novas tecnologias — aplicativos, GPS, monitoramento, entre outras — podem se desdobrar em impactos significativos na construção de cidades mais diversas e inclusivas, com melhoria de qualidade de vida para seus habitantes.

A variedade de visões, modelos e vivências aqui reunidos revelam que não há uma fórmula única para o sucesso. Cada contexto apresenta particularidades e um *modus operandi* próprio, com desafios e potenciais específicos. Por isso, é fundamental a difusão de dados e a ampliação do conhecimento sobre o tema, o que somente se tornou possível nesta publicação por meio da contribuição e relatos das experiências de importantes atores envolvidos nos serviços compartilhados mediante uma frutífera combinação entre academia, setor público, setor privado e terceiro setor. Tal pluralidade torna este livro uma arena colaborativa e inspiradora em que questões, tendências e soluções são apontadas num futuro que se desenha promissor para a mobilidade ativa.

A partir daí, diante da necessidade de uma abordagem holística dos sistemas de compartilhamento, é proposto no livro um panorama construído a partir de quatro eixos temáticos. Com aspectos práticos da operação, sua contribuição social para a ampliação da mobilidade, as relações possíveis com o poder público e os impactos nas condições de vida das cidades em que as bicicletas compartilhadas são introduzidas. Todavia, para além das seções propostas, os debates sugeridos nos capítulos se relacionam em outros aspectos, evidenciando o caráter transversal que é atribuído às bicicletas compartilhadas.

Os capítulos que compõem a parte OPERAÇÃO, PROCESSO E PERFORMANCE abordam aspectos essenciais à dinâmica de funcionamento dos serviços de bicicleta, revelando obstáculos enfrentados na consolidação dos sistemas e elementos importantes relacionados à sua dinâmica de uso. No primeiro capítulo, "Desvendando os benefícios do sistema *dockless* de bicicletas compartilhadas", Dana Yanocha explica as opções de regulamentação dos sistemas de bicicletas compartilhadas sem estações. Também aponta caminhos sobre como os governos locais podem associar políticas de bicicletas compartilhadas ao planejamento estratégico das cidades em diferentes temáticas e diretrizes para garantir a sustentabilidade do sistema. Em seguida, "O sistema público de bicicletas *dockless* na Ásia: Desafios e lições", de Amanda F. Ferreira, Jason Chang, Liu Zhuming, Mirian Greiner e Ya-Wen Chen, explica os fatores de sucesso que catalisaram a ampliação do sistema *dockless* em cidades como Taipei, Singapura, Xangai, Pequim e Guangzhou. Para tal, os autores enumeram os desafios e as soluções encontradas a fim de mitigar os problemas detectados, caracterizando as implicações acarretadas a usuários, prestadoras de serviço e prefeituras envolvidas com os projetos de bicicletas compartilhadas.

Já em "Desafios na operação de sistemas de bicicletas compartilhadas de cidades brasileiras", Renata Rabello, Mauricio Villar, Débora Gonçalves e Marina Marques abordam a trajetória evolutiva desses sistemas no contexto brasileiro, mostrando como se adaptaram às novas tecnologias e operacionalidades até a sua aceitação pública. Ilustrado com dados inéditos de sistemas operados pela Tembici, o texto revela aspectos relacionados à implantação e operação desses serviços de compartilhamento.

Nesse núcleo temático, mas pela observação de outro contexto, o capítulo "Sistema de bicicletas compartilhadas de Lisboa — Gira", Rosa Félix e Filipe Moura relatam a experiência da capital portuguesa no processo de implantação do sistema de bicicletas compartilhadas Gira. O texto aborda os objetivos e metas de crescimento do sistema e as principais decisões relativas à operação, a exemplo das áreas de maior concentração do serviço e a utilização de veículos elétricos.

A partir da seção BIKE PARA TODXS: DIVERSIDADE E ACESSO, é discutida a adesão às bicicletas compartilhadas pelos diferentes grupos sociais, apresentando como esses serviços têm respondido às suas demandas específicas e contribuído para a ampliação da mobilidade. No primeiro debate, são abordadas as desigualdades entre os gêneros refletidas nos deslocamentos urbanos. Ao tratar de um tema cada vez mais urgente, em "Mulheres no pedal: Questões de gênero nos sistemas brasileiros de bicicletas compartilhadas", Victor Andrade e Letícia Quintanilha realizam mapeamento inédito das características do comportamento de viagem de mulheres e homens a partir da análise da utilização de seis sistemas brasileiros de compartilhamento de bicicletas.

Na sequência, em "Engajamento comunitário comunitário: O caso da Estação Bike 12 horas em Cidade Tiradentes, São Paulo", Cadu Ronca, Natalia Cerri e Natália Lackeski apresentam a experiência do Instituto Aromeiazero. A parceria e o trabalho de articulação comunitária no projeto permitiram a implantação do sistema de bicicletas Bike Sampa no bairro Cidade Tiradentes, na Zona Leste da cidade de São Paulo. Os autores relatam a importância e os desafios do engajamento comunitário para que sistemas de bicicletas compartilhadas alcancem áreas de maior vulnerabilidade social, habitualmente distantes das centralidades em que costumam operar. Em "Colorindo as cidades com novas experiências de mobilidade", Luiz Alves, Renata Greco, André Kwak e Manuela Colombo fecham esse eixo e dividem a experiência da provisão de serviços de bicicletas e patinetes *dockless* pelas empresas Grin e Yellow na capital paulista. Ao apresentar dados da operação, o capítulo revela como o serviço contribui para a ampliação da mobilidade entre diferentes grupos da população.

Na seção POLÍTICAS PÚBLICAS E GESTÃO DA MOBILIDADE COMPARTILHADA, os capítulos tratam das formas de articulação com o poder público e da incorporação das bicicletas como parte das políticas de mobilidade locais. Dialogam, ainda, sobre os desdobramentos possíveis na sua gestão e financiamento. Em "Como viabilizar o sistema de bicicletas públicas compartilhadas: Estudos e tendências", Aris Moro aborda as diferentes formas de captação de recursos e financiamentos para viabilização operacional de um sistema público de bicicletas compartilhadas. A partir de experiências pioneiras e exitosas, o autor assinala alternativas e oportunidades para a América Latina nessa empreitada.

No contexto brasileiro, Bianca Macedo, Tais Costa, Beatriz Rodrigues e Gustavo Pinheiro descrevem sobre como Fortaleza se tornou pioneira por adotar políticas voltadas para o transporte ativo, sobretudo relacionadas à promoção do uso da bicicleta. Dessa forma, em "Sistemas de bicicletas compartilhadas de Fortaleza", é abordada a experiência da capital cearense em seu programa de gestão cicloviária, o qual envolve quatro sistemas de bicicletas compartilhadas, articulados com os demais modais de transporte público para atender diferentes demandas de deslocamentos.

Em "Os benefícios da mobilidade ativa: Da vontade política à política pública — O caso da Cidade do México", Iván de La Lanza fecha esse eixo tratando da realidade dos deslocamentos por bicicleta na Cidade do México. O autor lança mão dos princípios do Vision Zero como balizadores de um sistema seguro de mobilidade e aborda a estratégia adotada pelos mexicanos por meio da elaboração do Plano Diretor Verde, em 2007, além de retratar impactos da implementação do sistema de bicicletas compartilhadas Ecobici, em 2010.

EFEITOS DO PEDALAR: BEM VIVER E MEIO AMBIENTE reúne os capítulos finais, que apontam para os principais impactos da bicicleta compartilhada na qualidade de vida das cidades e contabilizam benefícios ambientais e na saúde, decorrentes do uso desses serviços. Iniciando pela dimensão do impacto ambiental dos sistemas de bicicletas compartilhadas, o capítulo "Bicicletas na dinâmica das cidades: Verdadeiras aliadas no combate à emissão de poluentes", assinado por David Tsai, Felipe Barcellos, Hellem Miranda e Marcelo Cremer, estima as emissões de CO_2 evitadas pela utilização do sistema Bike Sampa. O texto revela impactos surpreendentes e as questões que esse tipo de cálculo implica.

Qual a relação entre bicicletas compartilhadas e desigualdades socioambientais? Essa é a abordagem do capítulo de Victor Callil e Eduardo Rumenig, do Centro Brasileiro de Análise e Planejamento (Cebrap). Os pesquisadores analisam se os serviços de bicicletas compartilhadas, da maneira como estão distribuídos pelo território atualmente, colaboram para reduzir desigualdades socioambientais na cidade de São Paulo. O capítulo "Sistemas de bicicletas compartilhadas, atividade física e saúde", assinado por Ricardo Brandão, Victor Andrade e Letícia Quintanilha, fecha a publicação. Ao se debruçarem sobre os dados de uso de sistemas brasileiros, os autores estabelecem parâmetros entre planejamento urbano, mobilidade e alternativas mais econômicas para políticas públicas de saúde.

Com uma proposta panorâmica de debate em torno de eixos temáticos, este livro revela que os sistemas de compartilhamento de bicicleta constituem um universo complexo e em constante transformação. Cada vez mais estratégicos e urgentes para a mobilidade das cidades, os assuntos aqui relacionados exploram diversos contextos e desdobramentos positivos decorrentes do uso desses serviços no dia a dia. Não há como (re)pensar o futuro das cidades sem considerar esses temas como peça-chave nessa construção.

OPERAÇÃO, PROCESSO E PERFORMANCE

1

DESVENDANDO OS BENEFÍCIOS DO SISTEMA *DOCKLESS* DE BICICLETAS COMPARTILHADAS

Dana Yanocha Gerente de pesquisa do Instituto de Política de Transporte e Desenvolvimento, lidera o trabalho do ITDP e desenvolve orientações sobre boas práticas em mobilidade compartilhada, incluindo bicicletas compartilhadas e outras formas de micromobilidade. É mestre em Desenvolvimento Urbano Sustentável pela DePaul University, em Chicago.

Nos últimos anos, o sistema *dockless* (sem estação) tem inovado o setor de bicicletas compartilhadas, alterando fundamentalmente a maneira como as cidades têm tratado o desenho urbano, a implementação e o gerenciamento dos sistemas operantes em seus domínios. A ascensão do sistema *dockless* surgiu como uma resposta direta a desafios que os sistemas tradicionais de compartilhamento de bicicletas ancorados em estações enfrentaram tanto em termos de conveniência para os usuários quanto em termos da necessidade de financiamento público.

Embora os sistemas *dockless*, como Call-a-bike e Nextbike, existam há anos na Europa, sua viabilização dependia consideravelmente do apoio do governo e, ainda por cima, operavam manualmente. Por conta disso, nunca alcançaram os níveis de crescimento que as empresas de mobilidade dedicadas aos novos sistemas *dockless* têm experimentado mais recentemente. Essa nova abordagem de compartilhamento de bicicletas sem estações, no entanto, depende da tecnologia de *smartphones* e de internet de alta velocidade. Além disso, os operadores têm a possibilidade de cobrar taxas mais baixas por viagem aos usuários devido ao apoio financeiro proveniente de investidores de capital de risco.

Esse nível de financiamento permite que as empresas que operam o sistema *dockless* viabilizem o negócio sem a necessidade de subsídios do governo, evitando processos de licitação, que costumam ser lentos, associados aos sistemas tradicionais ancorados em estações.

O sistema *dockless* em sua forma atual — ou seja, com bicicletas ativadas por GPS e contando com mecanismo de travamento automático que permite aos usuários encontrar, bloquear e desbloquear bicicletas usando o *smartphone* e QR code — opera na China desde 2014, embora não tenha sido regulamentado desde a sua implementação. Inicialmente, muitas empresas começaram a operar sem permissão pública e num contexto no qual as cidades ainda não se mostravam preparadas para atender a essa nova tecnologia.

Em abril de 2017, cidades chinesas como Pequim e Xangai — naquele momento "inundadas" por milhões de bicicletas avulsas vinculadas ao sistema *dockless* — começaram, finalmente, a explorar caminhos para regular o fornecimento legal do sistema de modo a gerenciar o espaço público e a garantir a segurança e a privacidade do usuário. Com base na experiência chinesa, em julho de 2017, a cidade de Seattle, no estado de Washington (Estados Unidos), lançou a primeira e mais abrangente estrutura de licenças para gerenciamento de operações de bicicletas compartilhadas do tipo *dockless* antes mesmo de as empresas começarem a "largar" os veículos nas ruas da cidade.

À medida que outras cidades dos EUA e da Europa passaram a reproduzir a estratégia de regulamentação preventiva de Seattle ao longo de 2017, muitas delas perceberam a necessidade de manter um equilíbrio delicado entre inovação e prática. Enquanto os operadores precisam de flexibilidade para inovar, competir e melhorar seus modelos de prestação de serviços, tecnologia e negócios, parâmetros que limitem o excesso de oferta de bicicletas garantem a qualidade da utilização desse meio de transporte e protegem os usuários, sendo aspectos essenciais para preservar o espaço e a segurança pública. Mediante a aprovação de leis municipais, projetando programas-piloto e/ou empregando outros mecanismos reguladores, mais e mais cidades exigiram, com razão, que os operadores *dockless* passassem a estabelecer um mínimo de diálogo com o poder público antes do lançamento do sistema.

Apesar da recente popularidade do sistema *dockless*, os sistemas ancorados em estações continuam a dominar o cenário em termos de número de viagens concluídas (NACTO, 2018). Em várias cidades dos Estados Unidos, como Washington (DC), as bicicletas compartilhadas ancoradas em estação e aquelas avulsas do sistema *dockless* têm se mostrado complementares, talvez devido à sua capacidade de atender a diferentes usuários para diferentes necessidades de viagem (McKENZIE, 2018).

As cidades têm sido confrontadas com decisões complexas em torno da permissão de operação do sistema *dockless*, incertas sobre se o modelo funciona melhor complementando ou substituindo um sistema ancorado em estação. Os custos de oportunidade são aparentes neste caso. Os sistemas ancorados em estações representam altos custos operacionais para a cidade, mas fornecem um serviço confiável e confortável para os usuários. Já os sistemas *dockless* podem ser mais escalonáveis devido aos custos operacionais mais baixos, embora aumentem as preocupações com o bom uso do espaço e a preservação do patrimônio público, se não forem bem regulamentadas pela cidade (ITDP, 2018).

Este capítulo aborda a regulamentação do sistema *dockless* de bicicletas compartilhadas, argumentando que este não deve ser visto como nocivo à cidade tampouco considerado como o melhor ou como modelo inevitável para o setor de bicicletas compartilhadas no futuro. Em vez disso, o objetivo é recomendar ações para que as cidades — que, porventura, tenham decidido autorizar a operação do sistema *dockless* em seus domínios — consigam planejar e gerenciar da forma mais holística possível o funcionamento do serviço.

DESVENDANDO OS BENEFÍCIOS DO SISTEMA *DOCKLESS*

As cidades devem exercer um papel ativo em identificar como o sistema *dockless* de bicicletas compartilhadas pode ajudá-las a alcançar objetivos mais amplos de melhoria da mobilidade e acessibilidade urbanas e, assim, desfrutar de externalidades ambientais e sociais. Embora as cidades não estejam fornecendo (na maioria dos casos) recursos públicos para suprir diretamente a viabilidade do sistema *dockless*, sua operação depende do uso de ruas, calçadas e outras infraestruturas públicas. As cidades, portanto, são responsáveis por preservarem o valor inerente dessa infraestrutura e têm poderes para garantir que as operadoras não façam mau uso dele.

Discutidas em detalhes nas próximas seções, as ações a seguir fornecem uma estrutura para as cidades implementarem uma visão que vislumbre o oferecimento de um sistema *dockless* seguro, acessível e de alta qualidade, que ajuda a atingir objetivos mais amplos de mobilidade sustentável. Essas ações servem tanto para se planejar a operação do sistema *dockless* quanto a operação do sistema ancorado em estação. No entanto, essas ações são abordadas aqui no contexto de sistemas *dockless*.

» Estabelecer determinações para os operadores de modo a garantir o controle do gerenciamento do espaço público (estacionamento, excesso de oferta), acesso equitativo ao sistema, avaliação de impacto e de desempenho, e segurança dos usuários.

» Monitorar a conformidade da atuação do operador perante regras determinadas através do compartilhamento de dados entre cada operador e funcionários públicos treinados para que, em casos de discordância, multas ou outras penalidades, possam ser aplicadas quando necessário.

» Avaliar e alterar as políticas com base no desempenho do sistema ao longo do tempo através do compartilhamento de dados dos operadores e feedback do usuário como forma de se analisar o progresso do programa quanto às metas estabelecidas.

INTEGRANDO O SISTEMA ÀS ESTRATÉGIAS DE DESENVOLVIMENTO URBANO

O sistema de bicicletas compartilhadas pode ser um componente essencial para mitigar questões ligadas às mudanças climáticas, para promover o desenvolvimento econômico, a saúde pública e outras estratégias definidas por cada uma das cidades. A identificação de como as bicicletas compartilhadas — independentemente do sistema adotado — podem se encaixar e contribuir com as metas existentes ajudará as cidades a decidirem quais políticas devem ser priorizadas e, também, a melhor forma de acompanhar o progresso e medir a performance. Exemplos de metas com as quais as bicicletas compartilhadas podem contribuir estão incluídos na Tabela 1.

DEFININDO POLÍTICAS PARA ATENDER AOS OBJETIVOS DE OPERAÇÕES

Além de identificar como o sistema *dockless* pode contribuir para alcançar os objetivos estratégicos de desenvolvimento sustentável, as cidades devem elaborar políticas para enfrentar desafios operacionais específicos, incluindo excesso de oferta de bicicletas, falta de coordenação entre governos e operadores, incerteza, por exemplo, em relação à prestação de serviços. Listados na Tabela 2, esses desafios estão agrupados em quatro objetivos em nível de operação que as cidades devem trabalhar para alcançar.

As condições e objetivos diferem de cidade para cidade. Existe incerteza em relação às autoridades locais que regulam o sistema *dockless*. Dadas essas realidades, não é recomendada uma abordagem

Tabela 1: Como as bicicletas compartilhadas podem ajudar as cidades a alcançarem objetivos de desenvolvimento sustentável

OBJETIVO ESTRATÉGICO	INDICADORES INFLUENCIADOS PELO SISTEMA DE BICICLETAS COMPARTILHADAS	CONTEXTO
Clima	Redução de emissões Redução de quilômetros percorridos por veículo	No Reino Unido, 14% dos usuários de *bikeshare* haviam escolhido esse modal em vez do veículo individual motorizado no seu deslocamento mais recente.[1] Em Shenzhen, na China, os usuários do sistema *dockless* substituíram 10% das viagens de carro por viagens de bicicleta.[2]
Saúde	Melhoria da qualidade do ar Aumento da atividade física	O uso semanal médio do sistema de bicicletas públicas compartilhadas Ecobici, na Cidade do México, representa 31-55% do total de minutos ativos recomendados pela Organização Mundial da Saúde (OMS) por semana.[3]
Economia	Opções acessíveis de transporte	Usuários que lançaram mão de um plano anual são capazes de economizar uma média de US$ 76/mês no deslocamento, aumentando para mais de US$ 100/mês em grandes cidades como Washington (DC), Los Angeles e Nova York.[4]
Segurança	Redução do número de mortes e lesões graves no trânsito	A cidade de Nova York analisou o impacto das bicicletas compartilhadas no número total de ciclistas mortos ou gravemente feridos e encontrou uma redução de 17% na área de abrangência do serviço em comparação ao momento anterior ao lançamento do sistema.[5]
Equidade	Acesso equânime a uma variedade de opções de transporte	Na cidade de Denver, a licença para bicicletas e patinetes oferece aos operadores um incentivo para que mantenham uma porcentagem de sua frota em bairros de baixa renda.[6]

Fontes: [1](COMOUK, 2018), [2](REID, 2018), [3](DE LA LANZA, 2018), [4](VALUEPENGUIN, s/d), [5](GETMAN et al., 2017), [6](DENVER PUBLIC WORKS, 2019).

única para o design regulatório. Em vez disso, as cidades devem garantir que sua estratégia regulatória inclua políticas que atendam a cada um dos objetivos das operações, considerando cuidadosamente as capacidades existentes de pessoal, recursos e necessidades futuras.

Tabela 2: Alternativas de políticas para atender aos objetivos operacionais do sistema *dockless*

OBJETIVOS OPERACIONAIS	ALTERNATIVAS	EXEMPLOS
Gerenciamento efetivo do espaço público O sistema *dockless* requer espaço público onde as bicicletas possam ser estacionadas em diferentes locais. Essas opções de políticas ajudarão a definir hábitos de estacionamento e a melhorar a ordem dos espaços públicos	Limite da frota (estático ou dinâmico) por operador e/ou total Designar o tempo de resposta do operador para remover as bicicletas estacionadas incorretamente Requisito de bloqueio Educação do usuário Áreas designadas para estacionamento	**Tacoma, EUA** | Limite dinâmico da frota[1] **Dublin, Irlanda** | Requisito de bloqueio[2] **Singapura** | Áreas de estacionamento designadas com emissão de comprovante no término de cada viagem[3]
Promover equidade e acessibilidade O sistema pode expandir o acesso a transporte público, empregos e outros destinos — especialmente em bairros historicamente segregados — se forem confiáveis e oferecidos de forma consistente Essas medidas ajudarão a garantir que as bicicletas compartilhadas sejam acessíveis para todos	Requisito de distribuição espacial da bicicleta Opções flexíveis e mais baratas de pagamento (aos que não possuírem *smartphones* e cartões de crédito, facilitando o acesso aos usuários de baixa renda) Integração modal	**San Francisco, EUA** | Opções flexíveis e mais baratas de pagamento (dispensa de depósito-caução, viagens ilimitadas abaixo de 30 min.)[4]

OBJETIVOS OPERACIONAIS	ALTERNATIVAS	EXEMPLOS
Melhorar planejamento e reforço Os dados coletados pelas bicicletas com GPS são valiosos por seu potencial de informar as decisões de planejamento da cidade, esclarecer como e onde os usuários estão andando de bicicleta e para monitorar e aplicar penalidades, em casos de não conformidade As cidades devem exigir e verificar dados históricos e em tempo real dos operadores de bicicletas compartilhadas	Relatórios padronizados de dados Requisito de pesquisa de avaliação pelo usuário	**Los Angeles, EUA** | Especificação de dados sobre mobilidade[5]
Proteção dos usuários As cidades são responsáveis por proteger os residentes e visitantes que usam o sistema conforme exige a lei As cidades devem exigir que as operadoras cumpram padrões claros de manutenção e garantir que os dados da conta dos usuários e as informações de identificação pessoal estejam protegidos	Informações críticas de uso e segurança exibidas no aplicativo e/ou na bicicleta Padrões de equipamentos e manutenção Políticas de reembolso de depósito do usuário	**Londres, Reino Unido** | Requisito legal para os operadores atenderem aos padrões de especificação de equipamentos; operadores obrigados a relatar mortes e ferimentos graves de usuários[6]

Fontes: [1] (CITY OF TACOMA PLANNING & DEVELOPMENT SERVICES, 2018), [2] (KELLY, 2018), [3] (GAUQUELIN, 2019), [4] (SAN FRANCISCO MUNICIPAL TRANSPORTATION AGENCY, 2017), [5] (CITY OF LOS ANGELES, s/d), [6] (TRANSPORT FOR LONDON, 2018).

MONITORAMENTO E APLICAÇÃO DE POLÍTICAS

Necessidade de pessoal

Será necessário designar e/ou contratar agentes públicos responsáveis por desenvolver políticas para o gerenciamento de bicicletas compartilhadas, bem como para apoiar o sistema desde o planejamento até sua implementação e avaliação. As responsabilidades da equipe podem incluir, entre outras, as descritas na Tabela 3.

Tabela 3: Exemplo de tarefas a cumprir pela equipe de agentes públicos designados a fiscalizar o sistema *dockless*

PLANEJAMENTO
• Rascunhar um formulário de solicitação de manifestação de interesse a ser preenchido pelos operadores interessados. • Analisar os formulários enviados. • Reunir informações da equipe de transporte ativo da cidade e especialistas, formulários do operador e membros da comunidade sobre as metas do programa-piloto e os objetivos das operações de alta prioridade. • Especificar os requisitos de licença para aprovação através dos canais municipais. • Analisar os pedidos de permissão de operadores e os operadores pré-selecionados para aprovação.
IMPLEMENTAÇÃO
• Situar e instalar infraestrutura física, como áreas de estacionamento designadas ou bicicletários. • Monitorar os *feeds* de dados do operador em tempo real e conduzir a verificação em campo para conformidade com os requisitos da política. • Coordenar a equipe de manutenção da prefeitura para tratar de questões de estacionamento e prioridade. • Realizar parceria com operadores, grupos de cicloativistas locais e outros grupos comunitários para incentivar o uso e a conscientização do programa de compartilhamento de bicicletas.
AVALIAÇÃO
Avaliar o programa-piloto e estabelecer protocolos para análise periódica do sistema usando dados históricos e pesquisas com usuários.

A variedade de tarefas indica o nível de capacidade que a equipe da cidade provavelmente precisará empreender no gerenciamento de um sistema *dockless* para sustentá-lo a longo prazo. Sem priorizar o tempo da equipe para o gerenciamento, o sistema poderá sofrer resultados indesejados que, por sua vez, poderão prejudicar a qualidade do serviço para os usuários.

Um requisito mínimo de pessoal sugerido para qualquer jurisdição é um funcionário em tempo integral dedicado exclusivamente ao monitoramento do sistema *dockless*. Enquanto cidades pequenas e médias podem não ter capacidade adequada para comprometer recursos humanos para todas as tarefas listadas, consultores de curto prazo podem ser contratados para fornecer suporte durante a fase-piloto ou para tarefas altamente qualificadas, como coleta, verificação e análise de dados.

Idealmente, recomenda-se que um membro adicional da equipe seja responsável pela divulgação e empoderamento da comunidade para incentivar a adoção do sistema de bicicletas compartilhadas em toda a cidade e, também, para ajudar a estabelecer normas desejadas de comportamento. As cidades podem considerar o estabelecimento de uma proporção entre equipe e bicicleta (ou seja, um membro da equipe para cada mil bicicletas) que permitiria aumentar a capacidade de pessoal à medida que a participação de utilização das bicicletas se expande.

Quando um programa-piloto estiver em andamento ou políticas públicas específicas forem adotadas, a equipe deverá validar os dados enviados pelos operadores privados. Também deve ser capaz de entender e avaliar criticamente os dados do operador para garantir a conformidade com as políticas da cidade, o que provavelmente inclui habilidades de sistema de informações geográficas (GIS), um entendimento das APIs (interface de programação de aplicações) e como verificar em campo os dados do operador. Como esses dados informam as verificações de conformidade, o profissional deve ser alocado ou ter um canal direto com o departamento encarregado de emitir as multas de fiscalização. Contudo, não é recomendável que esse membro da equipe seja direta ou exclusivamente responsável pela emissão de multas, evitando assim o potencial de suborno por parte dos operadores ou outras práticas corruptas.

Medidas que remunerem a equipe de agentes públicos responsáveis pelo monitoramento podem ser financiadas por meio de licenças e/ou taxas administrativas pagas por empresas privadas de *bikeshare* para operar conforme a lei no espaço público. No entanto, é importante criar canais que permitam reduzir a capacidade da equipe de monitoramento em aprovar um alto número de empresas aptas a operar sistemas de bicicletas compartilhadas como forma de se cobrar mais taxas administrativas. A remuneração da equipe de monitoramento não deve ser oriunda de multas por não conformidade impostas às empresas dado o potencial de conflito de interesses.

Compartilhamento de dados para monitoramento e aplicação

Para garantir que as políticas minimizem com êxito os desafios no nível das operações, as cidades devem, como pré-requisito para a operação, exigir que as operadoras compartilhem dados em tempo real, e que estes sejam fáceis de validar. Os dados verificados do operador são críticos para uma análise precisa do desempenho do sistema e para a execução eficaz. A análise de desempenho quantificará o impacto das políticas em relação à cada objetivo de operação e ajudará a acompanhar o progresso em direção ao alcance das metas estratégicas da cidade para seu desenvolvimento sustentável.

Uma estratégia de aplicação de políticas deve ser implementada desde o início para estabelecer normas que maximizem a conformidade com a lei e minimizem a necessidade de aplicação de multas. Uma estratégia bem-sucedida exigirá:

1) Dados históricos, e em tempo real, dos operadores.
2) Recursos humanos capazes de interpretar os dados do operador e avaliar as multas.

Recomenda-se que as cidades apliquem políticas por meio de multas ou outras penalidades (como a redução do tamanho da frota, implicando consequentemente a redução da abrangência de mercado) cobradas dos operadores por não conformidade com os requisitos estabelecidos. A receita gerada com multas pode ser direcionada a projetos de infraestrutura de circulação para bicicletas e pedestres ou para custear despesas administrativas, mas não deve ser usada para compensar diretamente a equipe de monitoramento como forma de se evitar qualquer aparência de conflito de interesses. Portanto, as estratégias de aplicação também devem ser projetadas para incentivar a conformidade, reduzindo a necessidade de aplicação de multas ao longo do tempo à medida que os operadores entenderem que adaptar suas operações para atender aos requisitos é mais barato e fácil do que pagar multas ou sofrer a penalidade de redução do tamanho da frota autorizada a circular. O número de funcionários e outros oficiais necessários para conduzir a execução dessas penalidades pode, então, diminuir ao longo do tempo, caso esse entendimento seja assimilado.

AVALIANDO E AJUSTANDO POLÍTICAS AO LONGO DO TEMPO

Os municípios e a equipe de monitoramento devem avaliar periodicamente o desempenho do sistema para garantir que as políticas do sistema *dockless* atendam efetivamente às metas estabelecidas. Dados apropriados que correspondam ao progresso em direção a cada meta devem ser coletados para essa finalidade. Por exemplo, uma pesquisa anual abrangente e distribuída por cada operador pode ajudar a cidade a entender os dados demográficos e as necessidades dos usuários do sistema e informar as decisões sobre como expandir o acesso a grupos periféricos e/ou mais desfavorecidos. Esses dados podem, então, ser combinados com dados coletados por outros meios, como divisão modal, acessibilidade e outros indicadores existentes para desenvolver uma imagem mais completa do desempenho geral do sistema.

CONSIDERAÇÕES FINAIS

Na última década, as bicicletas compartilhadas fomentaram inúmeras oportunidades de transporte sustentável. A promoção de integrações flexíveis e acessíveis ao trânsito, a possibilidade de realização de viagens multimodais, o apoio ao avanço dos planos de expansão de infraestrutura cicloviária a longo prazo e a ampliação da utilização da bicicleta, em geral, como meio de transporte, são apenas alguns dos benefícios que o sistema pode oferecer.

Embora tenha modificado a relação entre governos municipais e operadores, as metas e oportunidades do sistema *dockless* para compartilhamento de bicicletas permaneceram as mesmas. Para garantir a sustentabilidade do sistema a longo prazo, as cidades devem, assim:

1) Integrar o sistema *dockless* às metas de mobilidade e acessibilidade existentes e adotar políticas que obriguem os operadores a ajudar a alcançar essas metas em troca do uso do espaço público;

2) estabelecer objetivos, para os operadores, que tratem da gestão do espaço público e do acesso equitativo, possibilitem a avaliação do desempenho e garantam a segurança dos usuários;

3) monitorar a conformidade do operador usando dados e aplicar penalidades através de multas, quando necessário;

4) avaliar e alterar medidas de penalidade ao longo do tempo.

Por fim, as cidades devem ter um papel ativo no planejamento, projeto, implementação e gerenciamento de sistemas de compartilhamento de bicicletas — da mesma forma que faria para outros modos de transporte público — com o objetivo de que o sistema funcione como uma opção confiável, acessível e econômica para viagens curtas.

REFERÊNCIAS BIBLIOGRÁFICAS

CITY OF LOS ANGELES. *Urban Mobility in a Digital Age:* A Transportation Technology Strategy for Los Angeles. Report, 2016. Disponível em: <www.urbanmobilityla.com/strategy>. Acesso em: set. 2019.

CITY OF TACOMA PLANNING & DEVELOPMENT SERVICES. *Right of Way Use Permit*, 2018. Disponível em: <http://cms.cityoftacoma.org/publicworks/bikeshare/Tacoma_Lime_Permit%20Application_Sep2018-Final.pdf>. Acesso em: set. 2019.

COMOUK. *Bike Share Users Survey 2018*: UK's first research into the impacts of dockless models. Booklet, 2018. Disponível em: <https://como.org.uk/wp-content/uploads/2018/09/CoMoUK-Bike-Share-Survey-2018-WEB.pdf>. Acesso em: set. 2019.

DE LA LANZA, I. Cyclists and Walkers Lead Mexico City on the Road to Sustainability. *The City Fix*, 10 maio 2018. Disponível em: <http://thecityfix.com/blog>. Acesso em: set. 2019.

DENVER PUBLIC WORDS. *Denver Dockless Mobility Program:* Pilot Interim Report, 2019. Disponível em: <https://www.denvergov.org/content/dam/denvergov/Portals/705/documents/permits/Denver-dockless-mobility-pilot-update-Feb2019.pdf>. Acesso em: dez. 2019.

GAUQUELIN, A. Where is the Parking Spot? About Indiscriminate Parking, *Shared Micro-Mobility*, 9 jan. 2019. Disponível em: <https://shared-micromobility.com/where-is-the-parking-spot-about-indiscriminate-parking/>. Acesso em: ago. 2020.

GETMAN, A. et al. *Safer Cycling:* Bicycle Ridership and Safety in New York City. New York City Department of Transportation, jul. 2017. Disponível em: <http://www.nyc.gov/html/dot/downloads/pdf/bike-safety-study-fullreport2017.pdf>. Acesso em: dez. 2019.

INSTITUTE FOR TRANSPORTATION AND DEVELOPMENT POLICY (ITDP). *The Bikeshare Planning Guide*, 2018. Disponível em: <bikeshare.itdp.org>. Acesso em: dez. 2019.

KELLY, O. Stationless Bike Scheme Could be Scuppered by Locking Requirements, *The Irish Times*, 2 maio 2018. Disponível em: <www.irishtimes.com/news/environment/stationless-bike-scheme-could-be-scuppered-by-locking-requirements-1.3481964>. Acesso em: dez. 2019.

MCKENZIE, G. *Docked vs. Dockless Bike-sharing: Contrasting Spatiotemporal Patterns*, 2018. Disponível em: <https://grantmckenzie.com/academics/Dockless2018.pdf>. Acesso em: dez. 2019.

NATIONAL ASSOCIATION OF CITY TRANSPORTATION OFFICIALS (NACTO). *Bike Share in the US: 2017*, 2018. Disponível em: <https://nacto.org/wp-content/uploads/2018/05/NACTO-Bike-Share-2017.pdf>. Acesso em: dez. 2019.

REID, C. Cycle Miles Double in China Thanks to Dockless Bike Sharing, BikeBiz, 26 jan. 2018. Disponível em: <https://www.bikebiz.com/landscape/dockless-booming-in-china>. Acesso em: dez. 2019.

SAN FRANCISCO MUNICIPAL TRANSPORTATION AGENCY. *Stationless Bikeshare Program Permit Application*, 2017. Disponível em: <https://www.sfmta.com/sites/default/files/projects/2017/Bike%20Share%20Permit_v1.1_FINAL.pdf>. Acesso em: dez. 2019.

TRANSPORT FOR LONDON. *Dockless Bike Share Code of Practice for Operators in London*, set. 2018. Disponível em: <http://content.tfl.gov.uk/dockless-bike-share-code-of-practice.pdf>. Acesso em: dez. 2019.

VALUE PENGUIN. How Much You Can Save if You Commute by Bike. *Value Penguin*, 30 jul. 2018. Disponível em: <www.valuepenguin.com/how-much-time-and-money-you-can-save-commuting-bike>. Acesso em: dez. 2019.

O SISTEMA COMPARTILHADO DE BICICLETAS *DOCKLESS* NA ÁSIA: DESAFIOS E LIÇÕES

Amanda F. Ferreira Mestre em Engenharia de Transportes pela Universidade Federal do Rio de Janeiro. Especialista em Transportes e Trânsito pelo Centro Federal de Educação Tecnológica de Minas Gerais e em Logistics and Supply Chain Management (GCLOG) pelo Massachusetts Institute of Technology. Doutoranda em Engenharia Civil na National Taiwan University, trabalha com temas como acessibilidade e mobilidade sustentável.

S. K. Jason Chang Professor do Departamento de Engenharia Civil e diretor do Centro Avançado de Pesquisa em Transporte Público da National Taiwan University. Vice-presidente da ITS Taiwan e membro do conselho de administração do ITS World Congress. Primeiro vice-presidente da Eastern Asia Society for Transport Studies (EASTS).

Liu Zhuming Mestre em Engenharia Civil pela National Taiwan University. Tem experiência como engenheiro assistente na China Highway Engineering Consultants Corporation.

Mirian Greiner Engenheira de Transportes pelo Centro Federal de Educação Tecnológica de Minas Gerais. Experiência profissional com projetos de planejamento de transportes e mobilidade urbana.

Ya-Wen Chen Doutora e mestra pelo Departamento de Ciência de Gerenciamento de Transporte da Universidade Nacional Cheng Kung, é chefe executiva do Centro Avançado de Pesquisa em Transporte Público da Universidade Nacional de Taiwan, onde também realiza pós-doutorado.

A rápida urbanização é um fenômeno mundial que trouxe desafios significativos para as cidades, como o aumento da poluição do ar e o congestionamento do tráfego. De acordo com a Organização das Nações Unidas (ONU) em 2018, estima-se que, até 2050, 68% da população mundial esteja vivendo em centros urbanos. Isso representa um aumento de 2,5 bilhões de pessoas, das quais, 90% residirá na Ásia e na África. Os níveis de congestionamento e poluição nos países asiáticos estão entre os piores do mundo. Muitas cidades chinesas possuem qualidade do ar classificada como "insalubre", sobretudo para grupos vulneráveis, enquanto países como Coreia do Sul, Singapura e Taiwan têm seus níveis de poluição classificados como "moderados", o que já é considerado distante do desejável pela Organização Mundial da Saúde (OMS). Na América Latina, onde 81% da população já vive em áreas urbanas, países como Brasil, Chile, Peru e Colômbia também têm níveis de poluição do ar considerados "moderados" (IQAir AirVisual, 2018). O transporte é uma das principais fontes de poluição atmosférica e de consumo energético. Entretanto, ele é essencial para tornar possível a vida nos centros urbanos. Dessa forma, é indispensável que governos promovam e estimulem o uso de modos de transporte mais amigáveis ao meio ambiente.

As bicicletas são uma alternativa de transporte flexível e econômica que, ao serem consideradas para pequenas distâncias em áreas urbanas, entre 2 e 5 quilômetros, competem com veículos motorizados. Elas são uma opção atraente de baixo carbono para o transporte urbano, tanto para viagens de curta distância quanto para a primeira e última

milhas[1] em combinação com o transporte público (VAN WEE et al., 2006; BUEHLER, 2012; MILLWARD et al., 2013; LI et al., 2013; KUMAR et al., 2016 e MA et al., 2018). Nesse contexto e de forma alinhada aos princípios da mobilidade urbana sustentável, os sistemas de bicicletas compartilhadas surgiram e se espalharam pelo mundo (O'BRIEN et al., 2014; CAGGIANI et al., 2018).

Atualmente existem dois tipos principais de sistema de bicicletas compartilhadas: o sistema de bicicletas ancorado em estações e o sistema *dockless*. No sistema ancorado em estações, o usuário pode alugar uma bicicleta em uma estação e devolvê-la em outra estação próxima ao seu destino final. Já o sistema *dockless* não conta com estações de ancoragem, pois as bicicletas podem ser alugadas e devolvidas em qualquer lugar dentro da área designada mediante o desbloqueio por um aplicativo de *smartphone*.

A rápida propagação dos sistemas de bicicletas compartilhadas na Ásia pode ser explicada pela necessidade de reduzir as emissões de poluentes atmosféricos e de melhorar a situação do tráfego, especialmente considerando o crescente aumento da demanda por transporte. O rápido desenvolvimento tecnológico combinado à urgência em tratar esses problemas tornou o cenário propício para a proliferação dos sistemas *dockless* em território asiático. Embora esse sistema tenha recebido atenção devido ao seu crescimento na Ásia, hoje em dia ele já está estabelecido em muitos países pelo mundo e opera de forma concomitante aos sistemas ancorados em estações em muitas cidades (PAL e ZHANG, 2017; SHEN, 2018; CAGGIANI et al., 2018).

Nesse contexto, este capítulo apresenta uma visão histórica da criação do sistema *dockless* e de sua rápida disseminação na Ásia, os desafios que o sistema tem enfrentado e como as cidades asiáticas estão conseguindo superá-los. Para enriquecer a discussão, apresentamos exemplos de cidades como Taipei, Singapura, Xangai, Wuhan, Guangzhou, Chengdu e Pequim. Por fim, apresentamos soluções e/ou medidas mitigadoras adotadas para superar os problemas descritos, além de boas práticas e sugestões. O capítulo também discute a interação entre governo, setor privado e usuários, e o equilíbrio dos interesses — muitas vezes conflitantes — no uso dos espaços públicos urbanos, oferecendo assim ideias para os países da América Latina que estão começando a ter esse tipo de sistema.

---

[1] Termo utilizado para caracterizar a distância entre local de origem ou destino de uma viagem e o acesso ao transporte público coletivo.

SISTEMAS DE BICICLETAS COMPARTILHADAS E O SISTEMA *DOCKLESS*: "DE VOLTA PARA O FUTURO"?

Apesar de o sistema *dockless* ter sido pioneiro em compartilhamento de bicicletas, o sistema ancorado em estações apresentou uma implementação mais consistente nos últimos anos. O notável sucesso dos sistemas ancorados em estações fez com que eles ganhassem notoriedade como uma nova alternativa para a mobilidade sustentável e fez com que os sistemas *dockless* parecessem uma possibilidade a ele ou uma melhoria proposta, quando, na realidade, a história mostra que as coisas aconteceram exatamente da maneira oposta.

Ao contrário do que se acredita, a primeira experiência com bicicletas compartilhadas foi em um sistema *dockless*. Criado por um grupo de ativistas em Amsterdã, na Holanda, em 1965, recebeu o nome de Whitte Fietsen — ou Bicicletas Brancas. Este sistema contava com cinquenta bicicletas desbloqueadas distribuídas pela cidade para serem usadas por qualquer pessoa de forma anônima e gratuita. Embora diferentes umas das outras, as bicicletas eram pintadas na mesma cor, assim como suas sucessoras das gerações seguintes. Considerada como a primeira geração do sistema de bicicletas compartilhadas, essa não foi uma experiência de sucesso, pois em questão de dias, após serem disponibilizadas, as bicicletas foram roubadas ou danificadas (DEMAIO, 2009; SHEN, 2018; KABAK et al., 2018; CHARDON, 2019).

A segunda geração de bicicletas compartilhadas começou na Dinamarca, em 1991, nas cidades de Farsø e Grenå e, em 1993, em Nakskov. Contudo, foi somente em 1995 que essa geração teve seu sistema de grande escala, lançado em Copenhague, com 110 estações e 1.100 bicicletas que não necessariamente precisavam ser devolvidas na mesma estação onde foram retiradas. O sistema da segunda geração contava com uma estação e, ao contrário da geração anterior, as bicicletas só eram desbloqueadas através de um depósito reembolsável. Como o depósito era feito com uma moeda, essa geração passou a ser conhecida como "sistema baseado em moedas". Apesar das melhorias, a manutenção da gratuidade e do anonimato fez com que problemas similares aos enfrentados pelo sistema da primeira geração, como roubo e vandalismo, continuassem acontecendo, mesmo que com menor frequência, devido à necessidade de devolver a bicicleta para recuperar a moeda depositada (DEMAIO, 2009; SHAHEEN et al., 2010). Apesar do sucesso aparente com a redução dos incidentes de roubo e vandalismo, o sistema dessa geração enfrentou também problemas operacionais, pois não havia controle do tempo de uso ou de retorno das bicicletas (MELO e MAIA, 2013).

A terceira geração teve seu início em 1996 na Universidade de Portsmouth, Inglaterra, mas foi somente em 1998 que o sistema foi lançado para ser usado pelo público em geral em Rennes, na França. Esta geração trouxe como inovação o uso de diferentes aplicações da tecnologia da informação e comunicação (TIC) — por essa razão a geração é comumente referenciada como "Smart Bike" ou "Sistema baseado em TI". O sistema dessa geração introduziu a necessidade de identificação dos usuários, terminando com o anonimato e consequentemente ajudando a minimizar a ocorrência de roubo e vandalismo. Em vez de moeda, as bicicletas passaram a ser desbloqueadas com uso de um cartão de usuário previamente registrado. O sistema também utilizava estações fixas com totens de acesso e disponibilizava as bicicletas de forma gratuita nos primeiros 30 minutos de uso, sendo o tempo excedente cobrado no cartão de crédito indicado pelo usuário no momento do registro (DEMAIO, 2009; SHAHEEN et al., 2010; MELO e MAIA, 2013).

Devido ao seu sucesso, sistemas da terceira geração foram lançados em Lyon no ano de 2005 e, em 2007, em Paris, na França. Esses sistemas incorporaram como melhoria em sua operação o uso de rastreamento por GPS e a possibilidade de obter informações sobre a disponibilidade das bicicletas em tempo real. Isso despertou o interesse internacional por este modo de transporte (DEMAIO, 2009; MELO e MAIA, 2013). Alguns autores se referem a essa versão atualizada do sistema como "terceira geração *plus*" como forma de destacar os aperfeiçoamentos que foram incorporados no sistema (ASSIM MOHAMMED, 2017; BIELIŃSKI e WAŻNA, 2018). O uso das tecnologias descritas tornou possível ao provedor de serviços receber informações sobre os usuários, o *status* das estações e informações sobre a retirada e devolução de bicicletas, além do rastreamento da frota em tempo real. Isso representou uma melhoria não apenas no gerenciamento do sistema, mas também na satisfação do usuário.

A terceira geração de bicicletas compartilhadas se espalhou rapidamente pelo mundo. Singapura foi a primeira cidade asiática a aderir com um sistema denominado TownBike (mais tarde chamado de SmartBike). Essa geração expandiu-se, então, para toda a Ásia. Em 2002, a cidade de Taito, Japão, lançou o Experimento de Compartilhamento de Bicicletas Taito. Em 2008, Changwon, na

Coreia do Sul, inaugurou seu sistema, o Nubija. No mesmo ano em Hangzhou, China, o sistema HZ Bike foi iniciado e, em 2009, Taiwan introduziu em Kaohsiung o C-Bike e, em Taipei, o YouBike. Ainda em 2009, Montreal, Canadá, lançou o BIXI, que mais tarde foi adaptado e se tornou o primeiro sistema da quarta geração (SHAHEEN et al., 2010; MELO e MAIA, 2013). Na América Latina, o primeiro sistema a ser implementado foi o B'easy, em Santiago, Chile. No mesmo período, foram lançados sistemas no México, Argentina, Colômbia e Brasil (MELO e MAIA, 2013).

A quarta geração de bicicletas compartilhadas foi lançada em Montreal, em 2009. Desde então vem se expandindo por todo o planeta de forma tão rápida que fica difícil acompanhar. Na Ásia, sobretudo, o crescimento do sistema foi exponencial, o que torna os asiáticos líderes mundiais em número de prestadores e usuários desse serviço. A China, por exemplo, alcançou a impressionante marca de 400 milhões de usuários registrados e 23 milhões de bicicletas (BIELIŃSKI e WAŻNA, 2018). A quarta geração de bicicletas compartilhadas também possui recursos baseados em TI semelhantes aos empregados na geração anterior. Como algumas das características aprimoradas desse sistema, destacam-se: tecnologia que permite a redistribuição responsiva à demanda, valores de tarifa que estimulem o equilíbrio entre oferta e demanda, rastreamento por GPS e aplicativos para smartphones que oferecem não apenas informações básicas sobre o status das estações e disponibilidade de bicicletas, mas também dados em tempo real que podem ajudar o usuário a planejar sua viagem considerando um número variado de aspectos.

No entanto, entre as melhorias apresentadas, a mais significativa desta geração foi o potencial de integrar o sistema de bicicletas compartilhadas a outros modos de transporte (multimodalidade) por meio do uso de cartões inteligentes, estrutura de pagamento unificada e fornecimento de informações em tempo real integradas a outros sistemas de trânsito. Essa nova geração trouxe, pela primeira vez, o sistema *dockless* com equipamentos de bloqueio inteligente que podem ser acessados por aplicativos (SHAHEEN et al., 2010 e 2013; MELO e MAIA, 2013). A comparação de componentes e características das quatro gerações de sistemas públicos de bicicletas compartilhadas pode ser vista no Quadro 1.

A quarta geração trouxe como uma de suas principais inovações o renascimento das bicicletas compartilhadas *dockless*, também conhecidas por "bicicletas flutuantes ou avulsas". A reinserção

Quadro 1: Comparação entre as quatro gerações de bicicletas públicas compartilhadas

PRIMEIRA GERAÇÃO — 1965 HOLANDA	SEGUNDA GERAÇÃO — 1991/1995 DINAMARCA
Bicicletas gratuitas Componentes: Bicicletas Características: Bicicletas distintas Bicicletas desbloqueadas Sem custos Sem estações	**Sistema baseado em moedas** Componentes: Bicicletas Estações de retirada/devolução Características: Bicicletas distintas Bicicletas bloqueadas Depósito-caução através de moeda Sem custos Estações especificadas
TERCEIRA GERAÇÃO — 1996/1998 **INGLATERRA/FRANÇA**	**QUARTA GERAÇÃO — 2009** **CANADÁ**
Sistema baseado em TI Componentes: Bicicletas Estações de retirada/devolução Acesso via totens Características: Bicicletas distintas Bicicletas bloqueadas Cartão inteligente Sem custos (nos primeiros 30 minutos) Estações especificadas	**Sistema baseado em demanda responsiva/multimodal** Componentes: Bicicletas com bloqueio inteligente (podendo ser elétricas) Estações de retirada/devolução (fixas, operadas via energia solar ou *dockless*) Acesso via totens (sem totens quando se tratam de *dockless*) Características: Bicicletas distintas Bicicletas bloqueadas Acesso via smartphone Pago desde o primeiro minuto de uso Informações de disponibilidade em tempo real Integrado ao sistema de transporte público local mediante uso de cartão inteligente/bilhete único Sistema inteligente de rebalanceamento das bicicletas Monitoramento via GPS

Fonte: Baseado em Shaheen et al., 2010 e 2013; DeMaio, 2009; Melo e Maia, 2013.

desse tipo de sistema nas cidades objetivou atrair novos usuários, tornando o serviço ainda mais flexível e conveniente. Mas, se o sistema *dockless* foi substituído pelo sistema ancorado em estações por ser considerado antiquado e desvantajoso, por que o mesmo ressurgiu como algo inovador na quarta geração? Uma resposta curta para essa pergunta poderia ser: tecnologia. O rápido desenvolvimento da tecnologia na Ásia e sua popularização tornou possível, para muitas empresas e *startups*, o lançamento de seu próprio sistema *dockless*. Com o surgimento de tecnologias como GPS, *smartphones* e seus aplicativos e do pagamento *on-line*, foi possível relançar o sistema *dockless* com a flexibilidade dos sistemas da primeira geração, mas, ao mesmo tempo, com o controle das gerações que se seguiram. De fato, quando comparado ao sistema ancorado em estações, o sistema *dockless* apresenta uma série de vantagens. Como não existem estações para retirada e devolução das bicicletas, tampouco totens para pagamento, o sistema requer um investimento inicial significativamente menor. A tecnologia GPS utilizada nas bicicletas possibilitou o gerenciamento da operação em tempo real, o que ajudou a reduzir o roubo de bicicletas e facilitou a realocação das mesmas de forma mais eficiente. A inexistência de estações contribuiu para acabar com a incerteza do usuário acerca da disponibilidade de vagas nas estações ao devolver a bicicleta. A ausência de estações fixas tende a aumentar a satisfação do usuário e a atratividade geral do sistema, visto que a flexibilidade de alugar e devolver a bicicleta em qualquer local torna o sistema muito mais conveniente para os usuários, proporcionando um transporte eficiente de ponta a ponta (PAL e ZHANG, 2017).

IDEIAS INOVADORAS, GRANDES DESAFIOS

Apesar das vantagens frente ao sistema ancorado em estações, a disseminação do sistema *dockless* levantou preocupações com relação ao uso de espaços públicos. Por um lado, a atratividade do sistema depende de sua flexibilidade e do fato de parecer superar alguns dos problemas enfrentados pelo sistema ancorado em estações, já que este exige um planejamento e operação logísticos complexos para equilibrar tanto a disponibilidade de bicicletas a serem alugadas quanto das docas para que os usuários devolvam suas bicicletas após o uso. A ausência de bicicletas nas estações quando os usuários necessitam, ou a falta de docas disponíveis quando os usuários precisam devolver as bicicletas, são problemas que não existem no sistema *dockless*. Desta forma, a inexistência de estações tornou esse sistema muito mais flexível, pois, além da disponibilidade de bicicletas ou de docas, o sistema *dockless* supera o inconveniente de ter que encontrar uma estação em si. Essa flexibilidade fez com que esse tipo de sistema emergisse como uma opção ideal para viagens de primeira e última milha, possibilitando um transporte de ponta a ponta (CHEN et al., 2018). Por outro lado, a flexibilidade em encontrar uma bicicleta disponível, bem como a liberdade de terminar a viagem e estacionar a bicicleta em qualquer local, trouxeram desafios às operações do sistema *dockless*, não apenas do ponto de vista técnico do prestador de serviços, mas também no que diz respeito ao uso dos espaços públicos. Os desafios relacionados ao uso do espaço público envolvem um número significativo de conflitos de interesses e levam a um cenário complexo que inclui restrições e demandas dos usuários, do governo e do prestador de serviços (ITDP, 2018; BARROS, 2018). O equilíbrio desses interesses pode ser complexo e, geralmente, envolverá um *trade-off* entre as partes, como pode ser observado na Figura 1.

A complexidade inerente à operação, à regulamentação e à usabilidade do sistema *dockless* tem sido alvo de preocupação em nível mundial. Inúmeras organizações e meios de comunicação

Figura 1: O sistema *dockless* e a utilização de espaços públicos

Usuários	Governo	Operador de serviços
Otimização do bem-estar	Regulamentações	Interesse dos *stakeholders* (lucro)

Espaço urbano

internacionais de renome têm relatado problemas e desafios que surgiram com a expansão desse sistema. A Ásia, como pioneira no desenvolvimento de sistemas *dockless* da quarta geração, ganhou experiência e conhecimento sobre como resolver alguns desses problemas. Esse histórico fez do continente asiático um modelo para os países do mundo inteiro que estão no estágio inicial da implementação, caso de países da América Latina onde o sistema *dockless* acaba de chegar.

O primeiro sistema *dockless* latino-americano foi lançado em São Paulo em agosto de 2018 (PYMNTS, 2018). Segundo o ITDP Brasil (2018), este tipo de sistema tem potencial para ser considerado parte da rede de transporte público e pode desempenhar um papel importante, contribuindo para diminuir o uso de veículos motorizados e, consequentemente, ajudando a diminuir os níveis de congestionamento e a poluição do ar, sobretudo nas cidades que estão enfrentando um rápido crescimento populacional e densificação dos centros urbanos.

Nesse contexto, apresentamos um panorama resumido, indicando problemas enfrentados pelos países asiáticos, bem como estratégias adotadas para superá-los. Os principais desafios encontrados na Ásia, os possíveis fatores que podem ter levado a esses problemas, as implicações para cada uma das três partes interessadas e as soluções que foram propostas ou implementadas podem ser vistas na Tabela 1. Os problemas descritos foram organizados do mais abrangente — que tem impactos em todos os segmentos e exige grandes mudanças na estrutura geral em nível governamental — até o menos abrangente, o que exige soluções menos complexas a serem tomadas ou que afetam mais uma esfera do que a outra.

Tabela 1: Resumo dos desafios e soluções para os sistemas *dockless*

DESAFIO	CAUSA	IMPLICAÇÕES PARA			SOLUÇÕES QUE COSTUMAM RESOLVER OU MITIGAR O PROBLEMA
		USUÁRIOS	OPERADOR	PODER PÚBLICO (CIDADE)	
Equilíbrio entre flexibilidade e controle	Estabelecer um regulamento que defina regras de uso do espaço público sem impactar o lucro dos prestadores de serviço é uma tarefa complexa.	Se o regulamento impuser muitas restrições, o sistema perderá sua principal vantagem, a flexibilidade.	Se o regulamento impuser muitas restrições e punições, o negócio pode se tornar inviável.	A falta de regulamentação leva ao estacionamento inadequado, aumento de lixo e a outros problemas que causam perturbações na cidade.	O governo deve implementar uma regulamentação clara para o funcionamento do sistema e, ao mesmo tempo, fornecer infraestrutura adequada para o ciclismo e o estacionamento, a fim de manter a flexibilidade do sistema.
Falta de áreas de estacionamento na cidade	O fornecimento de infraestrutura não acompanhou o rápido crescimento do ciclismo.	Má experiência com o ciclismo devido à falta de estacionamento e ciclovias apropriadas.	Custos extras devido aos danos causados à frota em decorrência do estacionamento inadequado.	Ao invés de melhorar a imagem do ciclismo, faz com que ele pareça um fardo para a cidade.	Fornecimento de infraestrutura com áreas de estacionamento apropriadas, especialmente considerando os padrões de origem-destino. Regulamentação das áreas de estacionamento e fiscalização para o uso adequado delas.
Rápido crescimento do número de prestadores de serviços e da concorrência	Mercado livre, sem regulamentação e controle governamental rigorosos.	Reduz a confiabilidade do sistema à medida que muitos prestadores de serviços decretam falência.	Concorrência acirrada. Dificuldade em obter lucro com a prestação do serviço.	Aumento do lixo nas cidades. Os prestadores de serviços que faliram não recolheram suas bicicletas.	O governo deve limitar o número de prestadores de serviços que podem operar na cidade, bem como o número e qualidade de suas bicicletas.

DESAFIO	CAUSA	IMPLICAÇÕES PARA			SOLUÇÕES QUE COSTUMAM RESOLVER OU MITIGAR O PROBLEMA
		USUÁRIOS	OPERADOR	PODER PÚBLICO (CIDADE)	
Lixo na cidade	Falta de regulamentação governamental, fiscalização, educação e provisão de infraestrutura adequada.	Má experiência do usuário. Dificuldade de encontrar uma bicicleta e um local para estacioná-la em meio à aglomeração.	As bicicletas são danificadas ou deixadas, de modo que os usuários não conseguem acessá-las, o que reduz o número de usuários.	Redução da caminhabilidade e obstrução de vias e calçadas. Aumento do risco de acidentes e desqualificação da imagem do ciclismo.	Criação de áreas de estacionamento regulamentadas e áreas proibidas. Controle e fiscalização do governo para garantir que os prestadores de serviços gerenciem seus sistemas e que os usuários sejam instruídos sobre o uso de bicicletas públicas compartilhadas.
Saldo do fluxo de caixa	Os prestadores de serviços encontram dificuldades para obter lucro e acabam utilizando o depósito dos usuários como fluxo de caixa.	Os usuários não têm seus depósitos devolvidos em caso de falência das empresas, o que gera falta de confiabilidade e torna o serviço menos atrativo.	A concorrência feroz pode causar dificuldades para obter lucros e pode levar as empresas à falência.	O governo não oferece subsídios para os prestadores de serviços e não garante a devolução do depósito do usuário em caso de falência das operadoras.	O governo deve limitar o número de prestadores de serviços que competem pelo mesmo mercado. O poder público deve, ainda, estabelecer um regulamento relativo ao uso do depósito do cliente e fornecer algum tipo de punição ou subsídio para os prestadores de serviços.

DESAFIO	CAUSA	IMPLICAÇÕES PARA			SOLUÇÕES QUE COSTUMAM RESOLVER OU MITIGAR O PROBLEMA
		USUÁRIOS	OPERADOR	PODER PÚBLICO (CIDADE)	
Vandalismo e roubo	Falhas no sistema de bloqueio e rastreamento por GPS. Dificuldades para punir os vândalos. Segurança pública insuficiente.	Má experiência do usuário que reduz a confiabilidade no sistema. Dificuldades para encontrar uma bicicleta que funcione.	Alto custo de manutenção e substituição das bicicletas danificadas ou roubadas.	Aumento do lixo na cidade e do risco de acidentes.	Fornecimento de infraestrutura e segurança pública. Investimento na conscientização dos usuários sobre como bloquear adequadamente as bicicletas. Incentivos e penalidades que obriguem os usuários a bloquear e estacionar suas bicicletas adequadamente. Melhoria das características de resistência ao roubo.
Dificuldade na gestão de realocação das bicicletas	As bicicletas podem ser deixadas em qualquer lugar, o que causa excesso de oferta em algumas áreas e insuficiência em outras.	Dificuldade de encontrar bicicletas em determinadas áreas da cidade.	Gestão complexa e dispendiosa do sistema.	Algumas áreas, que são destinos principais, ficam superlotadas, enquanto outras não são devidamente atendidas.	Plano de melhoria para a estratégia de redistribuição logística. Incentivos aos usuários para a entrega de bicicletas em determinadas áreas da cidade através de vantagens e preços especiais. Estabelecimento de requisitos de distribuição pelo poder público.

Como pode ser visto na Tabela 1, algumas das características que fizeram com que o sistema *dockless* se desenvolvesse e se popularizasse tão rapidamente foram também as que ocasionaram seus problemas mais críticos. A ausência de estações não apenas tornou o sistema mais atrativo aos usuários, como também simplificou sua implementação, facilitando sua expansão (PAL e ZHANG, 2017). Se no sistema ancorado em estações a instalação de uma estação precisava ser aprovada pelo governo local, no caso *dockless* isso não era necessário, o que contribuiu para minimizar o controle das autoridades públicas. O insignificante controle governamental propiciou o aumento no número de prestadores de serviços e estimulou a competição entre eles. Devido ao baixo custo inicial necessário para a implementação do sistema *dockless*, provedores de serviços decidiram entrar no mercado levando a uma concorrência acirrada e, consequentemente, a um excesso de oferta (WEF, 2018; YIN et al., 2018; ITDP, 2018). A China, em 2017, contava com mais de oitenta prestadores de serviços domésticos que, juntos, ofereciam cerca de 16 milhões de bicicletas avulsas, atendendo a 130 milhões de usuários (IBOLD e NEDOPIL, 2018; ZHANG et al., 2019).

O número desequilibrado de bicicletas disponíveis nas cidades criou problemas em vários níveis. Devido ao número de prestadores de serviços no ramo, tornou-se difícil para os usuários encontrar a bicicleta alugada em meio ao caos gerado pelas aglomerações que se formavam, bem como achar um local apropriado para estacioná-las após o término da viagem. Isso aconteceu porque a infraestrutura da cidade e a oferta de estacionamento cicloviário não se expandiram de forma alinhada ao rápido crescimento dos sistemas (BIELIŃSKI e WAŻNA, 2018).

Essa situação tem um grande potencial para afetar negativamente a experiência do usuário, o lucro do provedor de serviços e a habitabilidade da cidade. Devido ao número limitado de vagas de estacionamento e ao enorme número de bicicletas, os usuários tendem a deixá-las nas ruas de uma forma desordenada, o que dificulta os próximos usuários a acessá-las. Esse cenário acaba por causar redução do número de usuários e aumento da ocorrência de avarias. Além dos danos causados pelo estacionamento inadequado, o sistema também sofre com vandalismo e roubo, que por sua vez ocorrem devido à fraca regulamentação e à falta de respaldo legal para aplicação de punições. Nesse contexto, os prestadores de serviços que contavam com pequenas frotas de bicicletas sofreram com a diminuição do número de usuários e com o alto custo de substituição ou manutenção de suas bicicletas.

Devido à dificuldade de obter lucro, muitos provedores desse serviço acabaram utilizando o depósito dos usuários como fluxo de caixa. Em caso de falência, os usuários acabaram tendo que assumir a perda desse dinheiro, pois não havia regulamentação que proibisse os prestadores de serviços de utilizar o depósito, tampouco havia garantia de reembolso (YIN et al., 2018). O comportamento descuidado durante o estacionamento também causou interrupções no tráfego, redução da capacidade das calçadas e até mesmo criou situações perigosas e com potencial de aumentar as taxas de acidentes (BIELIŃSKI e WAŻNA, 2018).

Outro problema significativo que esse tipo de sistema enfrenta está relacionado à gestão da realocação. Como no sistema *dockless* as bicicletas podem ser deixadas em qualquer lugar após o uso, isso pode levar a um desequilíbrio na oferta e na demanda, criando não apenas um desafio operacional, mas também levando a uma desigualdade espacial no acesso às bicicletas. Esse desequilíbrio na oferta pode contribuir para acentuar uma disparidade econômica e social já existente nas cidades (PAL e ZHANG, 2017; YIN et al., 2018; MOONEY et al., 2019).

Compondo a lista de obstáculos, a falta de políticas claras e a pequena participação do governo na regulamentação e controle do uso e provisão do sistema são as principais adversidades relacionadas ao uso do sistema público de bicicletas compartilhadas, especialmente no caso do *dockless*. Embora pareça uma questão simples, estabelecer regulamentação que imponha regras para o uso do espaço público sem afetar o lucro dos prestadores de serviços é tarefa complexa. Por um lado, se a regulamentação impõe restrições em demasia, o sistema pode perder sua principal vantagem — a flexibilidade —, e o negócio pode se tornar inviável. Por outro, a falta de regulamentação acaba criando uma série de problemas e os benefícios do ciclismo para a cidade acabam sendo perdidos (ITDP, 2018).

Na América Latina, apesar de incipiente, o sistema *dockless* já começou a enfrentar problemas que os países asiáticos encontraram quando o sistema foi lançado por lá. A falta de regulamentação adequada, infraestrutura insuficiente de ciclismo e estacionamento, distúrbios no tráfego e no fluxo de pedestres, aumento do número de acidentes, vandalismo e roubo, estratégia de redistribuição precária e, consequentemente atendimento insatisfatório da demanda, são alguns desses problemas. (SOARES, 2019; BRASIL ECONÔMICO, 2019). Países como o Brasil, que possuem características locais como baixa taxa de utilização de cartões de crédito e smartphones, acesso não universalizado à internet, sinal de internet fraco em algumas áreas das cidades, má qualidade dos pavimentos, violência urbana, diferenças culturais (como preferências por certo tipo de roupa) e até mesmo diferenças no perfil físico da população (bicicletas que atendem ao mercado asiático geralmente são muito pequenas para os latino-americanos) terão que descobrir estratégias para lidar com tais questões, pois essas já estão sendo mencionadas como preocupações pelos provedores do serviço que entraram no mercado da América Latina (PYMNTS, 2018).

Apesar das questões relacionadas às características do local onde o sistema *dockless* está sendo implementado, muitos dos desafios que esses países enfrentam são semelhantes aos encontrados nos países que lançaram o sistema anos antes. Diante desse cenário, acredita-se que o entendimento de desafios, implicações e soluções encontradas pelos países asiáticos possa ser valioso para os países que acabaram de receber o sistema *dockless*, inspirando-os a tomar precauções para evitar inconvenientes.

Para entender as experiências anteriores da Ásia com o sistema *dockless* e assimilar suas lições, a lista com os principais desafios e as soluções utilizadas para superá-los ou mitiga-los é apresentada a seguir — do desafio mais abrangente ao mais específico.

Regulamentação governamental
Com o objetivo de promover e incentivar a população a adotar esse meio de transporte, que é comprovadamente benéfico para a cidade, é importante o governo local considerar não apenas a criação de legislação e políticas públicas específicas para o sistema *dockless*, mas também ter em mente que o ciclismo é parte inerente do processo de planejamento urbano (LIU et al., 2012). O poder público deve se envolver em todas as etapas do planejamento e implementação do sistema *dockless*, além de estabelecer uma política clara para a operação desse sistema. O número de prestadores de serviços, a quantidade e qualidade de suas bicicletas, o uso de depósitos e dados pessoais dos clientes pelas empresas, a infraestrutura pública, a velocidade nas ciclovias e as áreas de permissão e proibição de estacionamento são alguns pontos a serem regulamentados pelo

governo, que deverá, ainda, determinar por lei as punições em caso de transgressão tanto para os prestadores de serviços quanto para os usuários. A autoridade pública também deve implementar algum subsídio e descontos de impostos para incentivar os prestadores de serviços e usuários a pedalarem dentro das cidades como uma maneira de melhorar a habitabilidade geral da região.

De acordo com o Instituto de Políticas de Transporte e Desenvolvimento (ITDP, 2018), os governos devem adotar regulamentos que: (1) sirvam como ferramenta efetiva para gerenciar o espaço público; (2) promovam a equidade e acessibilidade; (3) contribuam para melhorar o planejamento e a fiscalização; e (4) protejam os usuários. Singapura foi o primeiro território asiático a implementar um regulamento para ciclismo que incluía o sistema *dockless*. Em 2018, havia mais de 100 mil bicicletas, operadas por seis prestadoras de serviço *dockless*. Em relação ao estacionamento, desde janeiro de 2019, a Autoridade de Transporte Terrestre de Singapura exige que os usuários escaneiem um QR code nas áreas de estacionamento antes de devolver suas bicicletas para provar que a bicicleta foi deixada em um dos lugares de estacionamento designados antes de cessar a cobrança. Os usuários que não cumprirem essas regras são multados e podem sofrer penalidades, incluindo a suspensão do direito de usar o sistema por um ano. Além da regulamentação do estacionamento, esta lei também regulamenta velocidade, tamanho das bicicletas, uso obrigatório de capacete, licenciamento governamental obrigatório dos prestadores de serviços, controle do tamanho da frota e obrigatoriedade de colocar avisos de advertência (LTA, 2019).

Embora a regulamentação implementada pelo governo de Singapura seja notável e represente um esforço para melhorar a mobilidade geral na cidade, é também um exemplo de como é complexo encontrar o equilíbrio entre controle e flexibilidade. Isso porque as restrições introduzidas por essa regulamentação induziram à interrupção das operações pelos prestadores de serviços na cidade, uma vez que a atividade se tornou inviável e pouco atrativa aos usuários (MAN, 2018; HUIWEN, 2018). Portanto, países que estão estudando a possibilidade ou que estão nos estágios iniciais de implementação do sistema *dockless* devem considerar a regulamentação governamental como etapa indispensável para permitir que esse tipo de sistema seja viável. Essa medida pode ajudar a evitar uma série de problemas, além de reduzir possibilidades de conflitos desnecessários com provedores de serviços e usuários.

Implementação: Mudança de comportamento e estratégias de controle

Os prestadores de serviços e os governos também podem obter benefícios com a promoção e o incentivo de bons comportamentos, como o uso apropriado das cercas virtuais, por exemplo. Os provedores de serviços podem implementar um programa em que os usuários sejam premiados por seu atendimento às regras, enquanto aqueles que não o fizerem deverão ser punidos por meio da aplicação de multas e penalidades. O governo também deve apoiar as boas práticas por meio de campanhas educacionais, promovendo uma imagem positiva desse modo de transporte tão benéfico (ITDP, 2018).

Na cidade de Wuhan, China, o provedor de serviços que opera o sistema de bicicletas compartilhadas Hello estipulou uma punição econômica para os usuários que devolverem a bicicleta alugada em áreas sem estacionamento por mais de três vezes. A taxa cobrada neste caso é de 1 CNY, em torno de 0,15 dólar. Além disso, os prestadores de serviços também coletam as informações das violações dos usuários e as enviam ao Departamento de Gestão Urbana. Até 29 de dezembro de 2017, a lista de infratores organizada pelo Departamento de Controle de Tráfego de Wuhan já tinha 2.658 pessoas. Uma vez inscritos nessa lista, os usuários são proibidos de usar qualquer sistema de bicicletas compartilhadas por determinado tempo — que geralmente varia de uma ou duas semanas a um mês (HUBEI JINGCHU NETWORK TECHNOLOGY CO., LTD, 2018). Um sistema semelhante foi aplicado na cidade de Guangzhou, também na China. Neste caso os usuários que estacionam nas áreas proibidas levam três advertências antes de serem multados pelo descumprimento das regras de estacionamento. Quando violam as regras mais uma vez, recebem a notificação por celular informando que foram cobrados em 5 CNY (em torno de 0,74 dólar). No entanto, dentro de 24 horas após o pagamento da multa, se o usuário retirar a bicicleta de uma área proibida e estacioná-la em um local adequado, automaticamente o sistema o reembolsa (CHENG, 2018).

Em Singapura, como mencionado, a Autoridade Terrestre e de Transporte implementou uma lei para regulamentar o uso de bicicletas e outros dispositivos de mobilidade pessoal (PMDs), bicicletas assistidas por energia (PABs) e auxílio à mobilidade pessoal (PMAs). Em relação ao uso de bicicletas, a lei estabeleceu multa de 5 SGD para os usuários que violarem o regulamento e estacionarem em áreas proibidas. Os usuários que infringirem o código de conduta por mais de três vezes em um ano não poderão alugar bicicletas pelo mesmo período (MAN, 2018).

Outro ponto é a fiscalização. No caso das cidades latino-americanas, a aplicação da lei pode ser uma tarefa particularmente difícil. O Brasil, por exemplo, possui um código de trânsito abrangente, mas uma aplicação ineficaz, o que leva a uma sensação generalizada de impunidade (VASCONCELLOS, 2008). Se a fiscalização já é deficiente para o tráfego em geral, o desafio de supervisionar os usuários de bicicleta e prestadores de serviços é ainda maior. Nesse contexto, torna-se útil ao poder público uma boa regulamentação que estabeleça responsabilidades e punições claras, delegando em algum nível o controle dos usuários ao provedor de serviços (com penalidades e incentivos), como tem sido feito por algumas cidades chinesas mas, ao mesmo tempo, protegendo o usuário caso o prestador oferte um serviço desqualificado. Assim, uma boa dinâmica onde todas as partes compartilham benefícios e responsabilidades, pode ser definida.

Fornecimento de infraestrutura

Outra responsabilidade do município é oferecer infraestrutura e segurança pública adequadas, a fim de garantir segurança e comodidade não apenas para os ciclistas, mas também para todos os cidadãos que compartilham o espaço público, como pedestres, usuários de transporte público e proprietários de veículos particulares. Pequim, por exemplo, no final de 2017, publicou o *Guia Técnico para Melhoria das Instalações para Caminhadas e Tráfego de Bicicletas* e as *Diretrizes para o Projeto de Pavimentos Cicloviários em Cor de Pequim*. Ambos os documentos compõem diretrizes que têm como objetivo impulsionar melhorias na infraestrutura da cidade. Desde 2016, foram concluídos 965 quilômetros de pistas para pedestres e ciclistas — com a expectativa de alcançar 3.200 quilômetros. A taxa de invasão de bicicletas em pistas para pedestres caiu de 18,24% para 6,13%. Isso aumentou a velocidade da pedalada de 11,8 km/h para 12,4 km/h (COMISSÃO MUNICIPAL DE TRANSPORTES DE PEQUIM, 2017).

Taipei, em Taiwan, é outro exemplo de investimento governamental em infraestrutura para ciclismo. De acordo com o Departamento de Transportes e Obras Públicas do governo da cidade de Taipei, em dez anos, o número de ciclovias dobrou na cidade, chegando a 502,69 quilômetros no final de 2018 (TAIWAN, 2019).

Singapura também investiu em sua infraestrutura como forma de diminuir os distúrbios causados pelo sistema *dockless*. Estima-se que, em 2018, a cidade contava com 174 mil vagas para estacionamento de bicicletas e espera-se que esse número aumente ao longo dos anos atingindo a marca de 50 mil em um curto período (HUIWEN, 2018).

Do outro lado do mundo, na América Latina, a infraestrutura insuficiente de ciclismo, que já se apresenta como um problema para o sistema ancorado em estações ou para o uso de bicicletas particulares, tende a piorar com o aumento do número de bicicletas após a implementação do sistema *dockless*. Mas o problema vai além disso. A demanda por estacionamento para esse sistema requer uma infraestrutura que atualmente as cidades não possuem. De fato, cidades latino-americanas sequer têm calçadas satisfatórias, muito menos espaço suficiente para instalar vagas de estacionamento adequadas para bicicletas. Nesse contexto, é indispensável que o governo não apenas regule e faça cumprir a operação do sistema *dockless*, mas ao mesmo tempo invista fortemente para fornecer infraestrutura adequada de ciclismo, sobretudo para estacionamento.

Tecnologia: Implantação de novas e aprimoramento das existentes

Para superar os problemas relacionados ao estacionamento das bicicletas, em algumas cidades chinesas, como Pequim, Xangai e Chengdu, os prestadores de serviços estão implementando uma tecnologia denominada cerca elétrica ou cerca virtual (ZHAO et al., 2018). A tecnologia em si não é inovadora e está sendo utilizada na agricultura há algum tempo. Em termos gerais, a tática consiste em criar zonas de estacionamento virtual por meio de GPS, dispositivo de identificação por radiofrequência (RFID) ou por *bluetooth* (ZHANG et al., 2019). Essas zonas não são necessariamente definidas fisicamente, pois são identificadas por aplicativos de *smartphones* usados para: (1) verificar a localização das bicicletas; (2) desbloquear as bicicletas para uso; (3) reconhecer as áreas de estacionamento ou as zonas onde o estacionamento é proibido; e (4) bloquear a bicicleta ao terminar o passeio, uma vez que o aplicativo reconheça que o usuário está em uma área onde é permitido estacionar. Existem diferentes configurações para esse tipo de inovação que podem representar um enorme avanço para o sistema *dockless* (Figura 2).

Embora ainda esteja em um estágio inicial de desenvolvimento, espera-se que o sistema *dockless* e também o ancorado em estações

Figura 2: Sistema básico de "cercamento" baseado em GPS (usado em Pequim)

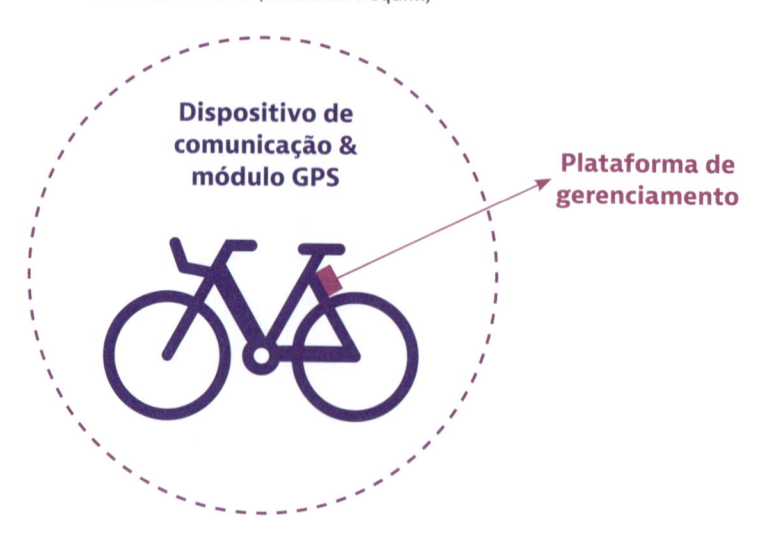

Dispositivo de comunicação & módulo GPS

Plataforma de gerenciamento

sejam afetados por novas tecnologias e soluções como a Mobilidade como um Serviço (MaaS), Internet das Coisas (IoT), Inteligência Artificial (IA), Tecnologia de Comunicação da Informação (TIC), Desenvolvimento Orientado ao Trânsito (TOD) e outros. O avanço desses conceitos criará inúmeras possibilidades para o sistema *dockless*, melhorando sua integração com a rede de transporte da cidade, possibilitando uma gestão em tempo real, inteligente e personalizada, maximizando a eficiência e os benefícios do sistema para o provedor de serviços, para o governo e para os usuários.

Além das tecnologias mencionadas, os prestadores de serviços que entrarão em novos mercados, como o latino-americano, terão de pensar em soluções para questões locais, como a violência urbana, o acesso não universalizado à internet, cartão de crédito e *smartphones*, entre outros que possam aparecer.

Estratégias de realocação: Abordagens de autorreequilíbrio e outras redistribuições

O problema da realocação pode ser superado com uma melhor estratégia comercial de redistribuição logística. Existe vasta literatura sobre esse assunto. Como medida complementar à otimização matemática, uma alternativa notável seria a oferta de incentivos aos usuários que entregam as bicicletas em determinadas áreas. Esses incentivos podem ser concedidos através da promessa de preços ou vantagens especiais (MA et al., 2018). No nível governamental, as autoridades públicas devem estabelecer um requisito de distribuição de bicicletas para garantir que todas as áreas da cidade sejam atendidas de forma justa, promovendo a equidade e a acessibilidade (ITDP, 2018; CHARDON, 2019).

Um exemplo desse tipo de estratégia é o prestador de serviços Mobike, que lançou, em março de 2017, em mais de trinta cidades chinesas — como Pequim, Xangai, Wuhan, Chengdu e Guangzhou — uma estratégia de realocação baseada no usuário. Este esquema foi inspirado no Pokémon Go e usa inteligência artificial e aprendizagem de máquinas para fornecer uma recompensa monetária que atraia os usuários. Nessa estrutura os usuários tentam encontrar bicicletas com baixa taxa de rotatividade e ajudar o prestador de serviços a encaminhá-las para lugares mais populares. Para obter o bônus, primeiramente os usuários precisam encontrar a "bicicleta bônus" através do aplicativo. Em seguida, o usuário precisa pedalar por pelo menos dez minutos para receber o bônus em dinheiro. O passeio que usa a "bicicleta bônus" é gratuito por duas horas. Valor do bônus será aleatório, variando de 1 CNY a 500 CNY (em torno de 0,15 a 74 dólares). Os participantes terão maior probabilidade de receber bônus mais expressivos se devolverem a bicicleta a uma área popular, como a estação de metrô ou o distrito comercial. Essa estratégia, de acordo com a operadora Mobike, demonstrou ter o potencial de melhorar 20% de sua eficiência operacional (TSINGHUA UNIVERSITY CHINA..., 2017), já que em períodos de pico há mais de duzentas pessoas por segundo participando desse esquema de incentivo no país.

Nos países em desenvolvimento, o reequilíbrio é ainda mais crítico, pois pode contribuir para destacar ou atenuar as desigualdades sociais. Uma vez que o sistema *dockless* seja regulamentado e se torne um meio de transporte, no cenário brasileiro o governo se tornará responsável por garantir a prestação desse serviço seguindo os princípios de equidade e deverá, ainda, garantir o equilíbrio econômico-financeiro das empresas que ofertam o serviço. O governo também é responsável por regular a tarifa e garantir que o serviço seja prestado da maneira mais uniforme possível em todas as áreas, mesmo que, do ponto de vista comercial, algumas dessas áreas não sejam lucrativas. Nesse sentido, as mesmas premissas que se aplicam ao transporte público de passageiros se aplicariam ao sistema *dockless*, visto que esse sistema também utiliza o espaço público urbano.

Outras lições

Por fim, mesmo em países asiáticos, o sistema é recente, apesar de já estar em operação há mais tempo. Isso significa que, apesar de ter mais experiência e poder fornecer lições sobre desafios e soluções, esses países também continuam aprendendo. Não há soluções definitivas ou medidas bem-sucedidas a longo prazo. A Ásia ainda está enfrentando problemas e desenvolvendo estratégias para superá-los. Os países que estão inaugurando seus sistemas agora irão se beneficiar das experiências e lições que a China e outros territórios têm a oferecer. Por isso, compartilhar e difundir a conscientização é tão importante. Os novos sistemas podem ser introduzidos evitando erros já experimentados por outras cidades ao redor do mundo. O processo também é uma via de mão dupla, em que cidades que estão lançando o sistema *dockless* agora, estarão em breve compartilhando suas próprias experiências e lições, o que pode beneficiar e ajudar até mesmo os países que já possuem o sistema. Afinal, o processo de aprendizagem e melhoria é infindável, como também deveria ser a prática de compartilhar tais conhecimentos.

CONCLUSÕES E OBSERVAÇÕES

O sistema *dockless* de bicicletas compartilhadas vem crescendo em todo o mundo devido às suas vantagens em comparação com o sistema ancorado em estações. Entretanto, se, por um lado, a ausência de estação pode representar mais flexibilidade, facilidade de implementação e melhor custo-benefício, por outro, esse tipo de sistema pode ter um impacto negativo nas cidades, afetando o interesse do governo em investir e promover o ciclismo e também a opinião pública sobre o uso da bicicleta como meio de transporte.

A própria complexidade do sistema *dockless* está profundamente relacionada aos impactos negativos trazidos às cidades que o utilizaram de forma mais ampla. Quando o sistema se espalhou pela Ásia, não havia experiências internacionais anteriores de onde governos, prestadores de serviços e usuários tirassem exemplos, a fim de evitar problemas ou superar desafios. Levou um tempo para que essas cidades entendessem tais questões e pudessem superá-las. No entanto, se as cidades asiáticas tiveram que lidar com os desafios e elaborar soluções sem ter um modelo anterior a seguir, isso não precisa acontecer com os países que estão lançando seu primeiro sistema *dockless*. Quem está no estágio inicial de implementação do sistema, como países da América Latina, podem aprender com a experiência daqueles que já passaram por essa etapa há algum tempo, tendo enfrentado os mesmos desafios e encontrado formas de superá-los, como a China e outros países asiáticos.

Alguns dos desafios enfrentados pelo sistema na Ásia, como o excesso de oferta, número insuficiente de vagas de estacionamento, concorrência acirrada entre prestadores de serviços, regulamentação e controle governamentais deficientes, lixo, roubo e vandalismo podem ser evitados ou minimizados tendo como base as lições que podem ser extraídas dessas experiências passadas. Além da provisão de infraestrutura adequada, a intensa participação do poder público em todas as etapas do planejamento e projeto, na criação de regulamentos e diretrizes e na contínua fiscalização, é um dos elementos-chave para o sucesso do sistema *dockless*. Considerando os prestadores de serviços, o investimento em novas tecnologias e um modelo de negócios consistente podem ajudar a reduzir a ocorrência de roubos e vandalismo, além de contribuir para o gerenciamento das bicicletas dentro do sistema. Uma dessas tecnologias inovadoras que merecem destaque são as cercas virtuais, que, combinadas com outras tecnologias, podem garantir um processo de bloqueio e desbloqueio mais confiável e, assim, impactar positivamente o ambiente e a satisfação do usuário, além de reduzir o custo de substituição e reparo de bicicletas.

Este capítulo não tem a intenção de fornecer soluções ou práticas que possam ser aplicadas diretamente a todas as cidades sem ajustes. A correlação entre poder público, provedores de serviços e usuários depende de uma série de fatores que precisam ser levados em consideração pelos tomadores de decisão ao planejar e implementar o sistema *dockless*. Nesse contexto, a proposta aqui é oferecer uma visão panorâmica dos principais desafios e soluções aprendidos com a experiência asiática. Embora não possa ser usado como um manual, a experiência compartilhada neste capítulo pode contribuir para que os países que estão iniciando seus sistemas evitem os impactos negativos que já foram vencidos por outros territórios, inspirando-os, assim, a pensar em possíveis problemas que possam aparecer, bem como em suas soluções, considerando suas peculiaridades.

REFERÊNCIAS BIBLIOGRÁFICAS

ASSIM MOHAMMED, M. *Next Generation Bike Sharing Design Concept using Axiomatic Design Theory*, 2017. Dissertação (Mestrado) – University of Vaasa, Vaasa, Finlândia, 2017.

BARROS, A. C. P. Dockless Bike: O Modelo de Compartilhamento de Bicicletas Próprio do Sistema Neoliberal. In: CONGRESSO INTERNACIONAL EM COMUNICAÇÃO E CONSUMO, 2018. *Anais...* Escola Superior de Propaganda e Marketing, São Paulo, 2018.

BIELIŃSKI, T.; WAŻNA, A. New generation of bike-sharing systems in China: lessons for European cities. *Journal of Management and Financial Sciences*, v. 11, n. 33, 2018.

BRASIL ECONÔMICO. Procon notifica Itaú, Rappi, Yellow e Scoo por bicicletas e patinetes elétricos. *IG*, 8 maio 2019. Disponível em: <https://economia.ig.com.br/empresas/2019-05-08/procon-notifica-itau-rappi-yellow-e-scoo-por-bicicletas-epatinetes-eletricos.html>. Acesso em: 25 maio 2019.

BUEHLER, R. Determinants of bicycle commuting in the Washington, DC region: The role of bicycle parking, cyclist showers, and free car parking at work. *Transportation Research Part D*, 17, p. 525-531, 2012.

CAGGIANI, L. et al. A modeling framework for the dynamic management of free-floating bike-sharing systems. *Transportation Research Part C: Emerging Technologies*, 87, p. 159-182, 2018.

CHARDON, C. M. The contradictions of bike-share benefits, purposes and outcomes. *Transportation Research Part A: Policy and Practice*, 121, p. 401-419, 2019.

CHEN, M. et al. A comparison of users' characteristics between station-based bike-sharing system and free-floating bike-sharing system: Case study in Hangzhou, China. *Transportation*, p. 1-16, 2018.

CHENG, H. Mobike fines the ofo small yellow car and fines the credit points. Guangzhou shared bicycles trial "electronic fence". *Yangcheng Evening News*, 20 abr. 2018. Disponível em: <http://wap.ycwb.com/2018-04/20/content_26241117.htm>. Acesso em: 20 abr. 2019.

COMISSÃO MUNICIPAL DE TRANSPORTES DE PEQUIM. [s. t.]. *Xinhua Net*, 19 dez. 2017. Disponível em: <http://www.xinhuanet.com/fortune/201712/19/c_1122135124.htm>. Acesso em: 20 abr. 2019.

DEMAIO, P. Bike-sharing: History, Impacts, Models of Provision, and Future. *Journal of Public Transportation*, v. 12, n. 4, p. 41-56, 2009.

ELKS, S. How does bike-sharing really impact cities? *World Economic Forum*, 5 nov. 2018. Disponível em: <https://www.weforum.org/agenda/2018/11/dockless-bikes-green-revolution-or-public-parasite/>. Acesso em: 27 out. 2020.

HUBEI JINGCHU NETWORK TECHNOLOGY CO., LTD. Three shared electronic bicycle fences in Wuhan go online, and offenders will be punished in series. *Chutian Metropolis Daily*, 22 dez. 2017. Disponível em: <http://news.cnhubei.com/xw/wuhan/201712/t4048488.shtml>. Acesso em: 20 abr. 2019.

_____. Wuhan issued a "restricted riding order" for shared bicycles, 2658 people on the "blacklist". *Hubei Daily*, 2 jan. 2018. Disponível em: <http://news.cnhubei.com/xw/wuhan/201801/t4054635.shtml>. Acesso em: 20 abr. 2019.

HUIWEN, NG. oBike ceases operations in Singapore, citing difficulties in meeting new LTA regulations. *The Strait Times*, 25 jun. 2018. Disponível em: <https://www.straitstimes.com/singapore/obike-ceases-operations-in-singapore-citing-difficulty-in-meeting-new-lta-regulations>. Acesso em: 20 abr. 2019.

IBOLD, S.; NEDOPIL, C. The Evolution of Free-Floating Bike-Sharing in China. *Sustainable Transport in China*, 3 ago. 2018. Disponível em: <https://www.sustainabletransport.org/archives/6278>. Acesso em: 27 out. 2020.

IQAIR AIRVISUAL. 2018 World Air Quality Report: Region and City PM2.5 Ranking ITDP. Optimizing dockless bikeshare for cities. Nova York, 2018.

KABAK, M. et al. A GIS-based MCDM approach for the evaluation of bike-share stations. *Journal of Cleaner Production*, 201, p. 49-60, 2018.

KITTELSON & ASSOCIATES et al. *Transit Capacity and Quality of Service Manual*. 2. ed. Washington, DC: Transit Cooperative Research Program TCRP, 2003.

KRIZEK, K. J.; STONEBRAKER, E. W. Bicycling and transit: A marriage unrealized. *Transportation Research Record*, v. 2.144, n. 1, p. 161-167, 2010.

KUMAR, A.; NGUYEN, V. A.; TEO, K. M. Commuter cycling policy in Singapore: a farecard data analytics-based approach. *Annals of Operations Research*, v. 236, n. 1, p. 57-73, 2016.

LI, Z. et al. Exploring the causal relationship between bicycle choice and journey chain pattern. *Transport Policy*, 29, p. 170-177, 2013.

LIN, A. Shared-bicycle operators to be licensed to curb indiscriminate parking. *The Strait Times*, 5 mar. 2018. Disponível em: <https://www.straitstimes.com/singapore/transport/shared-bicycle-operators-to-be-licensed-to-curb-indiscriminate-parking>. Acesso em: 20 abr. 2019.

LIU, Z.; JIA, X.; CHENG, W. Solving the last mile problem: Ensure the success of public bicycle system in Beijing. *Procedia-Social and Behavioral Sciences*, 43, p. 73-78, 2012.

LOCAL TRANSPORT AUTHORITY. *Active Mobility Act 2017* (n. 3, 2017), 2019.

MA, Y. et al. Challenges of Collaborative Governance in the Sharing Economy: The case of free-floating bike sharing in Shanghai. *Journal of Cleaner Production*, 197, p. 356-365, 2018.

MAN, L. S. Users of shared bicycles will be fined 5 yuan each time for parking without scanning the QR code from January next year. *Singapore Press Holdings*, 26 set. 2018. Disponível em: <https://www.zaobao.com.sg/znews/singapore/story20180926-894085>. Acesso em: 20 abr. 2019.

MARTENS, K. Promoting bike-and-ride: The Dutch experience. *Transportation Research Part A: Policy and Practice*, v. 41, n. 4, p. 326-338, 2007.

MELO, M. F. S.; MAIA, M. L. A. Sistema de bicicletas públicas: um balanço de sua evolução e sua integração na rede de transporte público. In: XXVII CONGRESSO NACIONAL DE PESQUISA E ENSINO EM TRANSPORTES. *Anais*... Belém, XXVII ANPET, 2013.

MILLWARD, H.; SPINNEY, J.; SCOTT, D. Active-transport walking behavior: destinations, durations, distances. *Journal of Transport Geography*, v. 28, n. 0, p. 101-110, 2013.

MOONEY, S. J. et al. Freedom from the station: Spatial equity in access to dockless bike share. *Journal of Transport Geography*, 74, p. 91-96, 2019.

O'BRIEN, O.; CHESHIRE, J.; BATTY, M. Mining bicycle sharing data for generating insights into sustainable transport systems. *Journal of Transport Geography*, 34, p. 262-273, 2014.

OGILVIE, D. et al. Promoting walking and cycling as an alternative to using cars: systematic review. *British Medical Journal*, v. 329, n. 7.469, p. 763, 2004.

PAL, A.; ZHANG, Y. Free-floating bike sharing: Solving real-life largescale static rebalancing problems. *Transportation Research Part C: Emerging Technologies*, 80, p. 92-116, 2017.

PEOPLE'S DAILY ONLINE. *Daily bike-sharing users in China peaked at 70 million*: report, 8 fev. 2018. Disponível em: <http://en.people.cn/n3/2018/0208/c90000-9425354.html>. Acesso em: 10 abr. 2019.

PYMNTS. *From Payment to Pavement:* The Challenges of Bikesharing, 10 abr. 2018. Disponível em: <https://www.pymnts.com/news/ridesharing/2018/bikesharing-latin-america-yellow-mobike-dockless-bike-rental>. Acesso em: 30 maio 2019.

SHAHEEN, S. A.; GUZMAN, S.; ZHANG, H. Bikesharing in Europe, the Americas, and Asia: Past, present, and future. *Transportation Research Record*, v. 2.143, n. 1, p. 159-167, 2010.

SHAHEEN, S. A.; COHEN, A. P.; MARTIN, E. W. Public bikesharing in North America: early operator understanding and emerging trends. *Transportation Research Record*, v. 2.387, n. 1, p. 83-92, 2013.

SHEN, Y.; ZHANG, X.; ZHAO, J. Understanding the usage of dockless bike sharing in Singapore. *International Journal of Sustainable Transportation*, v. 12, n. 9, p. 686-700, 2018.

SOARES, L. E. Sem regras, expansão da mobilidade em BH prejudica a locomoção de pedestres. *Hoje em Dia*, 20 abr. 2019. Disponível em: <https://www.hojeemdia.com.br/horizontes/cidades/sem-regras-expansao-da-mobilidade-em-bh-prejudica-a-locomocao-depedestres-1.708682/bicicleta-compartilhada-1.708687>. Acesso em: 25 maio 2019.

TAIWAN. 2018 *Taipei City Statistical Yearbook*. Department of Budget, Accounting and Statistics, Governo de Taipei, 2019.

TSINGHUA UNIVERSITY CHINA RESEARCH INSTITUTE OF NEW DOMAIN TOWNSHIP GUIDANCE; BEIJING TSINGHUA TONGCHONG PLANNING INSTITUTE; MOBIKE. 2017 White paper on shared bicycles and urban development. *i199IT*, 20 abr. 2017. Disponível em: <http://www.199it.com/archives/581592.html>. Acesso em 20 abr. 2019.

VAN WEE, B.; RIETVELD, P.; MEURS, H. Is average daily travel time expenditure constant? In: Search of explanations for an increase in average travel time. *Journal of Transport Geography*, v. 14, n. 2, p. 109-122, 2006.

VASCONCELLOS, E. A. The new Brazilian Traffic Code: evaluation after 10 years. In: CODATU XVIII Congress. *Annals...* Vietnam, 2008.

YIN, J.; QIAN, L.; SHEN, J. From value co-creation to value co-destruction? The case of dockless bike sharing in China. *Transportation Research Part D: Transport and Environment*, 2018.

ZHAO, N. et al. Bicycle Sharing in China: Past, Present, And Future. In: *Proceedings of the Southern Association for Information Systems Conference*, Atlanta, p. 23-24, 2018.

ZHANG, L. et al. Sustainable bike-sharing systems: Characteristics and commonalities across cases in urban China. *Journal of Cleaner Production*, 97, p. 124-133, 2015.

ZHANG, Y.; LIN, D.; MI, Z. Electric fence planning for dockless bike-sharing services. *Journal of Cleaner Production*, 206, p. 383-393, 2019.

DESAFIOS NA OPERAÇÃO DE SISTEMAS DE BICICLETAS COMPARTILHADAS DE CIDADES BRASILEIRAS

Renata Rabello Urbanista e mestra em Paisagem e Ambiente pela Faculdade de Arquitetura e Urbanismo da Universidade de São Paulo. Coordena o planejamento dos sistemas de bicicletas compartilhadas da Tembici.

Mauricio Villar Sócio-fundador e COO da Tembici. Trabalha com mobilidade por bicicleta desde 2009, ano em que idealizou um dos primeiros programas de bicicletas compartilhadas da América Latina na USP.

Débora Gonçalves Engenheira também formada em Arquitetura e Urbanismo, faz mestrado na área de Geoprocessamento em Engenharia de Transportes pela USP. Trabalha com planejamento urbano e mobilidade por bicicleta na Tembici.

Marina Marques Formada em Arquitetura e Urbanismo pela USP, trabalha na área de planejamento urbano da Tembici.

BREVE HISTÓRICO SOBRE SISTEMAS BRASILEIROS DE BICICLETAS COMPARTILHADAS

Os serviços de bicicletas compartilhadas tiveram início no Brasil em 2008, com o sistema implantado no Rio de Janeiro (MARQUES, 2016). Com o passar do tempo, além da modernização desse primeiro sistema, outras cidades também inauguraram serviços semelhantes de compartilhamento de bicicletas com estação, como São Paulo — Bike Sampa, 2012 (ROCHA, 2012); Porto Alegre — Bike POA, 2012 (PREFEITURA DE PORTO ALEGRE, 2017); Salvador — Bike SSA, 2013 (G1, 2013), três cidades de Pernambuco: Recife, Olinda e Jaboatão dos Guararapes — Bike PE (NÓBREGA, 2017).

O primeiro sistema inaugurado no Rio de Janeiro (Pedala Rio) foi restruturado em 2011 devido aos roubos e vandalismos, falhas no sistema eletrônico de liberação e devolução das bicicletas e ausência das mesmas — tornou-se, então, o conhecido Bike Rio. (CRUZ, 2011).

Diversas notícias desse período revelam o interesse e aceitação da população à novidade, embora o projeto sofresse reclamações em função do espaço ocupado pelas estações na cidade, principalmente quando instalada em vagas de estacionamentos de veículos (RABELLO, 2019). Em 2015, a reportagem do jornal *O Globo* revela a polêmica na Zona Sul carioca, devido à substituição do espaço antes ocupado por três carros pela estação de 12 vagas de bicicletas compartilhadas. Uma moradora do bairro comentou: "Agora não temos como parar na porta de casa quando chegamos com compras, malas… A rua Sorocaba é estreita e ficou ainda pior para os carros" (COSTA, 2015). Em contrapartida, outras pessoas comemoram a instalação dessa mesma estação, por possibilitar o acesso de bicicleta ao local a partir do metrô Botafogo, o que favorece a integração modal. Gustavo Almeida, coordenador de controle de concessões da Secretaria Especial de Concessões e Parcerias Público-Privadas (SecPar),[1] revela:

> *A nossa prioridade é deixar a calçada livre para os pedestres, usando as vagas de estacionamento. A bicicleta é um transporte compartilhado por um grande número de pessoas, enquanto o carro tem uso individual. Queremos que cada vez mais pessoas usem o transporte coletivo. Os embates que estão ocorrendo são naturais, mas os usuários das bicicletas vêm aplaudindo as soluções.*

Durante os primeiros anos, os sistemas foram exitosos, apresentando aumento gradual do número de estações, bicicletas e, dessa forma, de viagens. No artigo de Gustavo Ribeiro (MOBILIZE, 2016), o Bike Rio é retratado como a liderança no ranking do serviço de compartilhamento de bicicletas, com o alcance médio de viagens por bicicleta de 6,88 por dia. Segundo o ITDP, no *Guia de Compartilhamento de Bicicletas Compartilhadas* (2014), considera-se como ideal de quatro a oito viagens por dia por bicicleta, o que garante a rotatividade, essencial para o sucesso do sistema. A rotatividade indica a eficiência do projeto, pois menos de quatro viagens diárias por bicicleta pode significar baixo custo-benefício e mais de oito tem como consequência redução de disponibilidade das bicicletas nas estações.

Com o passar dos anos, pode-se perceber pelas notícias encontradas certa decadência do sistema, tanto em função de falta de manutenção quanto do aumento do vandalismo e perda de bicicletas, que não foram repostas ao longo do tempo. Esse processo provocou a perda de confiabilidade no sistema, o que prejudicou seu uso e contribuiu ainda mais para o aumento de roubos (RABELLO, 2019).

Guimarães (2017) descreve a lista de reclamações dos ciclistas usuários do sistema Bike Rio à época, que inclui desde falhas no aplicativo — pelo não reconhecimento de devoluções e informação

---

[1] A SecPar era uma secretaria especial da Fazenda, composta por uma comissão de cada órgão que avaliava a alocação das estações de forma conjunta. Em 2017, esta secretaria foi desfeita, e a Subsecretaria de Patrimônio Imobiliário (SPA) passou a ser responsável pelo contrato do Bike Rio.

errada do número de bicicletas disponíveis nas estações ou sistema inoperante — até a falta de bicicletas ou presença de bicicletas com defeitos.

ATUAÇÃO DA TEMBICI NOS SISTEMAS DE BICICLETAS COMPARTILHADAS

A Samba Transportes Sustentáveis foi comprada pela Tembici em maio de 2017. Além do Bike Rio, passou a operar também os sistemas de bicicletas compartilhadas Bike Sampa, Bike POA, Bike PE e Bike Salvador, com o objetivo de reformular o projeto e consolidá-lo como modal ativo cotidiano nessas cidades. Durante os primeiros meses da nova operação (destacados no Gráfico 1), houve um esforço em consertar e repor as bicicletas nos sistemas, além do aprimoramento dos encaixes através do sistema antifurto, na tentativa de evitar o vandalismo. Essas ações não foram suficientes para aumentar o número de viagens nas cidades de maneira significativa, pois o sistema permanecia com diversos problemas e os usuários mantinham a insatisfação.

Dessa forma, a operadora optou por enfrentar alguns importantes desafios levantados em três distintas áreas de atuação (RABELLO,2019):

» Tecnologia: sistema e bicicletas.
» Operação: manutenção e logística.
» Planejamento urbano: localização e dimensão das estações.

Tecnologia

Foi realizada a troca da tecnologia (estações, bicicletas e sistema) por equipamentos de empresa especializada em fornecimento de sistema de bicicletas compartilhadas com estação. Isso foi essencial por contribuir para a confiabilidade e conforto dos usuários, além de garantir a diminuição do vandalismo, comum no sistema anterior. Adotou-se a tecnologia fornecida pela empresa canadense PBSC Urban Solutions, reconhecida pela eficiência em sistemas de grandes cidades como Londres, Chicago, Nova York e Guadalajara.

Houve melhoria da operabilidade do sistema e das estações, e incluíram-se facilidades na interface com o usuário pelo uso de aplicativo de celular e adoção de um cartão do sistema ou integração

Gráfico 1: Relação do número de estações e de viagens dos últimos dois anos dos sistemas Bike Rio, Bike Sampa, Bike SSA, Bike PE e Bike POA

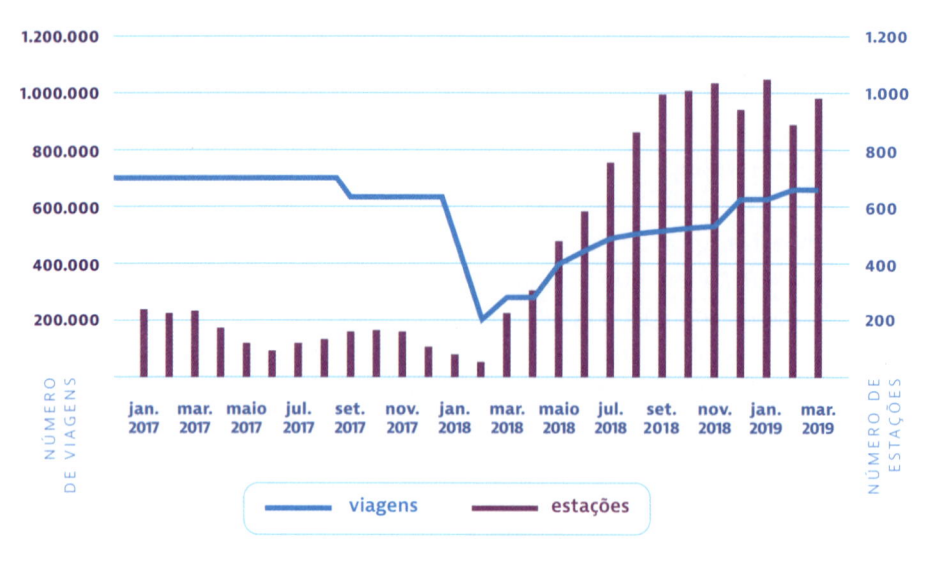

Fonte: Tembici.

com o cartão de transporte da cidade. Tanto a condição mais robusta do encaixe entre a bicicleta e a estação, quanto a adoção de peças não convencionais nas bicicletas, ajudaram na diminuição do vandalismo, contribuindo com o aumento da confiança dos ciclistas no sistema.

A modularidade também é aspecto importante, pois propicia diferentes tamanhos de estações para cada local da cidade, com demandas distintas. A instalação dos diversos módulos de 3 metros cada e quatro ou seis vagas para bicicletas,[2] sem a necessidade de obra civil e fixação no piso, permite flexibilidade e agilidade do processo de implantação e troca do sistema.

O principal desafio encontrado no processo de troca de tecnologia consistiu na recuperação da confiança de antigos usuários, prejudicados pela decadência dos sistemas anteriores. No entanto, a transição apresentou também dificuldades, como o processo de

---

[2] Quatro vagas quando as bicicletas estão todas voltadas para um único lado e seis vagas quando há três bicicletas para cada lado, em sentidos opostos. O primeiro caso ocupa 1,8 m de largura, o suficiente para localizar-se em vagas de estacionamento e o segundo, 3,2 metros, ideal para espaços amplos em praças, por exemplo.

Figura 1: Estação modular de bicicletas compartilhadas da PBSC

ESTAÇÃO MODULAR INSTALAÇÃO FLEXÍVEL, COM MÓDULOS DE QUATRO VAGAS

Painéis solares
estação com energia autossuficiente

Comunicação sem fio para processamento do pagamento e transmissão de dados

***Docks* inteligentes**
liberação das bikes diretamente nos *docks*

Totem
interface fácil de usar, alimentado com energia solar e bateria

Fonte: Tembici.

retirada de todas as estações e implantação faseada dos novos equipamentos, o que diminuiu em certo período o número total de estações e bicicletas em funcionamento. No Gráfico 1, esse momento é identificado no período entre dezembro de 2017 e fevereiro de 2018, em que há uma queda drástica do número total de estações acompanhada pela queda do número de viagens, para posterior aumento após a troca do sistema (RABELLO, 2019).

Operação

A restruturação da operação foi necessária para garantir a qualidade das bicicletas e estações, e contribuir para a confiabilidade do sistema ao disponibilizar bicicletas e vagas de acordo com a demanda de mobilidade pendular existente nas cidades. Essa característica define-se pelo deslocamento diário de pessoas para trabalhar ou estudar, que costumam acontecer no mesmo horário, chamado de horário de pico, quando ocorrem mais congestionamentos nas ruas e lotação do transporte público. Devido à concentração de serviços e empregos em determinadas regiões da cidade, o deslocamento diário acontece como um pêndulo, com uma grande concentração de pessoas que vão para a mesma localidade no período da manhã e retornam no final do dia.

O foco na manutenção preventiva e não corretiva garante a durabilidade das bicicletas, aumentando também a segurança de seu uso. As bicicletas passam por revisão na estação a cada sete dias e por revisão completa no galpão a cada dois meses. Há também a manutenção nas estações a cada três dias, para limpeza e identificação de possíveis problemas enfrentados pelos usuários (RABELLO, 2019).

O planejamento logístico surgiu como grande desafio enfrentado desde a troca de tecnologia que trabalha com a redistribuição das bicicletas entre as estações. Cada cidade funciona de maneira diferente e deve ser planejada individualmente. Próximo às estações de metrô e terminais de ônibus, como a Central do Brasil no Rio de Janeiro e o Largo da Batata em São Paulo, há uma demanda tão alta que as estações de bicicletas compartilhadas existentes não comportam o número de bicicletas para atendê-la, o que levou à operação por meio de bolsão para estoque de bicicletas e vagas nos horários de pico de transporte da cidade.

Os bolsões caracterizam-se como áreas adjacentes às estações de bicicletas compartilhadas com a presença de funcionários da empresa que organizam o estoque inicial para facilitar a retirada ou devolução nos horários de pico de uso do sistema. A frota de veículos que realiza o reabastecimento das bicicletas não consegue sozinha resolver o problema, em função da demanda de viagens ser maior no período em que o trânsito está pior (RABELLO, 2019).

Planejamento urbano

De acordo com pesquisa feita com usuário do Citibike (sistema de Nova York), a conveniência é a característica mais valorizada de um sistema de bicicletas compartilhadas, mais ainda que a economia financeira, a recreação e a prática de exercício físico. A conveniência significa comodidade, facilidade e vantagem, e é o que configura a confiabilidade no sistema. Neste sentido, a densidade de estações é a grande responsável por garantir essa confiança. Quanto maior a proximidade das estações, maior é a probabilidade de conectar a residência, o transporte público, o trabalho, comércio e serviços, formando uma rede de estações em área contínua da cidade.

Segundo o Nacto (2015), a chave para o sucesso do sistema de compartilhamento de bicicletas é o espaçamento caminhável entre as estações. De acordo com pesquisas da instituição, o percurso que uma pessoa está disposta a fazer até encontrar uma bicicleta não passa de cinco minutos, é menor do que a distância que se caminha para chegar à pontos de ônibus e estações de metrô e trem. Se passar disso, facilmente a bicicleta é trocada por outra opção de transporte.

A distância aproximada de 400 metros entre estações, que equivale a um percurso de cinco minutos a pé, possibilita o fácil acesso entre estações e a adoção da bicicleta nos deslocamentos diários. Caso haja procura por bicicleta e a estação se encontre vazia no momento, rapidamente o usuário encontra uma bicicleta na estação vizinha e o mesmo acontece no momento da devolução, pois ele terá que buscar outra vaga disponível em estações próximas, se o local estiver sem espaço.

O sistema denso permite a ampliação da gama de origens e destinos dos usuários do sistema de bicicleta compartilhada, o que ajuda a garantir a sua confiabilidade. Caso contrário, numa situação de poucas oportunidades de trajetos causada pela baixa densidade de estações, não é oferecida real opção de transporte às pessoas.

Ao entender essas características como condições fundamentais para o sucesso dos serviços de compartilhamento de bicicletas, houve também a restruturação do planejamento da localização das estações com a nova operação pela Tembici nos sistemas brasileiros. As cidades foram então analisadas conforme determinados aspectos urbanos, o que proporcionou um planejamento que considerasse a integração modal, a infraestrutura cicloviária e a concentração de empregos e serviços capaz de atrair muitas viagens.

Assim, os aspectos principais de mudança foram a criação da rede densa de estações — cujo objetivo era estabelecer o espaçamento máximo de 400 a 500 metros entre as estações — e a garantia da sua visibilidade, para que o próprio equipamento servisse como convite ao uso e à inclusão da bicicleta nos deslocamentos diários (RABELLO, 2019).

O grande desafio encontrado foi o convencimento da importância da densidade ao poder público, pois tem como consequência a diminuição da área de cobertura do sistema e a aparente restrição da abrangência do projeto. Apesar de fisicamente estar presente em área menor da cidade, quando comparado ao sistema anterior, apresenta número muito maior de viagens, o que revela o grande alcance do do serviço. Um dado que contribui para entender essa questão é a porcentagem dos usuários dos sistemas que residem fora da área de cobertura, proporcionado pela intermodalidade dos deslocamentos diários. Podemos supor que, nesse caso, as pessoas que estão nas regiões mais periféricas da cidade se deslocam ao centro por outros meios de transporte, como metrô, trem e ônibus, e completam o último trecho da viagem com as bicicletas compartilhadas.

Tabela 1: Porcentagem de usuários que moram fora da área de cobertura do sistema de bicicletas compartilhadas (fev. 2019)

PROJETO	% DE USUÁRIOS FORA DA ÁREA
Bike Rio	68,2
Bike POA	70,2
Bike SSA	60,8
Bike PE	72,2
Bike Sampa	76,7
Bike VV	58,1

EXPERIÊNCIAS DAS RECENTES INSTALAÇÕES

Reclamações sobre a perda do espaço do carro

Em 2018, a polêmica frente à ocupação por bicicletas do espaço antes destinado ao carro ainda era presente. Em reportagem do *O Globo*, Gilberto Porcidonio apresenta novamente o debate relacionado à localização das estações de bicicletas compartilhadas no Rio de Janeiro.

O presidente da Associação de Moradores e Amigos do Leme, Francisco Nunes, aponta em entrevista (PORCIDONIO, 2018):

> *Somos a favor da utilização da ciclovia e das bicicletas, mas em local adequado. A estação tinha que ser na orla ou no calçadão central, não dentro do bairro. Onde está, fica até difícil pegar a bicicleta para ir à ciclovia.*

Verificam-se algumas convicções nesse depoimento, em que ele considera a bicicleta como uso apenas para lazer, e não para transporte, ao informar que as estações deveriam encontrar-se somente na orla, e não dentro do bairro. No entanto, para garantir o papel da bicicleta como modal de transporte, é essencial que haja estações em lugares diversificados, permitindo opções de origem e destino por toda a área de cobertura do sistema, seja na orla, seja dentro do bairro. Desconhece-se que o ciclista tem o direito de compartilhar a via com demais veículos motorizados, ao afirmar da dificuldade de acesso à ciclovia, determinando-a como único espaço possível de circulação (RABELLO, 2019).

Outra afirmação de Nunes denota uma visão de protagonismo do automóvel no uso do espaço público, ao dizer que uma das estações do bairro "tomava o espaço de cinco vagas de carro, o que é inadmissível".

No caso do Bike Rio, reclamações sobre a ocupação de vagas de carro pelas estações de bicicletas compartilhadas mostram também a dificuldade de implementação do sistema nessa cidade. Clarisse Linke (2018), diretora do ITDP, denota a dependência dos carros pela população e a escolha feita por parte da prefeitura por retirar as estações das vagas de estacionamento nas ruas ou reposicionar as estações nas calçadas sem consultar os setores técnicos: "Não é razoável optar por três carros em detrimento de 19 bicicletas, que podem ser usadas por dezenas de pessoas a cada hora".

Derrubar o fetiche pelo carro, símbolo máximo de *status* do século XX, pode nos levar a dias melhores, mas não apenas no que se refere a uma mobilidade mais sustentável. É preciso criar modos mais sustentáveis de negociar com o coletivo, e isso requer pôr em xeque todo este individualismo (LINKE, 2018).

Efeitos na mobilidade urbana das cidades e características dos sistemas Bike Sampa, Bike Rio, Bike PE, Bike POA, Bike SSA e Bike VV

» Bike Sampa — 260 estações e 2.700 bicicletas

O gráfico a seguir demonstra a quantidade de passagens de bicicletas pelo contador da avenida Brigadeiro Faria Lima, na altura do número 1.200, e outro na rua Vergueiro, 1.700, em São Paulo. A região da Brigadeiro Faria Lima sempre apresentou maior fluxo e aponta aumento acentuado de uso a partir de fevereiro de 2018, logo após a inauguração do novo Bike Sampa (30 de janeiro de 2018).

Segundo dados da Companhia de Engenharia de Tráfego (CET), as viagens na ciclovia da Faria Lima tiveram acréscimo de 45%

Gráfico 2. Contagem de bicicletas no contador da
av. Brigadeiro Faria Lima em São Paulo

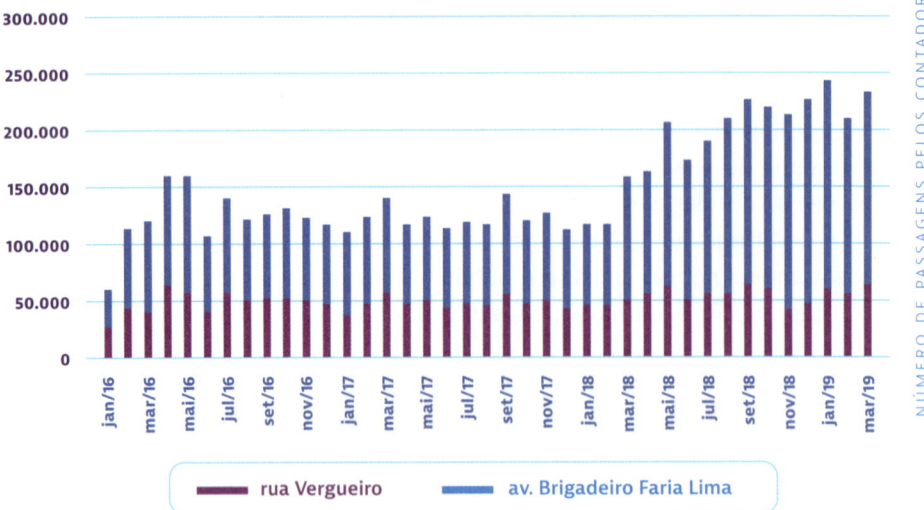

NÚMERO DE PASSAGENS PELOS CONTADORES

rua Vergueiro ▬▬ av. Brigadeiro Faria Lima

Fonte: CET. Disponível em: <http://www.cetsp.com.br/consultas/bicicleta/contadores-de-bicicletas.aspx>. Acesso em: 6 abr. 2020. Elaboração: Tembici.

de janeiro a julho de 2018 em relação ao mesmo período do ano anterior (de 537 mil para 781 mil), comparados ao aumento de 10% na ciclovia da rua Vergueiro (LAZZERI, 2018). Em maio de 2018, período em que ocorreu a greve dos caminhoneiros,[3] a bicicleta apareceu como solução de deslocamento para muitas pessoas, que, após experimentação, passaram a considerá-la como meio de transporte no dia a dia.

Pode-se identificar o primeiro recorde de passagens pelos contadores nesse mês de maio desde o início de seu funcionamento, marca que passou a ser comum a partir de agosto de 2018. O patamar de viagens mensais na ciclovia da avenida Brigadeiro Faria Lima passou de 77 mil, no começo de 2018 para 186 mil, em 2019, indo de 2.500 para 6.000 viagens diárias na média.

O Bike Sampa, no final de 2019, estava concentrado na várzea do rio Pinheiros, estendendo-se desde o Parque Villa Lobos, ao norte, até Santo Amaro, ao sul, e o centro da cidade, a leste. Conecta

---

[3] A Greve dos Caminhoneiros foi uma paralisação de caminhoneiros autônomos, com extensão nacional, de 21 a 30 de maio de 2018. O bloqueio das rodovias causou indisponibilidade de alimentos, escassez e alta de preços da gasolina nas cidades afetadas.

diversas estações de trem e metrô e terminais de ônibus, com regiões de alta concentração e circulação de trabalhadores. Ao longo da ciclovia da avenida Brigadeiro Faria Lima, com origem na estação de metrô Faria Lima, identifica-se acentuada frequência de de uso da bicicleta. As viagens de bicicleta com origem na estação Largo da Batata, que se encontra próxima a esse metrô, representaram 10% de todos os registros mapeados no sistema em 2019.

Segundo o Mapa 1, apesar da concentração do sistema, os usuários atendidos residem não apenas fora da área de cobertura, mas também na Região Metropolitana de São Paulo. Com a integração modal, é possível que residentes de regiões periféricas também tenham acesso às bicicletas compartilhadas, utilizando-as no último trecho dos deslocamentos diários.

A distribuição de viagens por hora do dia útil do Bike Sampa possui dois picos de uso muito demarcados, das 7h às 10h e das 17h às 20h, equivalentes ao pico de viagens da cidade, o que pode ser compreendido como uso voltado para transporte, como ida e retorno ao trabalho e estudo. Os picos iguais, no começo e final do dia, podem indicar a confiança no sistema, pois os usuários utilizam as bicicletas compartilhadas na ida ao trabalho, por exemplo, com a certeza de que chegarão no horário, e de que terão bicicletas para o início da viagem, e vagas disponíveis no destino. Já o uso nos fins de semana é menor, com concentração de viagens nos parques que se encontram na área de cobertura do sistema.

Mapa 1: Local de moradia dos usuários do Bike Sampa, por CEP (fev. 2019)

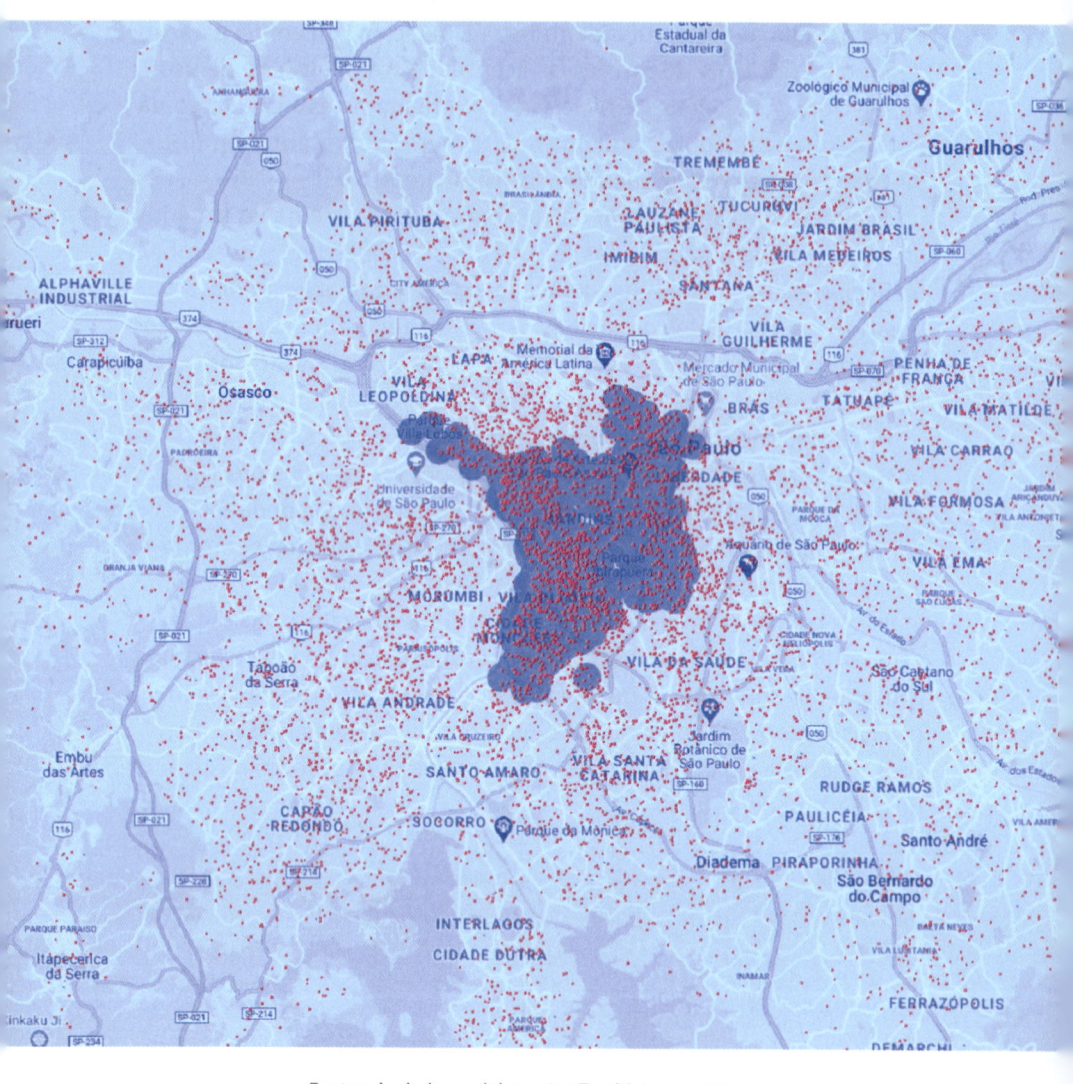

Fontes de dados e elaboração: Tembici, mar. 2019.

Área de cobertura do sistema

0 1 2 3 km

Mapa 2: Mapa com as 257 estações instaladas do Bike Sampa (dez. 2019)

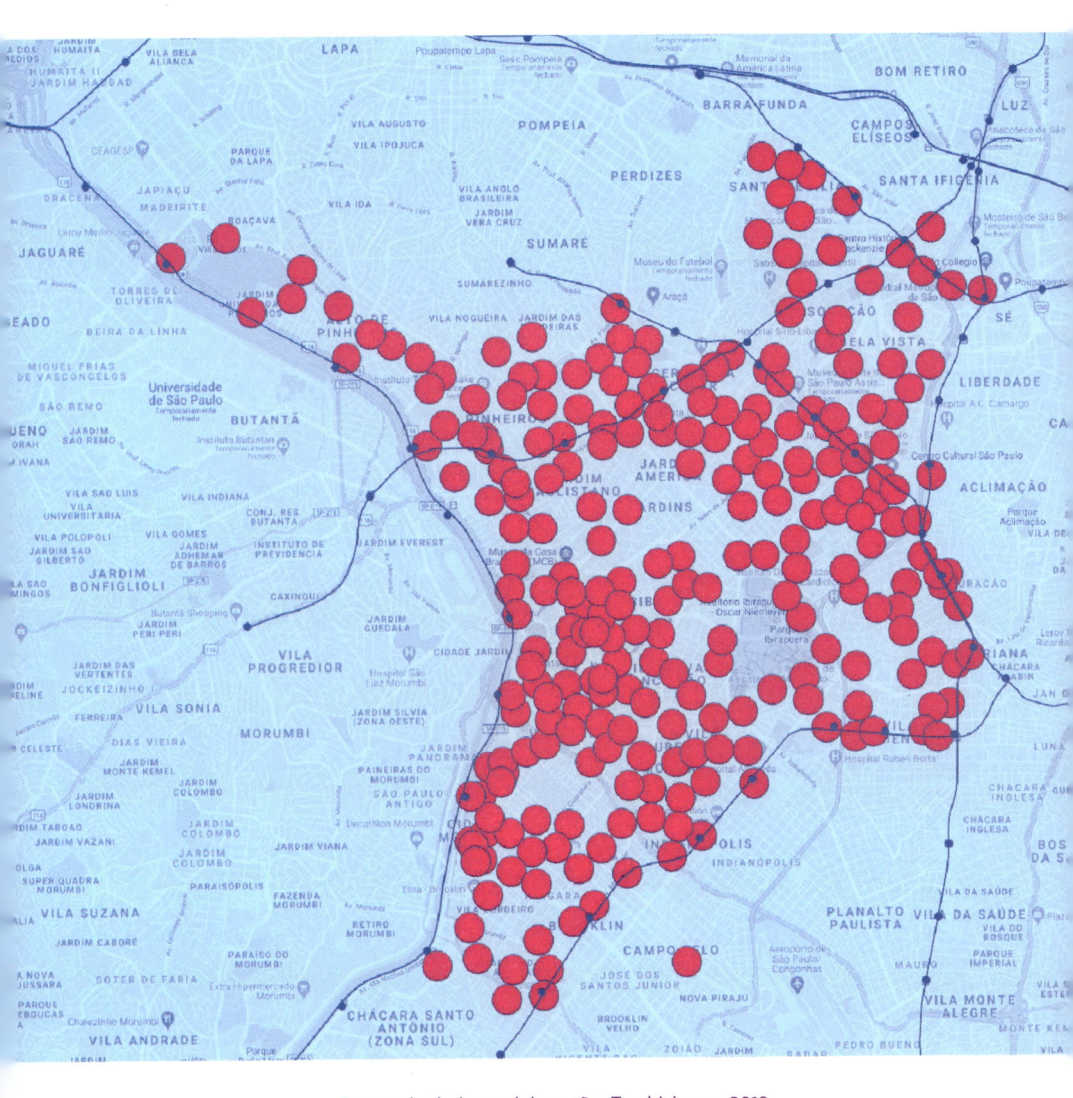

Fontes de dados e elaboração: Tembici, mar. 2019.

Transporte público
• estações de metrô e trem
0 0.5 1 1.5 km

Mapa 3: Mapa com o fluxo de viagens entre cada estação do Bike Sampa (dez. 2019)

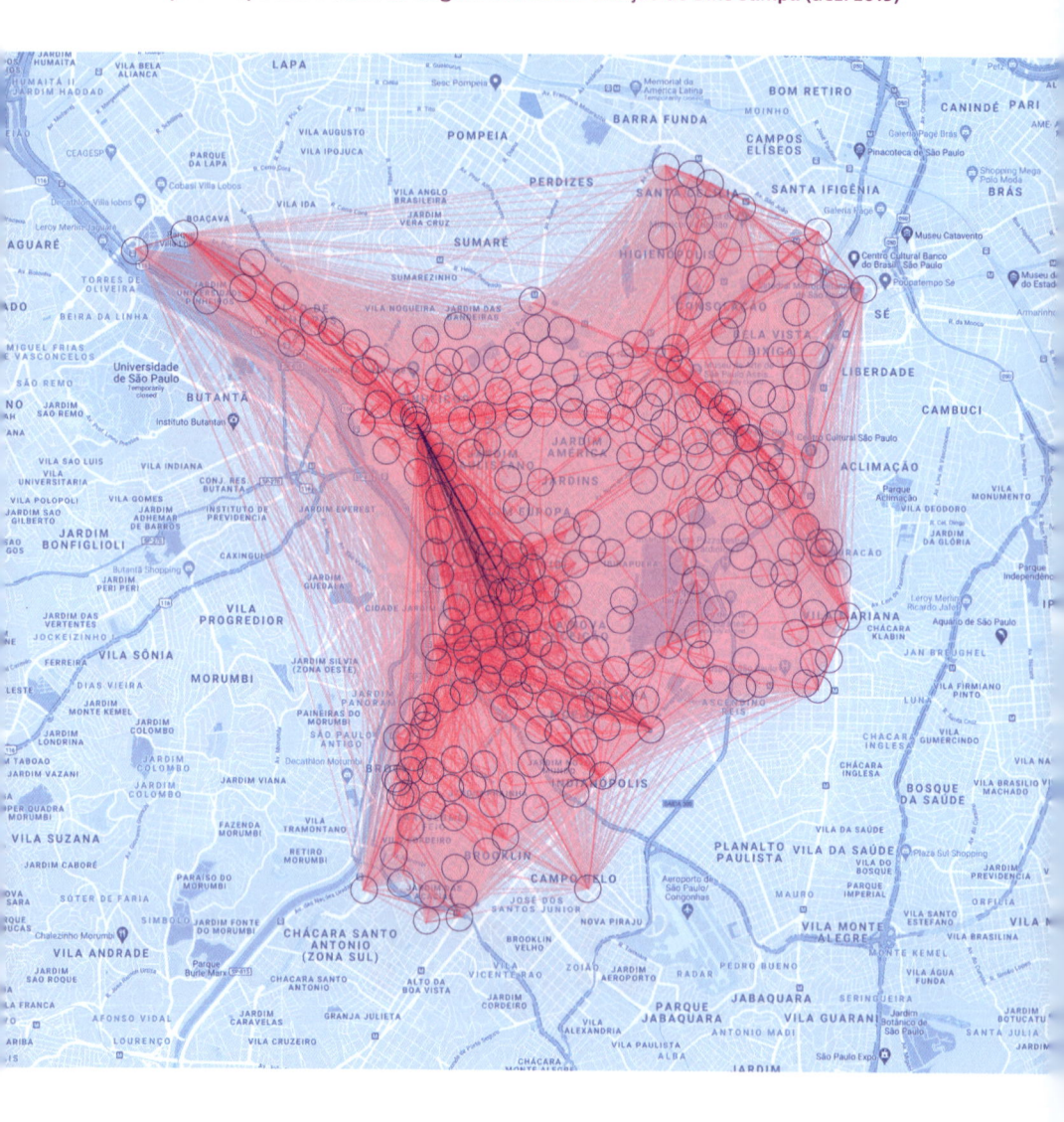

Fontes de dados e elaboração: Tembici, mar. 2019.

Fluxos entre estações
menor
maior
0 0.5 1 1.5 km

MÉDIA DE VIAGENS POR DIA POR HORÁRIO

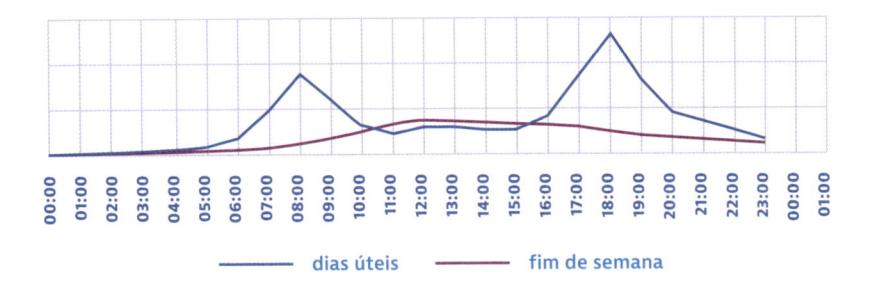

— dias úteis — fim de semana

DISTRIBUIÇÃO DAS VIAGENS POR DIA DA SEMANA

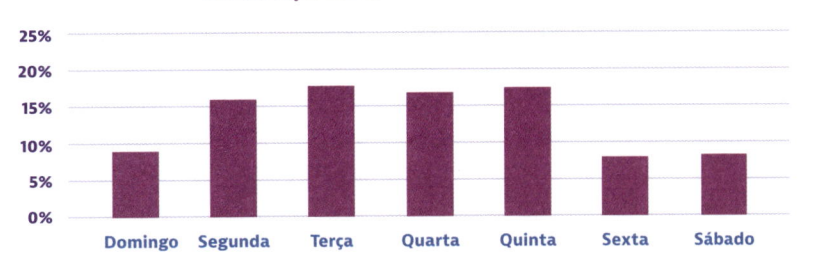

DURAÇÃO MÉDIA EM MINUTOS

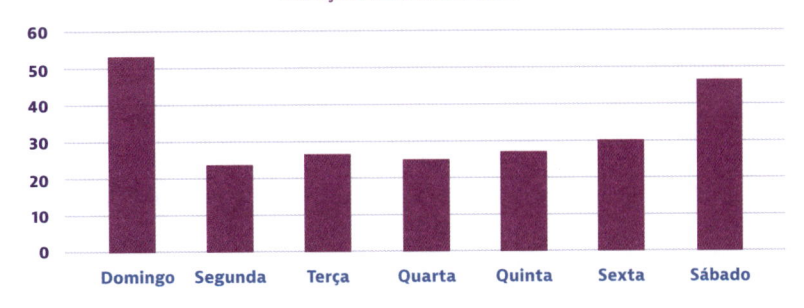

DISTRIBUIÇÃO DE VIAGENS POR DURAÇÃO

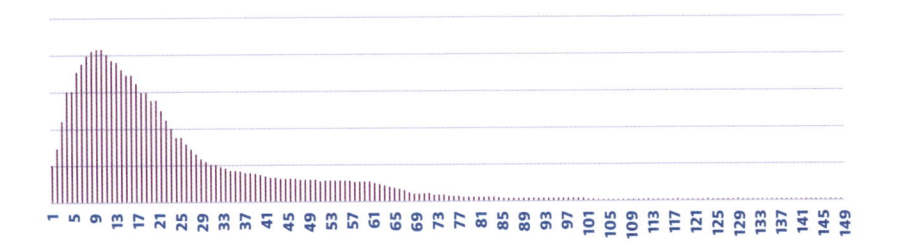

DISTRIBUIÇÃO DE VIAGENS POR IDADE

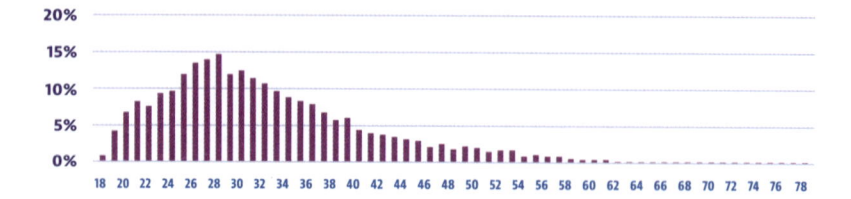

» Bike Rio — 260 estações e 2.600 bicicletas

No Bike Rio, há uso mais homogêneo distribuído por todas as estações de bicicletas compartilhadas da cidade, que ocorre durante todo o dia, sem destaque para os horários de pico de deslocamento. Dessa forma, ocorre redistribuição natural do sistema, com menor esforço logístico dos veículos da operação, que precisam levar as bicicletas de um ponto para outro, como acontece com São Paulo, devido ao caráter pendular das viagens.

Percebe-se a influência da intermodalidade, pelo uso representativo da bicicleta próximo das estações de metrô, trem e barca da cidade. As viagens de bicicleta com origem na Central do Brasil, por exemplo, representaram 3,2% do total do sistema, em 2019. Outro uso que aparece com maior frequência é para lazer, devido à boa infraestrutura cicloviária ao longo da orla das praias da Zona Sul.

No Rio de Janeiro, não há queda do uso no período do almoço e uso considerável aos finais de semana. Deste comportamento, interpretamos que nessa cidade há uso intensivo não apenas para transporte ao trabalho, mas também para pequenos deslocamentos ao longo do dia e para o turismo e lazer.

Mapa 4: Local de moradia dos usuários do Bike Rio, por CEP (fev. 2019)

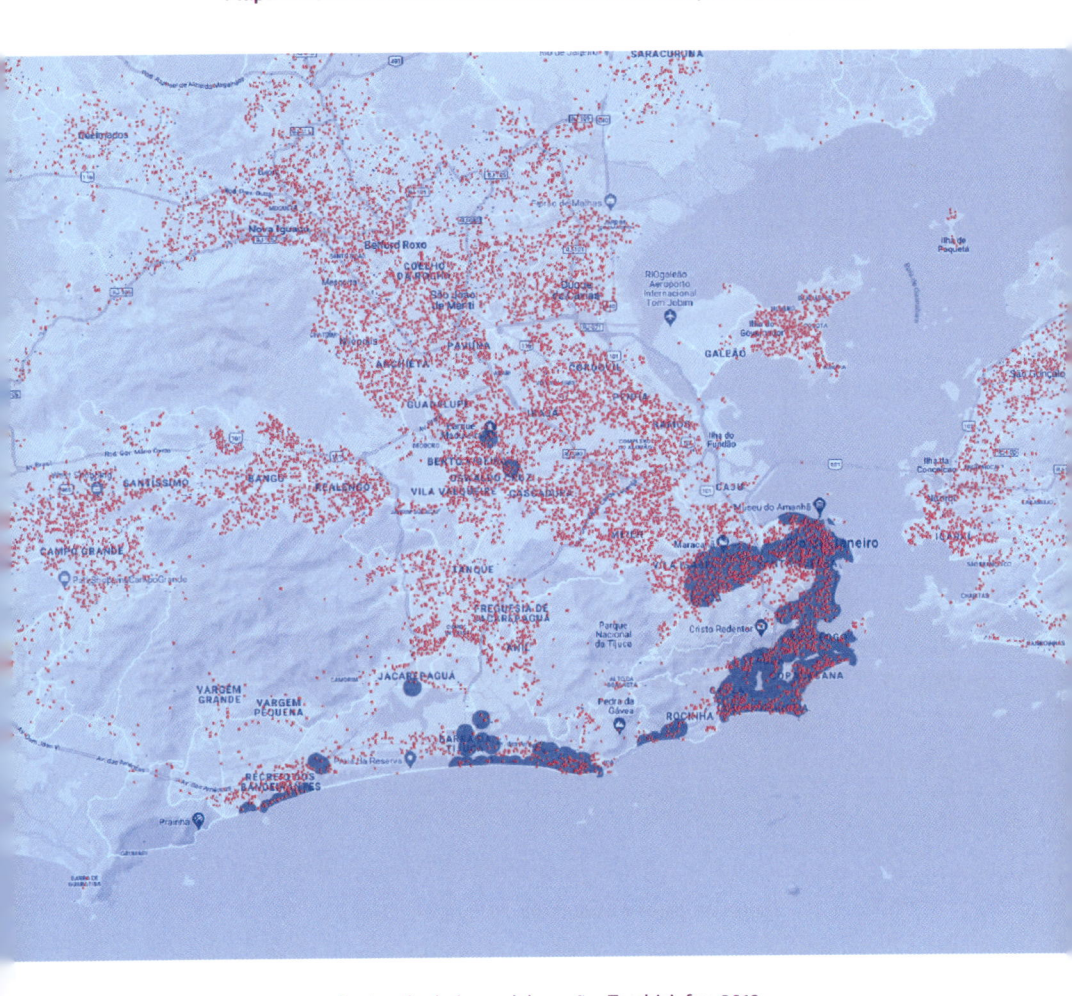

Fontes de dados e elaboração: Tembici, fev. 2019.

Área de cobertura do sistema

0 3 6 9 km

Mapa 5: Mapa com as 260 estações do Bike Rio (dez. 2019)

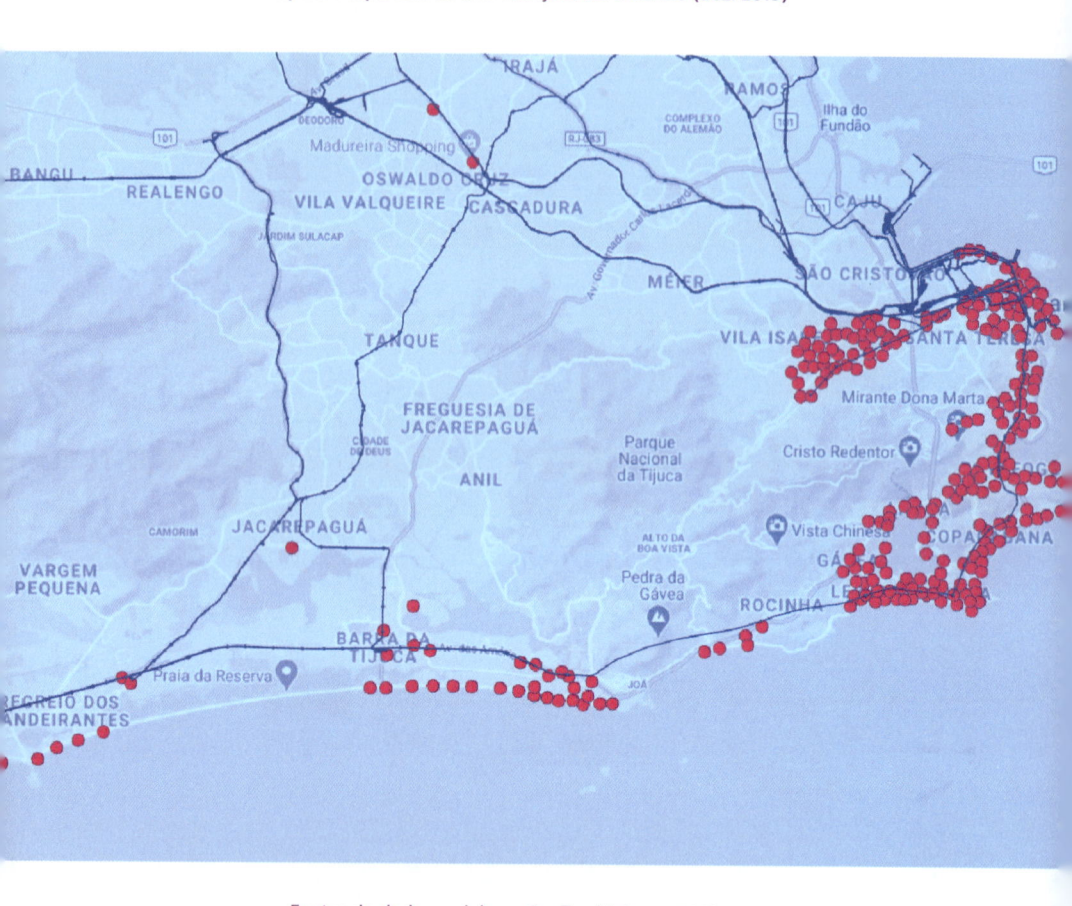

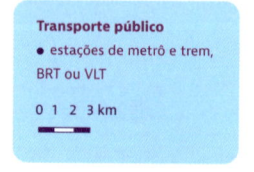

Fontes de dados e elaboração: Tembici, mar. 2019.

Transporte público
● estações de metrô e trem, BRT ou VLT

0 1 2 3 km

Mapa 6: Fluxo de viagens entre cada estação do Bike Rio (dez. 2019)

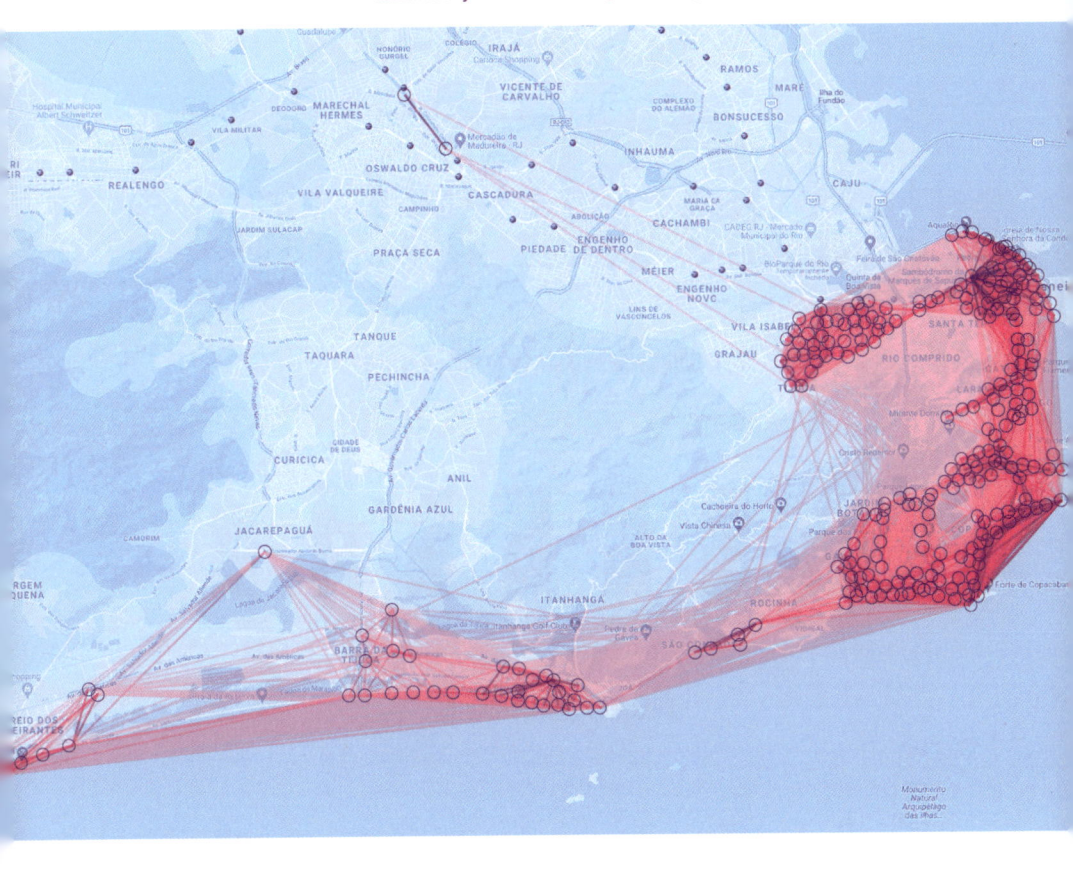

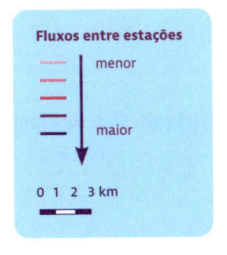

Fontes de dados e elaboração: Tembici, dez. 2019.

Fluxos entre estações

menor
maior

0 1 2 3 km

MÉDIA DE VIAGENS POR DIA POR HORÁRIO

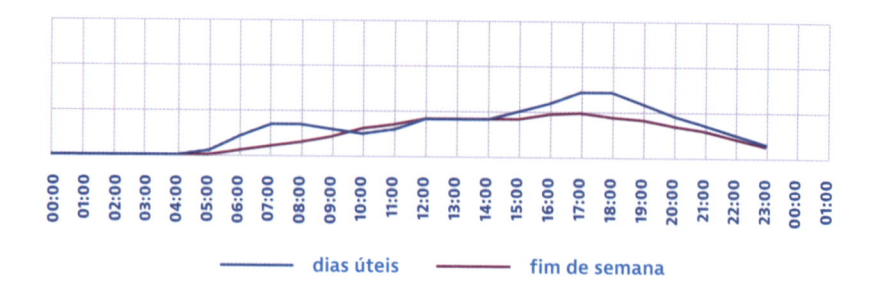

— dias úteis — fim de semana

DISTRIBUIÇÃO DAS VIAGENS POR DIA DA SEMANA

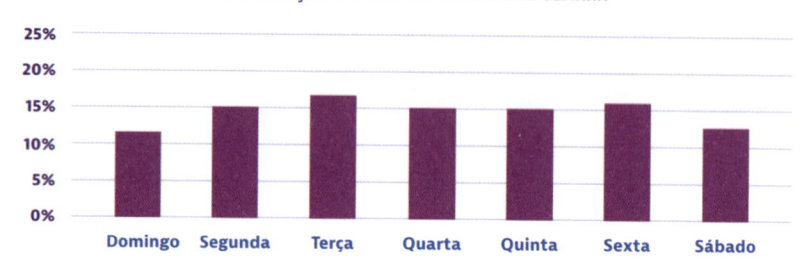

DURAÇÃO MÉDIA EM MINUTOS

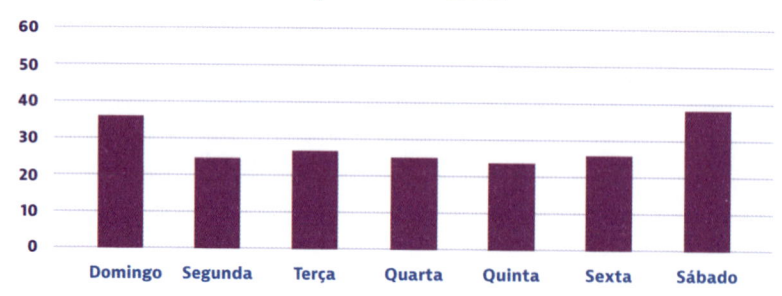

DISTRIBUIÇÃO DE VIAGENS POR DURAÇÃO

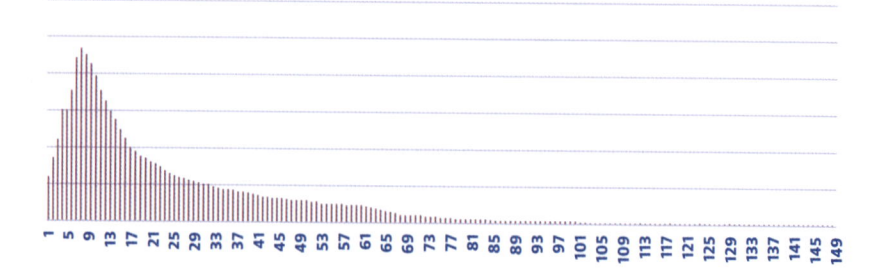

DISTRIBUIÇÃO DE VIAGENS POR IDADE

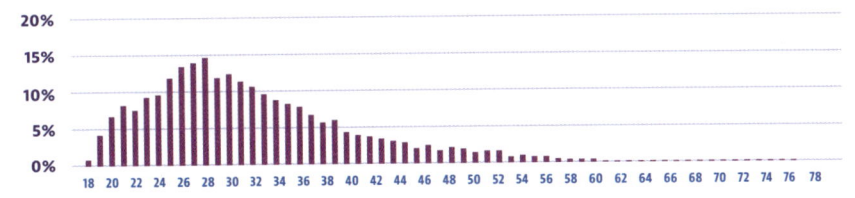

» Bike PE – 80 estações e 800 bicicletas

O Bike PE é o único sistema estadual com a presença de estações em três cidades: Recife (69 estações), Olinda (seis estações) e Jaboatão dos Guararapes (cinco estações). Há pouca interligação entre os sistemas das cidades em função da distância entre elas. As estações que mais apresentam viagens estão próximas ao metrô e terminais de ônibus, no centro histórico e comercial do Recife, na Orla de Boa Viagem (Recife) e na UFPE. Apesar das três estações da universidade estarem longe do centro, há muitas viagens entre elas, contribuindo para o deslocamento dentro do *campus*.

A distribuição de viagens nos dias úteis denota três picos de uso: no começo do dia (ida ao trabalho e estudo), na hora do almoço, que pode indicar a ida ou volta da escola, e no final do dia (retorno do trabalho e estudo), sendo o último bem mais intenso que os anteriores. Nos fins de semana há menos viagens por dia, com a presença de dois picos de uso, sendo o primeiro mais tarde, quando comparado aos dias de semana. A duração das viagens no domingo é muito maior do que nos demais dias da semana. Há em torno de 20 quilômetros de ciclofaixa de lazer, o que convida mais pessoas a pedalarem para o lazer, viagens que costumam ser mais duradouras.

Mapa 7: Local de moradia dos usuários do Bike PE, por CEP (fev. 2019)

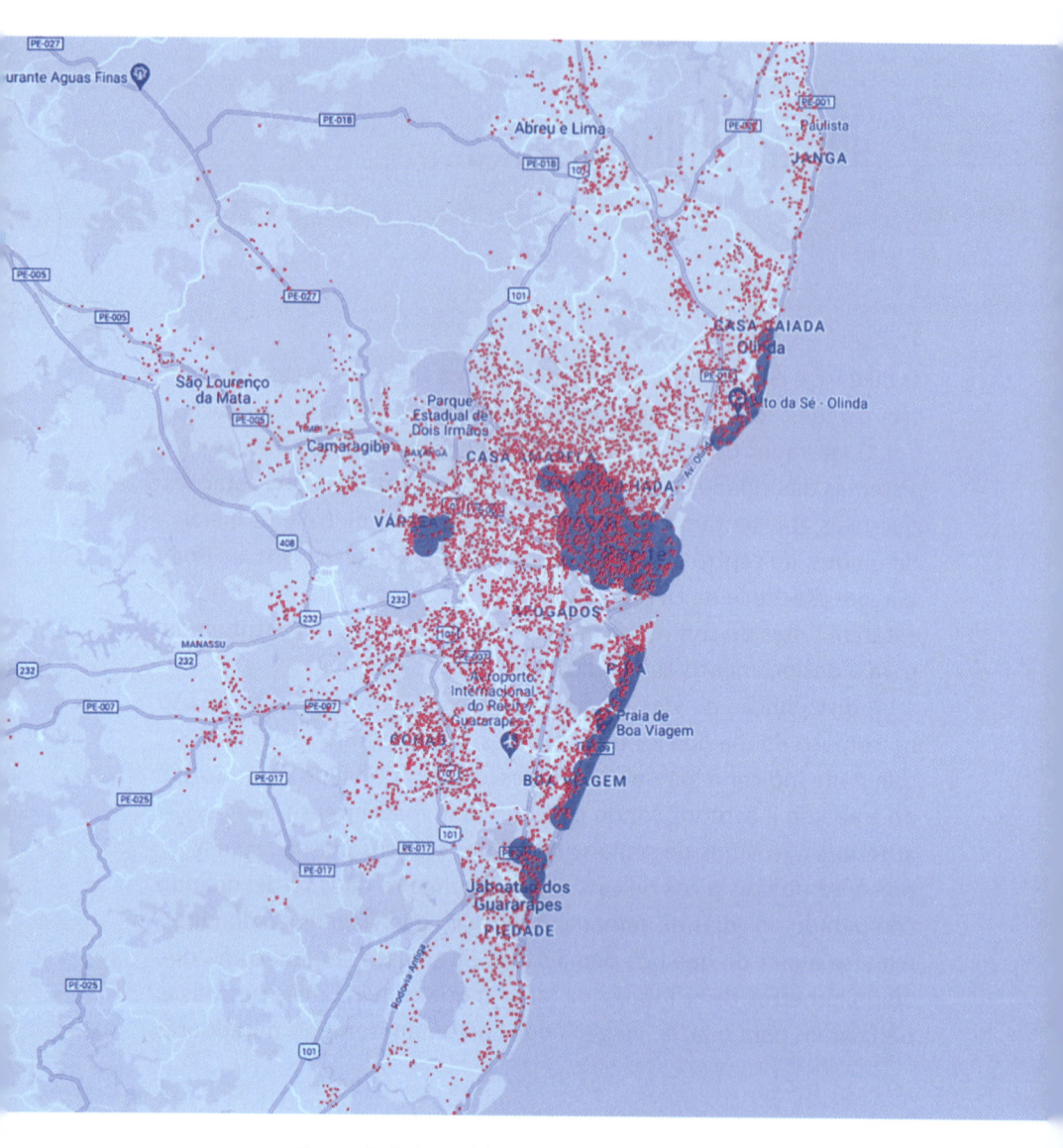

Fontes de dados e elaboração: Tembici, fev. 2019.

Área de cobertura do sistema

0 1 2 3 km

Mapa 8: Mapa com as 80 estações instaladas do Bike PE e fluxo entre as estações (dez. 2019)

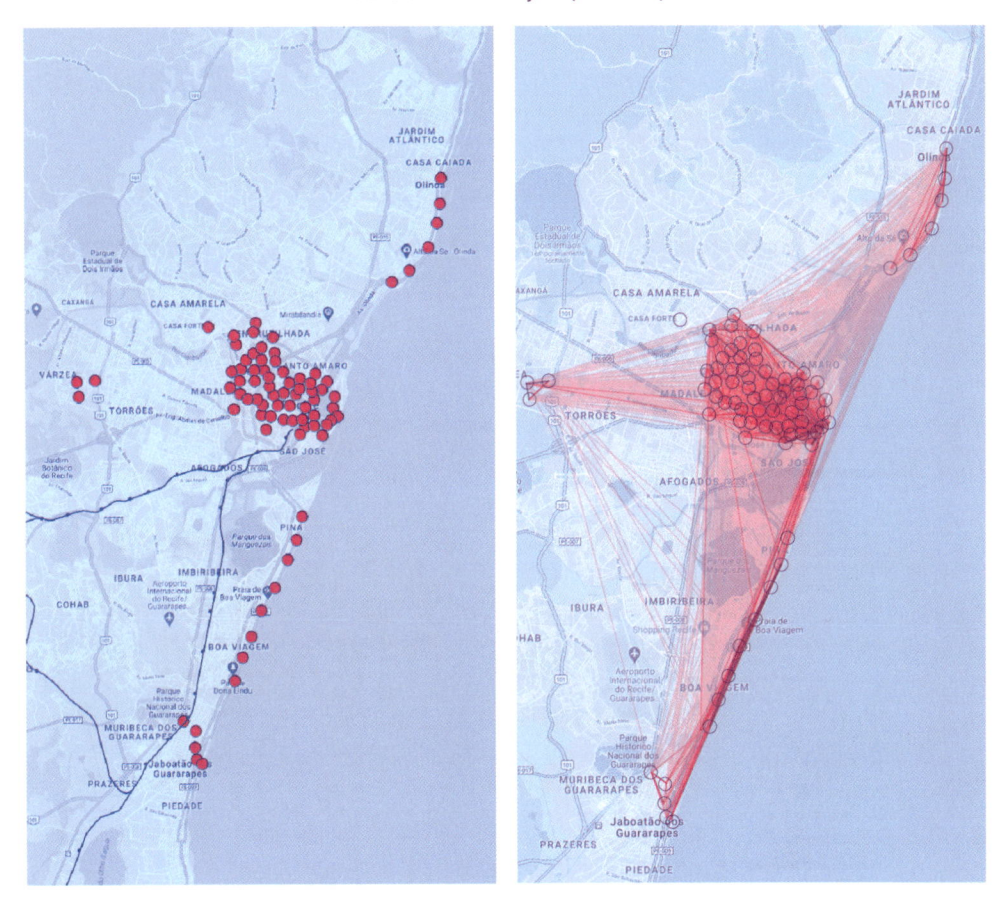

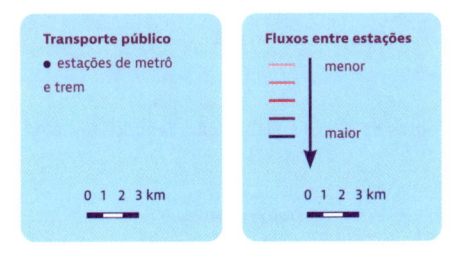

Fontes de dados e elaboração: Tembici, dez. 2019.

Transporte público
● estações de metrô e trem

Fluxos entre estações
menor → maior

0 1 2 3 km

Mapa 9: Fluxo de viagens entre cada estação do Bike PE do centro do Recife (dez. 2019)

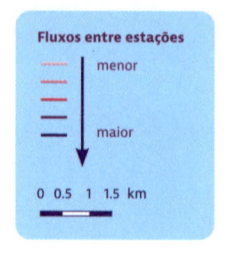

Fontes de dados e elaboração: Tembici, fev. 2019.

Fluxos entre estações
menor
maior
0 0.5 1 1.5 km

MÉDIA DE VIAGENS POR DIA POR HORÁRIO

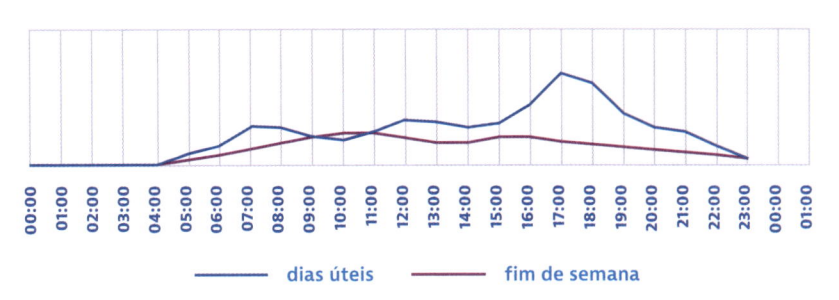

— dias úteis — fim de semana

DISTRIBUIÇÃO DAS VIAGENS POR DIA DA SEMANA

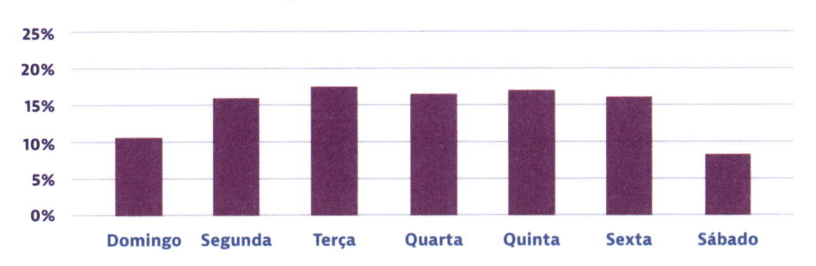

DURAÇÃO MÉDIA EM MINUTOS

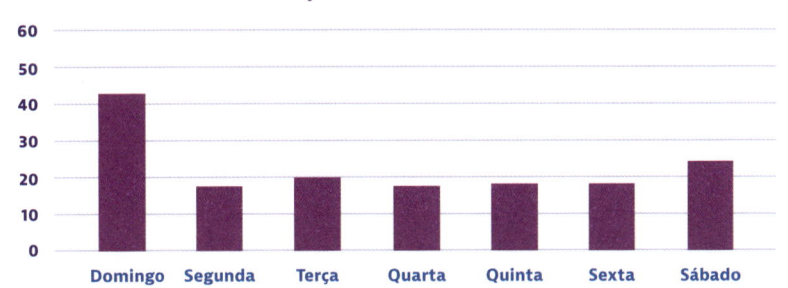

DISTRIBUIÇÃO DE VIAGENS POR DURAÇÃO

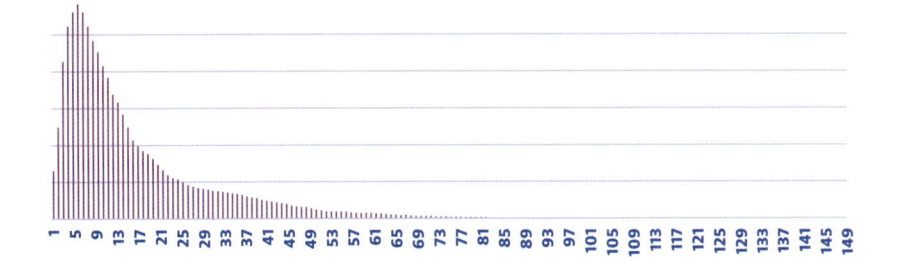

DISTRIBUIÇÃO DE VIAGENS POR IDADE

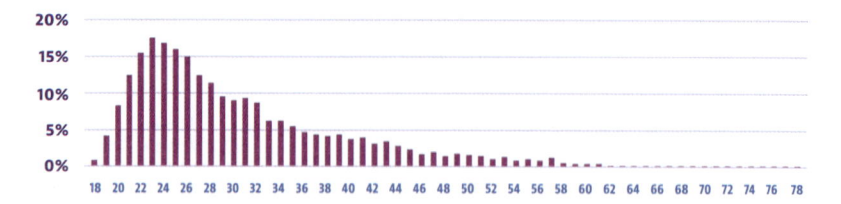

» Bike POA — 41 estações e 410 bicicletas

O Bike POA apresenta alto uso de bicicletas tanto em dias úteis quanto em fins de semana. Possui rede densa de estações, com exceção da estação da Fundação Iberê Camargo, que está conectada pela ciclovia da orla do rio Guaíba. Os destaques de viagens são nas estações próximas do metrô, dos parques e das faculdades da UFRGS.

A distribuição de viagens por hora do dia é semelhante ao Bike PE, com três picos bem marcados durante a semana e dois nos fins de semana. Sábados e domingos apresentam viagens mais longas, concentradas nos parques e nas estações da orla, o que contribui como ótima opção de lazer para as viagens de bicicleta.

Mapa 10: Local de moradia dos usuários do Bike POA, por CEP (fev. 2019)

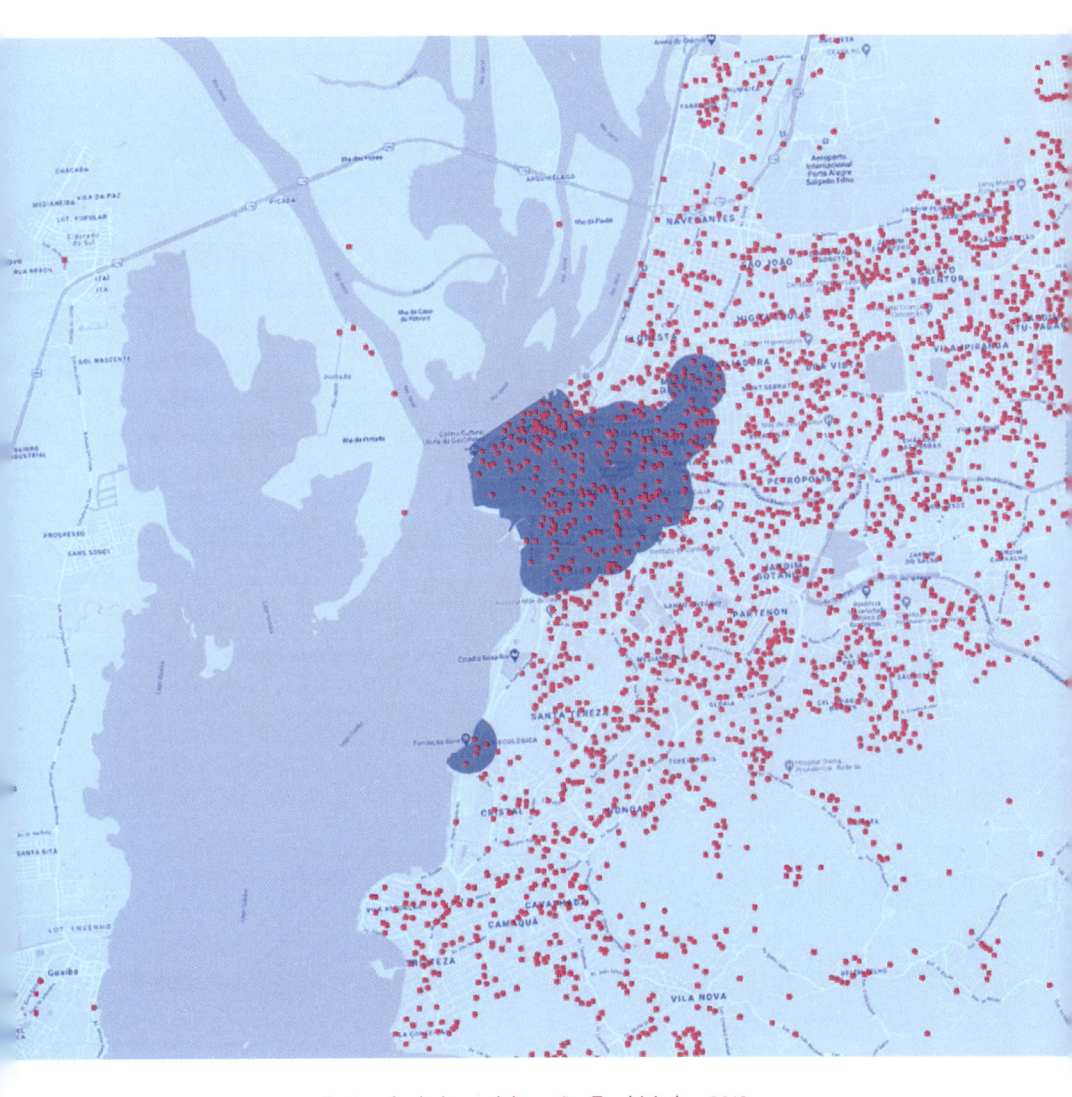

Fontes de dados e elaboração: Tembici, dez. 2019.

Área de cobertura do sistema

0 1 2 3 km

Mapa 11: As 41 estações instaladas do Bike POA (dez. 2019)

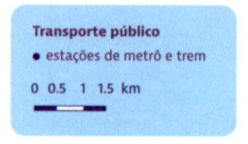

Fontes de dados e elaboração: Tembici, dez. 2019.

Transporte público
• estações de metrô e trem
0 0.5 1 1.5 km

Mapa 12: Fluxo de viagens entre cada estação do Bike POA (dez. 2019)

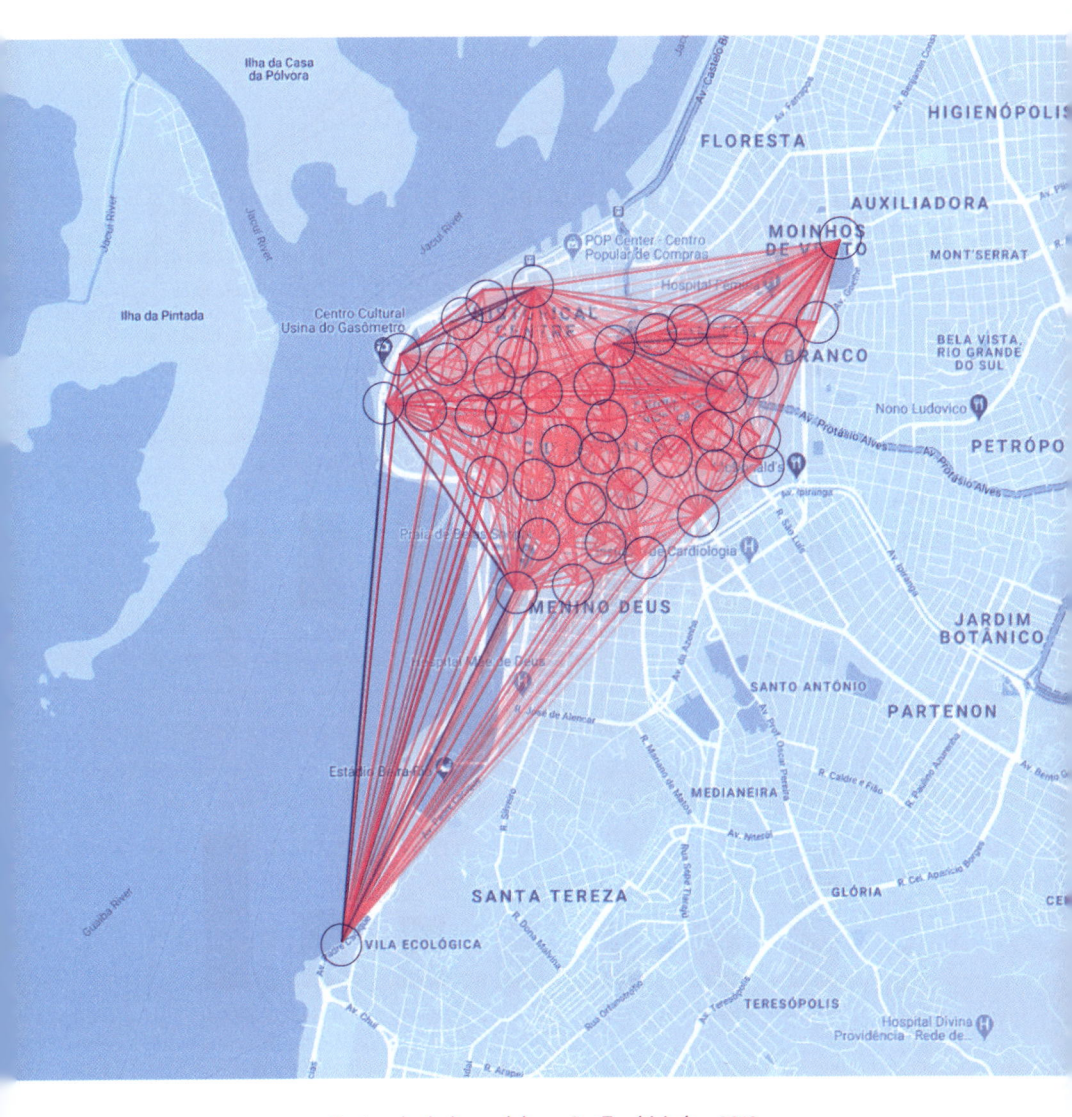

Fontes de dados e elaboração: Tembici, dez. 2019.

MÉDIA DE VIAGENS POR DIA POR HORÁRIO

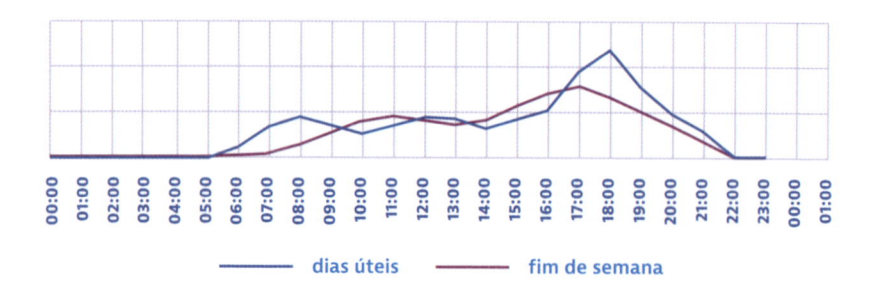

— dias úteis — fim de semana

DISTRIBUIÇÃO DAS VIAGENS POR DIA DA SEMANA

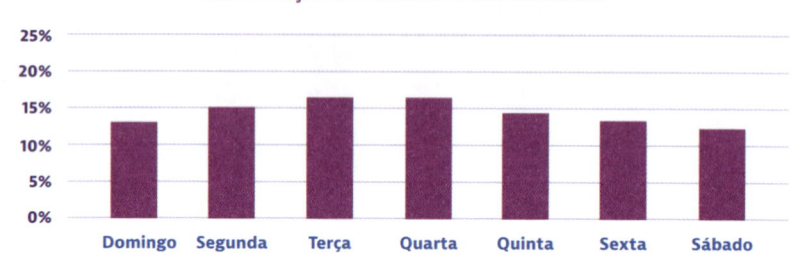

DURAÇÃO MÉDIA EM MINUTOS

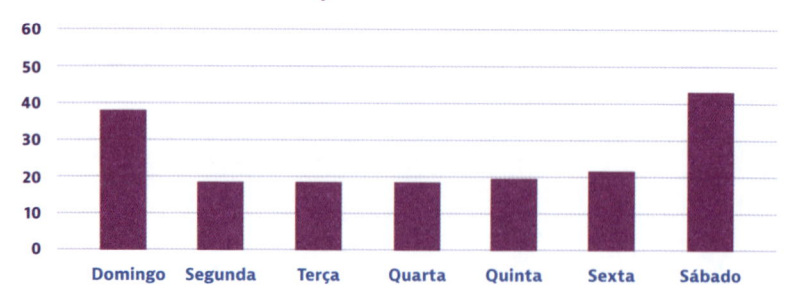

DISTRIBUIÇÃO DE VIAGENS POR DURAÇÃO

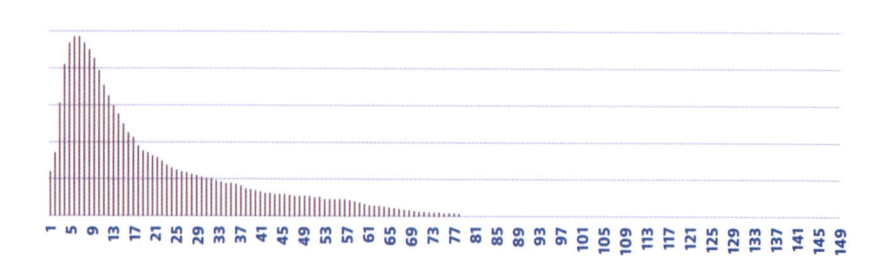

DISTRIBUIÇÃO DE VIAGENS POR IDADE

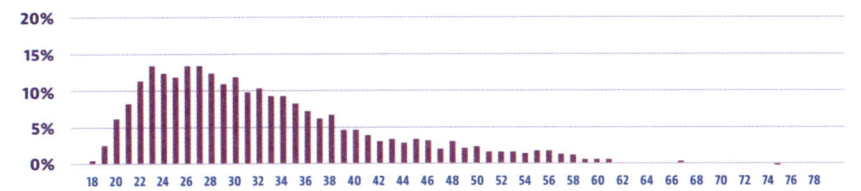

» Bike Salvador – 50 estações e 400 bicicletas

O Bike Salvador possui estações mais espaçadas, quando comparado à rede dos demais sistemas. Há pouca infraestrutura cicloviária na cidade e muitas vias com velocidade acima de 50 km/h, o que dificulta o uso da bicicleta nas estações fora da orla. Isso porque a região da orla é onde existem ciclovias, concentrando assim a maioria das viagens do sistema, desde a Barra até Itapuã e também próximo à estação Lapa do metrô, no centro, e na Praça Lord Cochrane, na Federação.

O uso durante a semana apresenta pico apenas no final do dia, uma característica diferente dos demais sistemas. O gráfico de distribuição de viagens por duração demonstra o alto número de viagens curtas e queda mais abrupta próximo dos 45 minutos, tempo máximo sem cobrança adicional para as viagens nos dias úteis.

Mapa 13: Local de moradia dos usuários do Bike Salvador, por CEP (fev. 2019)

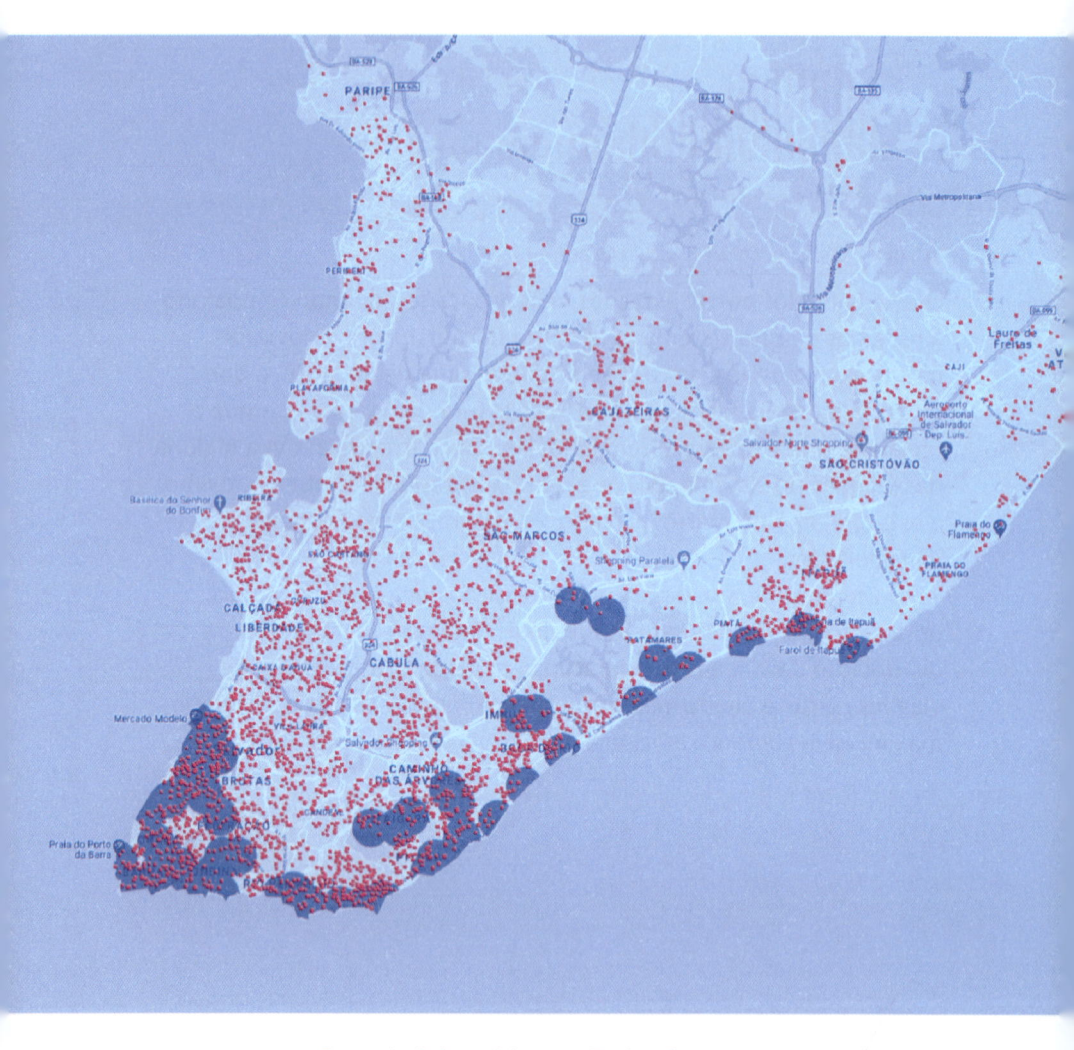

Fontes de dados e elaboração: Tembici, fev. 2019.

Área de cobertura do sistema

0 1 2 3 km

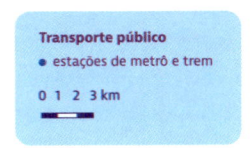

Mapa 14: Mapa das 50 estações instaladas do Bike Salvador (dez. 2019)

Fontes de dados e elaboração: Tembici, fev. 2019.

Transporte público
• estações de metrô e trem
0 1 2 3 km

Mapa 15: Fluxo de viagens entre cada estação do Bike Salvador (dez. 2019)

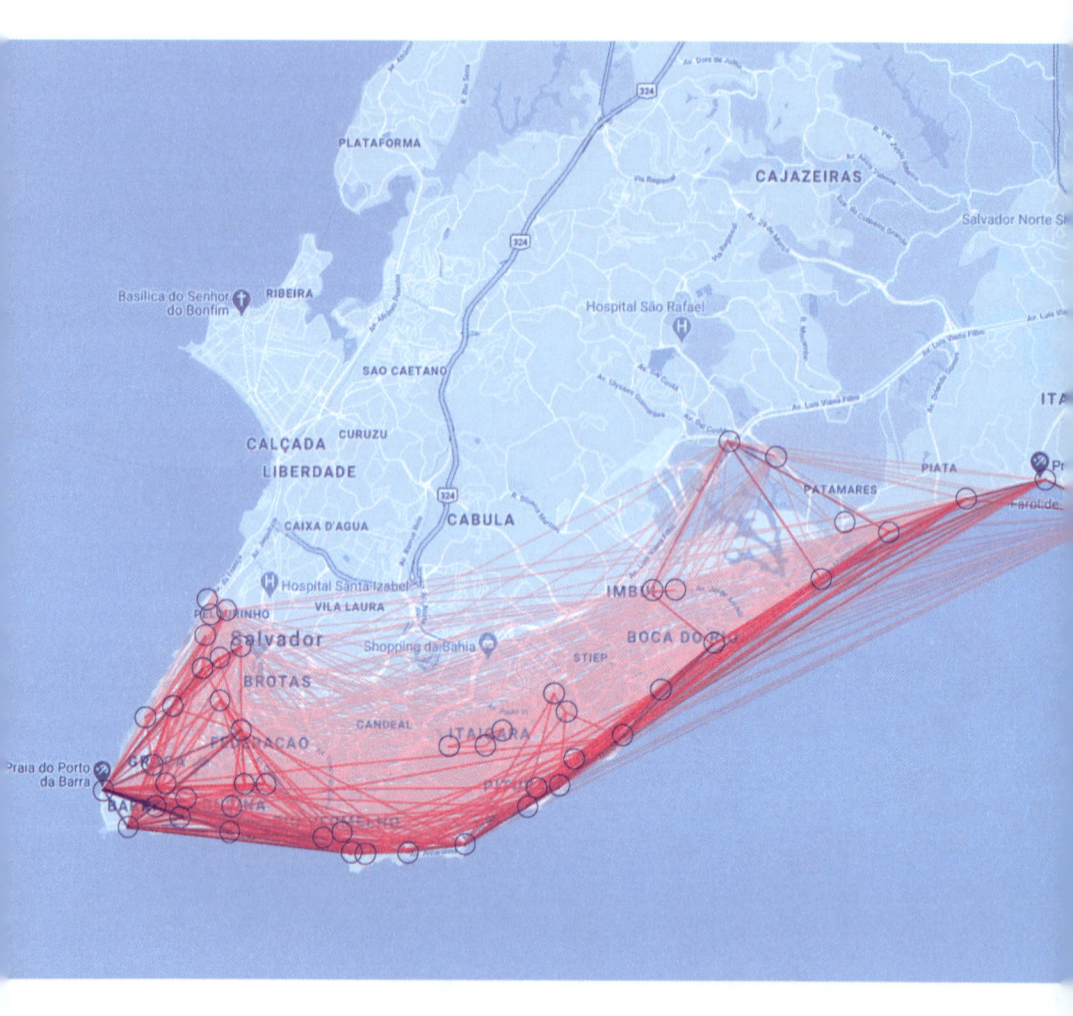

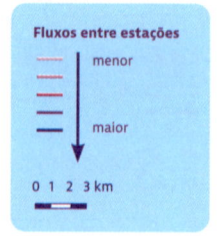

Fontes de dados e elaboração: Tembici, dez. 2019.

Fluxos entre estações: menor → maior

0 1 2 3 km

MÉDIA DE VIAGENS POR DIA POR HORÁRIO

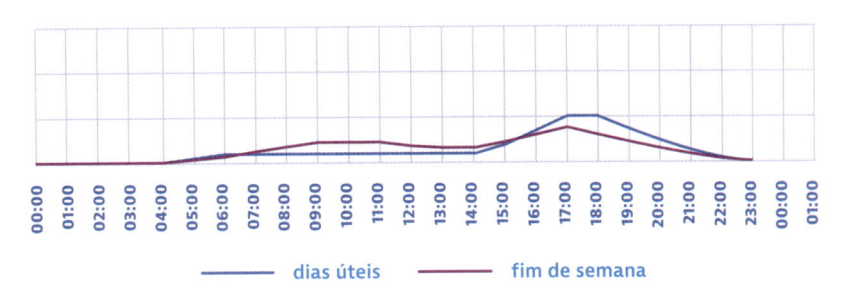

— dias úteis — fim de semana

DISTRIBUIÇÃO DAS VIAGENS POR DIA DA SEMANA

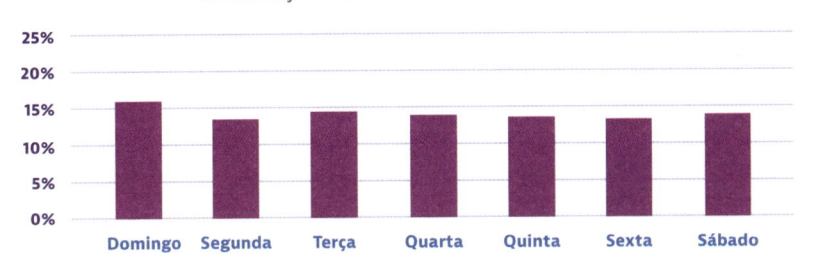

DURAÇÃO MÉDIA EM MINUTOS

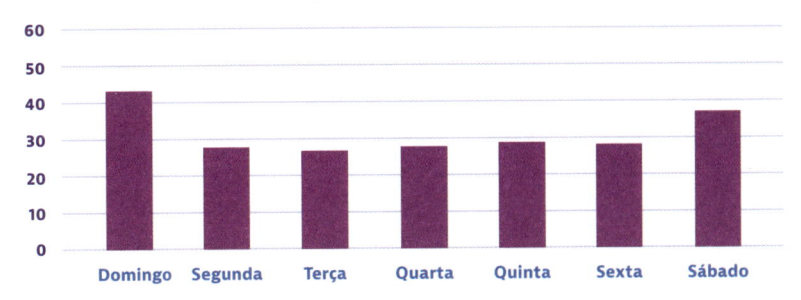

DISTRIBUIÇÃO DE VIAGENS POR DURAÇÃO

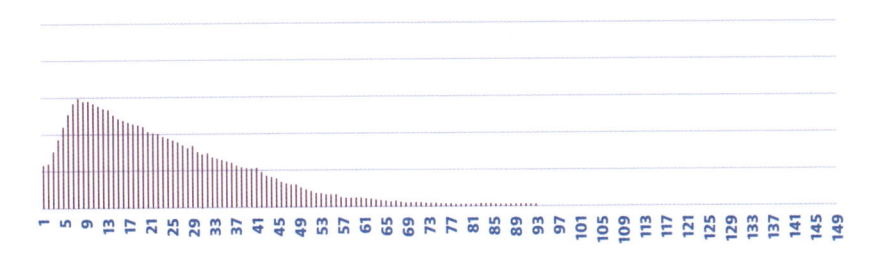

DISTRIBUIÇÃO DE VIAGENS POR IDADE

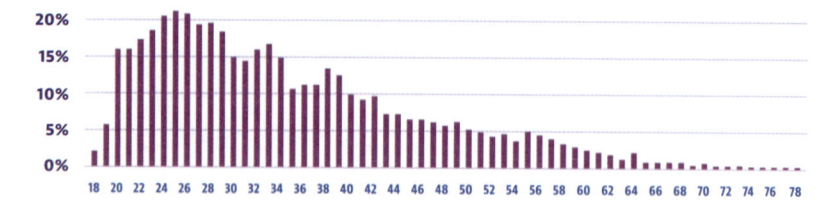

» Bike VV — 20 estações e 200 bicicletas

O Bike VV é o sistema de Vila Velha, no Espírito Santo, inaugurado em abril de 2018, com patrocínio de Samp e Banestes. Atualmente, é o sistema que apresenta maior quantidade de viagens por bicicleta, o que demonstra o quanto o sistema foi incorporado nos deslocamentos diários da população.

Possui três picos de uso nos dias úteis, semelhante ao Bike POA e ao Bike PE. Contudo, apresenta menor diferença de uso entre a manhã e o final do dia.

Mapa 16: Local de moradia dos usuários do Bike VV, por CEP (fev. 2019)

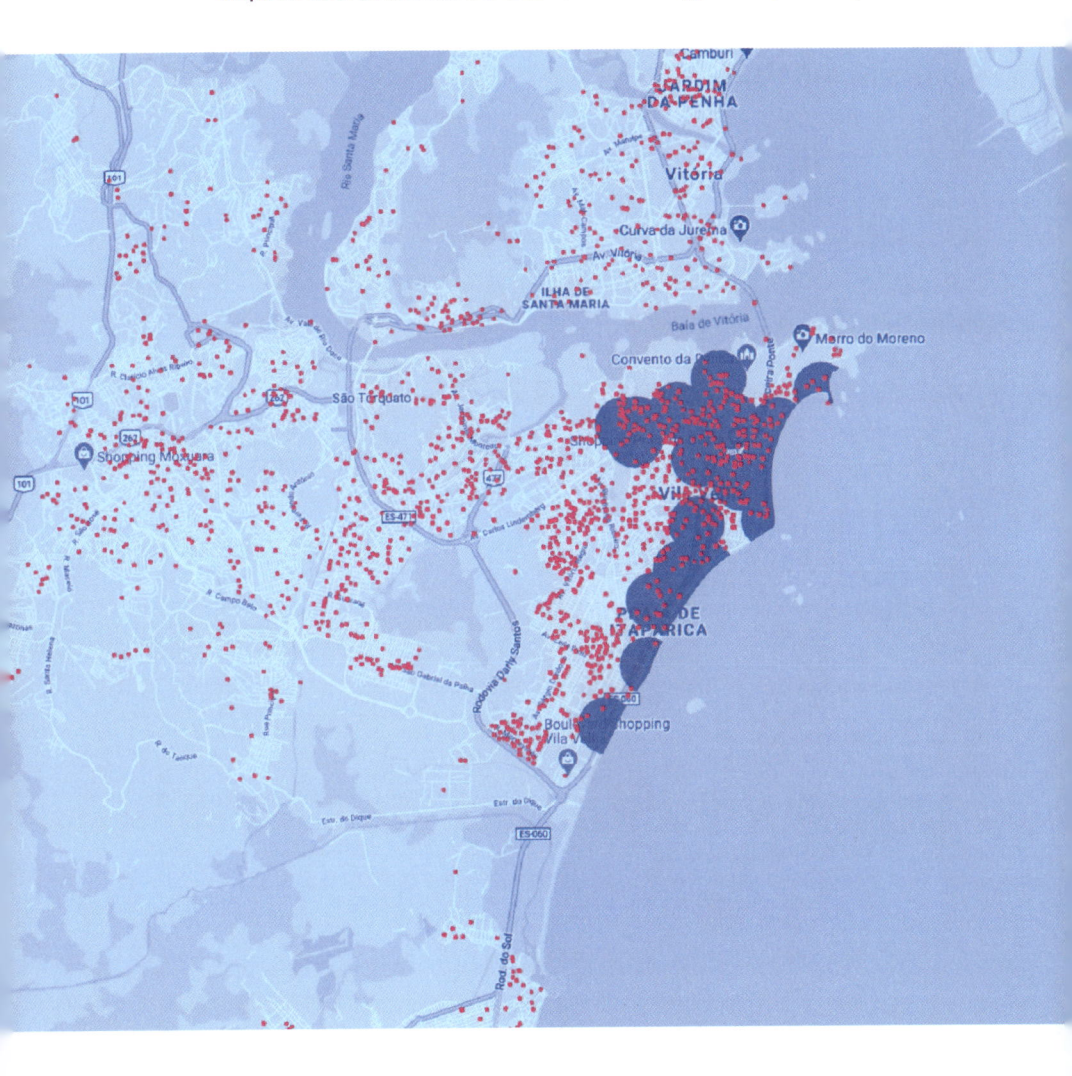

Área de cobertura do sistema

0 1 2 3 km

Mapa 17: As 20 estações instaladas do Bike VV (fev. 2019)

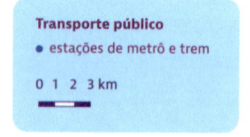

Transporte público
• estações de metrô e trem

0 1 2 3 km

Mapa 18: Fluxo de viagens entre cada estação do Bike VV (dez. 2019)

Fontes de dados e elaboração: Tembici, fev. 2019.

Fluxos entre estações
menor
maior

0 1 2 3 km

MÉDIA DE VIAGENS POR DIA POR HORÁRIO

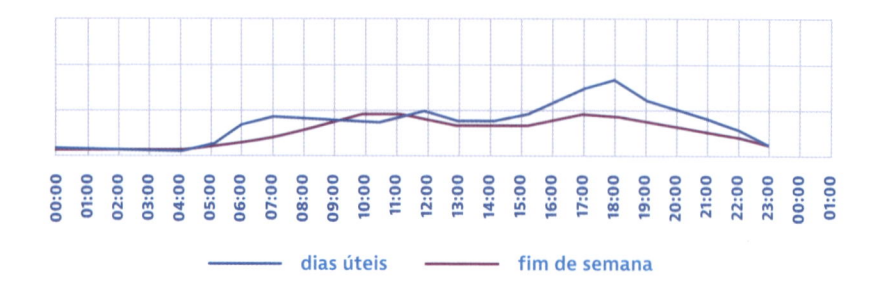

— dias úteis — fim de semana

DISTRIBUIÇÃO DAS VIAGENS POR DIA DA SEMANA

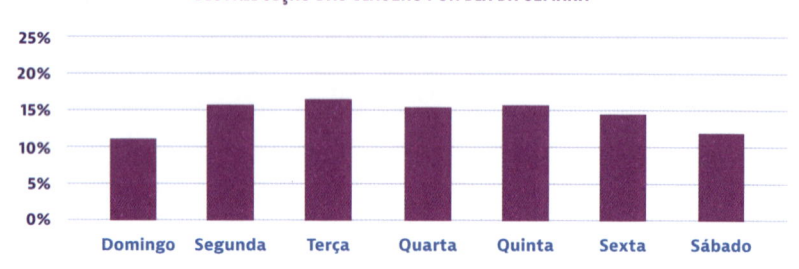

DURAÇÃO MÉDIA EM MINUTOS

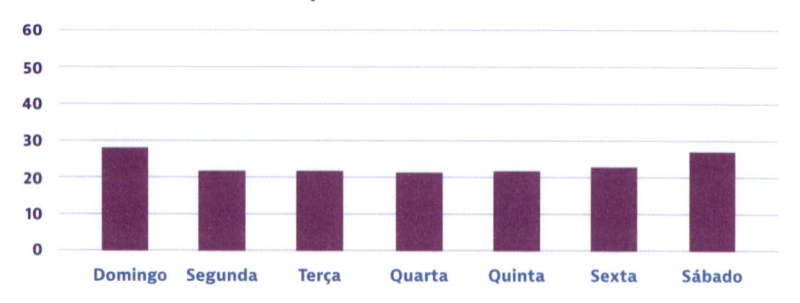

DISTRIBUIÇÃO DE VIAGENS POR DURAÇÃO

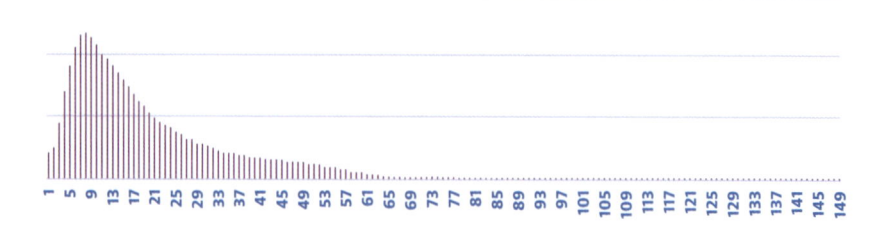

DISTRIBUIÇÃO DE VIAGENS POR IDADE

CONSIDERAÇÕES FINAIS

Ao longo do tempo, percebemos como a confiança é essencial para a adesão ao uso diário das bicicletas compartilhadas. Quando conveniente, as pessoas utilizam a bicicleta no dia a dia para complementar seus deslocamentos. Na maioria das cidades analisadas, o pico de uso das bicicletas compartilhadas acontece no mesmo horário do pico das viagens realizadas no transporte público e, também dos congestionamentos de veículos.

O uso das bicicletas para o lazer[4] também é importante para aumentar o número e a diversidade de compartilhamento das bicicletas. No entanto, o uso do cotidiano como transporte, seja para trabalho ou estudo, seja para outras atividades, é muito mais relevante em quantidade. Essas viagens costumam ser mais rápidas, o que permite também o uso por mais pessoas ao longo do dia.

Todo o esforço de mudança de tecnologia, do cotidiano da operação e do novo planejamento urbano foram essenciais para o sucesso do aumento de viagens em todas essas cidades. Apesar da concentração do projeto nas áreas de maior quantidade de serviços, empregos e transporte público, a integração modal permite o alcance de usuários que residem fora da área de cobertura dos sistemas. Justamente nas regiões de maior quantidade de equipamentos e serviços, há maior probabilidade da realização de diversas curtas viagens e, assim, compartilha-se mais as bicicletas. Diferentemente do que acontece em bairros residenciais, com pouca diversificação de usos e atividades, onde há menor possibilidades de combinações de viagens diárias.

A breve descrição dos projetos de seis cidades brasileiras denota a singularidade de cada local, o que revela o grande desafio em relação à operação dos diferentes sistemas. Cada um tem um determinado comportamento e o planejamento e as estratégias para

---

[4] O uso das bicicletas para o lazer é contabilizado como viagens longas, ou retiradas e devoluções realizadas na mesma estação.

resolução das questões encontradas também devem ser analisados particularmente.

Pretende-se, no futuro, identificar semelhanças e diferenças no uso das estações de cada cidade quando, por exemplo, próximas ao transporte público, à infraestrutura cicloviária e aos centros comerciais e residenciais, para entender que características urbanas são mais relevantes para os usuários das bicicletas compartilhadas.

REFERÊNCIAS BIBLIOGRÁFICAS

BALAGO, R. Bike Sampa é eleito o melhor sistema de empréstimo de bicicletas em SP. *Folha de S. Paulo*, São Paulo, 30 maio 2015. Disponível em: <https://www1.folha.uol.com.br/saopaulo/2015/05/1633857-bike-sampa-e-eleito-o-melhor-sistema-de-emprestimo-de-bicicletas-em-sp.shtml>. Acesso em: 6 dez. 2018.

COMPANHIA DE ENGENHARIA DE TRÁFEGO (CET-SP). *Contadores de bicicletas*. São Paulo, s.d Disponível em: <http://www.cetsp.com.br/consultas/bicicleta/contadores-de-bicicletas.aspx>. Acesso em: 7 abr. 2020.

COSTA, C. Estações do Bike Rio que ocupam vagas de estacionamento causam polêmica na Zona Sul. *O Globo*, Rio de Janeiro, 28 jan. 2015. Disponível em: <https://oglobo.globo.com/rio/estacoes-do-bike-rio-que-ocupam-vagas-de-estacionamento-causam-polemica-na-zona-sul-15170179>. Acesso em: 8 dez. 2018.

CRUZ, W. Reinaugurado o empréstimo e aluguel de bicicletas no Rio, o BikeRio. *Vá de Bike*, São Paulo, 28 out. 2011. Disponível em: <http://vadebike.org/2011/10/reinaugurado-o-emprestimo-e-aluguel-de-bicicletas-no-rio-o-bikerio/. Acesso em: 8 dez. 2018.

DIÓGENES, J.; MENGUE, P. Em 1 ano, uso do principal serviço de compartilhamento de bike cai 41,8%. *Estadão*, São Paulo, 8 set. 2017. Disponível em: <https://sao-paulo.estadao.com.br/noticias/geral,em-1-ano-uso-do-principal-servico-de-compartilhamento-de-bike-cai-41-8,70001976154>. Acesso em: 6 dez. 2018.

G1. Salvador terá 15 novas estações para aluguel de bicicletas; veja onde. *G1*, Salvador, 31 out. 2013 Disponível em: <http://g1.globo.com/bahia/noticia/2013/10/salvador-tera-15-novas-estacoes-para-aluguel-de-bicicletas-veja-onde.html>. Acesso em: 26 mar. 2019.

GUIMARÃES, S. Falta de bicicletas transforma Bike Rio em dor de cabeça. *Veja Rio*, Rio de Janeiro, 26 ago. 2017. Disponível em: <https://vejario.abril.com.br/cidades/falta-de-bicicletas-transforma-bike-rio-em-dor-de-cabeca/>. Acesso em: 8 dez. 2018.

INSTITUTO DE POLÍTICAS DE TRANSPORTE E DESENVOLVIMENTO (ITDP). *Guia de Planejamento de Sistemas de Bicicletas Compartilhadas*, fev. 2014. Disponível em: <https://www.itdp.org/wp-content/uploads/2013/12/ITDP-Brasil_Guia-de-Planejamento-de-Sistemas-de-Bicicletas-Compartilhadas.pdf>. Acesso em: 7 dez. 2018.

LAZZERI, T. Uso de ciclovia da Faria Lima dispara, e "rush" é para ir ao trabalho. *Folha de S.Paulo*, São Paulo, 4 ago. 2018. Disponível em: <https://www1.folha.uol.com.br/cotidiano/2018/08/uso-de-ciclovia-da-faria-lima-dispara-e-rush-e-para-ir-ao-trabalho.shtml>. Acesso em: 8 dez. 2018.

LIMA, A. Ciclistas reclamam do Bike Sampa; falta de bicicletas é apenas um dos problemas. *Metro Jornal*, São Paulo, 19 jun. 2017. Disponível em: <https://www.metrojornal.com.br/foco/2017/06/19/usuarios-reclamam-bike-sampa-falta-de-bicicletas-e-apenas-um-dos-problemas.html>. Acesso em: 6 dez. 2018.

LINKE, C. O preço justo do gelo e os carros da Zona Sul. *Projeto Colabora*, Rio de Janeiro, 10 jul. 2018. Disponível em: <https://projetocolabora.com.br/mobilidade/estacionamentos-x-bicicletarios-no-rio/>. Acesso em: 29 nov. 2018.

MARQUES, R. Bicicletas compartilhadas no Rio de Janeiro. *ITDP*, Rio de Janeiro, 14 jun. 2016. Disponível em: <http://itdpbrasil.org/bike-share-2016-rj/>. Acesso em: 25 mar. 2019.

NATIONAL ASSOCIATION OF CITY TRANSPORTATION OFFICIALS (NACTO). *Walkable station spacing is key to successful, equitable bike share*. Paper #1, 2015. Disponível em: <https://nacto.org/wp-content/uploads/2015/09/NACTO_Walkable-Station-Spacing-Is-Key-For-Bike-Share_Sc.pdf>. Acesso em: 28 mar. 2019.

NÓBREGA, F. Bike PE reforça segurança do ciclista, mas aumenta preços. *Portal FolhaPE*, Recife, 11 set. 2017. Disponível em: <https://www.folhape.com.br/noticias/noticias/cotidiano/2017/09/11/NWS,41292,70,449,NOTICIAS,2190-BIKE-REFORCA-SEGURANCA-CICLISTA-MAS-AUMENTA-PRECOS.aspx>. Acesso em: 26 mar. 2019.

PORCIDONIO, G. Novas estações do Bike Rio geram polêmica entre moradores do Rio. *O Globo*, Rio de Janeiro, 28 maio 2018. Disponível em: <https://oglobo.globo.com/rio/novas-estacoes-do-bike-rio-geram-polemica-entre-moradores-do-rio-22708867>. Acesso em: 25 nov. 2018.

PREFEITURA DE PORTO ALEGRE. Prefeitura, Itaú Unibanco e Tembici apresentam o novo Bike Poa. *Prefeitura de Porto Alegre*, Porto Alegre, 10 ago. 2017. Disponível em: <http://www2.portoalegre.rs.gov.br/portal_pmpa_novo/default.php?p_noticia=999191981&PREFEITURA,+ITAU+UNIBANCO+E+TEMBICI+APRESENTAM+O+NOVO+BIKEPOA>. Acesso em: 25 mar. 2019.

RABELLO, R. *Sistema Público de Bicicletas Compartilhadas: a disputa do espaço urbano*. São Paulo, Dissertação de Mestrado FAU-USP, 2019.

REIS, V. Greve dos caminhoneiros faz ciclovia bater recorde de utilização em São Paulo. *G1*, São Paulo, 30 maio 2018. Disponível em: <https://g1.globo.com/sp/sao-paulo/noticia/greve-dos-caminhoneiros-faz-ciclovia-bater-recorde-de-utilizacao-em-sao-paulo.ghtml>. Acesso em: 8 dez. 2018.

REZENDE, D.; BOERE, N. Devido a roubos e depredações, serviço de aluguel de bicicleta vai passar por mudanças. *O Globo*, Rio de Janeiro, 28 jun. 2017. Disponível em: <https://oglobo.globo.com/rio/devido-roubos-depredacoes-servico-de-aluguel-de-bicicleta-vai-passar-por-mudancas-21527788>. Acesso em: 8 dez. 2018.

RIBEIRO, G. Bike Rio lidera o ranking do serviço em cidades do país. *Mobilize*, São Paulo, 4 jul. 2016. Disponível em: <http://www.mobilize.org.br/noticias/9699/bike-rio-lidera-o-ranking-do-servico-em-cidades-do-pais.html>. Acesso em: 7 dez. 2018.

ROCHA, R. Prefeito pedala e inaugura Bike Sampa. *Mobilize*, São Paulo, 24 maio 2012. Disponível em: <https://www.mobilize.org.br/noticias/2140/bike-sampa.html>. Acesso em: 25 mar. 2019.

VITORIO, R. *Bike Rio: Gênese e evolução*, 2018. Disponível em: <www.ta.org.br/ELABC/D1_1%20Rodrigo%20Transporte%20Ativo.pdf>. Acesso em: 8 dez. 2018.

SISTEMA DE BICICLETAS COMPARTILHADAS DE LISBOA – GIRA

Rosa Félix Mestre em Engenharia do Território e doutora em Sistemas de Transportes pelo Instituto Superior Técnico, Universidade de Lisboa, onde é pesquisadora na área da mobilidade ciclável. Tem trabalhado em projetos relacionados com mobilidade urbana em bicicleta, potencial ciclável e alterações de comportamento.

Filipe Moura Mestre e doutor em Sistemas de Transportes pelo Instituto Superior Técnico, Universidade de Lisboa, onde leciona desde 2001. Interessa-se por modos ativos e comportamentos de mobilidade. Tem experiência em projetos de mobilidade urbana e sistemas de transportes, com ênfase em energia e ambiente.

INTRODUÇÃO E CONTEXTO HISTÓRICO

O serviço de bicicletas partilhadas públicas (SBPP) de Lisboa, Gira, inaugurou o seu serviço em setembro de 2017. No entanto, o processo que levou à constituição da solução adotada foi relativamente longo — iniciado ainda em 2008, quando a Câmara Municipal de Lisboa (CML) tomou a decisão de lançar o primeiro concurso público para concessionar um sistema de bicicletas compartilhadas na cidade, numa altura em que os SBPP começavam a ser adotados em algumas cidades europeias. Tal como para a construção da rede cicloviária de Lisboa, o SBPP ficaria sob a responsabilidade dos vereadores dos Espaços Verdes da CML, que propuseram um caderno de encargos com um esquema de concessão, implementação e operação do sistema baseado numa rede dispersa de estações, com bicicletas convencionais. Contudo, o concurso seria interrompido antes mesmo do lançamento da chamada pública.

Em 2011, a empresa JC Decaux chegou a propor à CML uma rede experimental de quinhentas bicicletas convencionais que evoluiria para um sistema de 2.500 bicicletas com 250 estações. Esta iniciativa teria um custo para o município estimado em 50 milhões de euros para um período de dez anos (FILIPE, 2011) pago à empresa através da cessão dos direitos de exploração de espaços publicitários no mobiliário urbano em Lisboa para financiamento do sistema.

Em 2013, o município reformulou a estratégia de implementação do SBPP, avançando com uma experiência piloto baseada em bicicletas elétricas num consórcio formado pelo próprio município (através da Empresa Municipal de Mobilidade e de Estacionamento de Lisboa — Emel) e um conjunto de entidades portuguesas: um centro de investigação (CEIIA), uma empresa tecnológica (Tekever), uma indústria de bicicletas (Órbita), e a empresa pública responsável pela gestão da rede de carregadores elétricos para automóveis na cidade de Lisboa (Mobi-e). Esta fase experimental incluiu a criação de um protótipo de bicicleta elétrica, com baterias e GPS integrados no quadro da bicicleta, e duas estações de estacionamento e carregamento. A opção de basear o SBPP em bicicletas elétricas vem do receio da fraca adesão à bicicleta convencional numa cidade como Lisboa, que apresenta uma topografia acidentada (apesar de uma parte muito significativa ser facilmente ciclável). A implementação do primeiro SBPP estava planejada para 2014 com este consórcio, que instalaria o sistema na zona ribeirinha de Lisboa com acesso ao Eixo Central e servindo os bairros contíguos do planalto lisboeta.

A Vereação da Mobilidade foi extinta em 2013, tendo esta pasta passado para a Vereação do Urbanismo. A solução de implementação do sistema de 2014 foi contestada, o que levou parlamentares a lançarem um concurso público em 2015 (PEREIRA, 2015) com um caderno de encargos de conceito semelhante, mas que introduziu um sistema misto de bicicletas convencionais e elétricas. Este concurso foi lançado com um valor máximo de 28,9 milhões de euros, para um período de nove anos, tendo sido ganho por 23 milhões de euros (SIMÕES e CABRITA-MENDES, 2016), tendo à frente o consórcio constituído pela Órbita (fabricante das bicicletas convencionais e elétricas) e a Tekever (que concebeu, instalou e gere o sistema de *back office* dos usuários, assim como a centralização dos dados de operação). A Emel assume a gestão centralizada do sistema, nomeadamente a gestão de clientes, exploração de receitas tarifárias e do espaço publicitário (embora ainda não haja exploração de propaganda), assim como a promoção e divulgação do Gira. A Órbita subcontratou a Siemens Portugal para a construção, instalação e manutenção da rede de estações de docas e das bicicletas.

A missão do Gira é "transformar Lisboa numa cidade mais acessível, menos poluída, com menos ruído e muito menos estresse". Pretende garantir um serviço público de mobilidade com custos controlados procurando retirar viajantes dos modos urbanos motorizados (nomeadamente o automóvel particular), sobretudo nas distâncias mais curtas, oferecendo uma alternativa flexível, ligada às principais interfaces de transportes públicos da zona central de Lisboa. Com este sistema, o município pretende promover a mobilidade suave (bicicletas elétricas) e ativa (bicicletas convencionais), e reduzir o tráfego rodoviário motorizado e as externalidades associadas (designadamente, o congestionamento e as perdas de tempo produtivo, emissões de gases de efeito estufa, ruído e acidentes).

LISBOA E POLÍTICAS DE PROMOÇÃO DO USO DA BICICLETA

Cidade com cerca de meio milhão de habitantes — com um total de 2,5 milhões se considerada toda a área metropolitana — Lisboa se caracteriza por uma densidade habitacional de 6.446 hab/km² e um PIB *per capita* de 24.748,8 de euros/hab. Dados dos censos de 2011 revelam que 48% das viagens pendulares são realizadas em automóvel, 34% em transportes públicos e 17% a pé, sendo que a participação modal da bicicleta representa apenas 0,2%. O número de ciclistas tem aumentado nos últimos anos, o que triplicou a participação modal para 0,6%, em 2018, segundo os dados recentes do Inquérito à Mobilidade realizados na capital portuguesa. O fato de Lisboa ser percebida como uma cidade de declive poderá ter alguma influência na baixa adesão a este modo, embora 75% das vias da cidade sejam acessíveis por bicicleta (declive inferior a 5%), e 54% sejam planas (inclinação até 3%). A cidade caracteriza-se por ter um centro histórico de malha orgânica e irregular, uma baixa plana, de esquadria ortogonal, uma área central de concentração de empregos, onde se inclui a zona das "Avenidas Novas" e o "Eixo Central", bastante acessível de bicicleta, e uma frente ribeirinha que liga o Parque das Nações (Leste) a Algés (Oeste) numa extensão de 18 quilômetros planos.

Embora o edificado residencial da cidade não seja homogêneo, em alguns bairros pode ser complicado guardar uma bicicleta em casa. No centro da cidade, os edifícios tendem a ser menores e mais baixos, com estruturas antigas que carecem de elevador. À medida que nos afastamos do centro, os edifícios são mais altos, maiores e mais modernos, normalmente com elevadores, garagens e depósitos. Este fenômeno da habitação pode fazer com que uma parte da população opte por um SBPP, por não ter condições para guardar uma bicicleta durante a noite em seu apartamento ou nos espaços comuns do prédio onde reside. Não é comum ver bicicletas estacionadas na rua durante a noite devido ao risco de furto, mesmo sendo uma cidade relativamente segura, contrapondo com cidades com uma maior participação modal de bicicletas.

A primeira rede ciclável teve como função principal ligar os espaços verdes da cidade e a frente ribeirinha, e estava orientada para viagens de lazer, chegando aos 60 quilômetros de extensão. Em 2016, deu-se início à expansão da rede orientada para viagens pendulares e utilitárias, com uma maior intervenção na área central da cidade. A rede ciclável, majoritariamente segregada do tráfego, atingiu em 2018 os 100 quilômetros, e foi seguida da implementação do SBPP. A estratégia do município foi primeiro criar as condições de segurança para circulação dos ciclistas e só depois colocar as estações de bicicletas. Várias outras ciclovias encontram-se em fase de obra ou já em execução, tendo sido alocados 12 milhões de euros para este projeto, que providencia ligações cruciais na cidade de Lisboa (PINCHA, 2018). O objetivo do município é a rede ciclável chegar aos 200 quilômetros em 2021, quando a atual gestão encerra o seu ciclo e a cidade planeja realizar a conferência internacional Velo-City.

DESCRIÇÃO DO SISTEMA EM OPERAÇÃO

Caracterização da infraestrutura

O sistema começou com a instalação e abertura de dez estações em setembro de 2017, no Parque das Nações, tendo gradualmente alargado a sua oferta e chegado a 74 em dezembro de 2018, ainda aquém da quantidade definida em contrato. O objetivo é ter uma rede de 140 estações com 1.400 bicicletas funcionando plenamente numa primeira fase, que abrange o "planalto" da cidade onde também se concentram mais empregos e serviços (ver Figura 1). As estações são constituídas por módulos de docas de ancoragem, uma para cada bicicleta. Por isso, são expansíveis ou deslocáveis, em função da procura (embora não de forma dinâmica, ou seja, ao longo do dia ou da semana). Estas estações oferecem wi-fi, atendendo à demanda de um projeto municipal de longa data para colocar uma rede de internet gratuita na cidade, e permitindo o acesso ao sistema Gira por *smartphone*.

As estações estão distribuídas em quatro zonas: Eixo Central (centro com mais concentração de emprego e atividade econômica da cidade), Parque das Nações, Telheiras e Frente Ribeirinha, não existindo estações intermediárias entre estas zonas. A distância média entre as estações é de 200 a 300 metros, dependendo da zona — inferior à média para cidades com SBPP em operação e com menos de 1 milhão de habitantes (média de 320 metros). Cada estação dispõe de docas para dez a quarenta bicicletas (17 em média), e a oferta será de 25 estações/100 mil habitantes no final desta primeira fase (acima da média para cidades com SBPP em operação e com menos de 1 milhão de habitantes cuja média é 14 estações/100 mil habitantes.) Estipula-se que a rede do sistema seja expandida numa segunda fase, embora não haja dados oficiais que confirmem para quando, para quantas estações, para quantas bicicletas e para que locais.

Figura 1: Localização e área de influência (10 min a pé) das estações do Gira

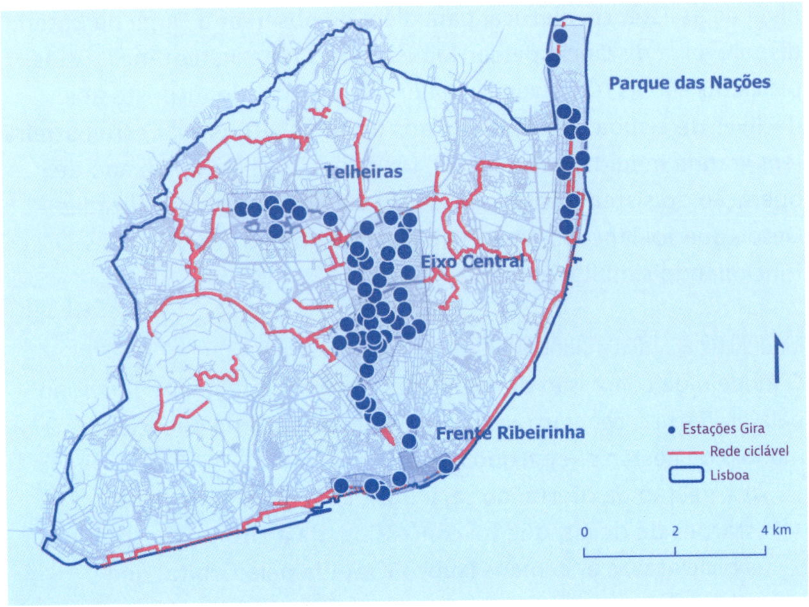

Caracterização da frota e das bicicletas

Uma parte importante de qualquer sistema de bicicletas compartilhadas é a tecnologia adotada para as bicicletas. No caso do Gira, a frota é composta por 1.400 bicicletas, sendo 70% de tecnologia pedelec (elétricas) e 30% convencionais. Ambos os tipos de bicicleta são de alumínio com garfo de aço, com aro 26, quadro rebaixado, sistema de travagem de disco, sistema de mudanças de cubo de sete velocidades, equipadas com luzes alimentadas por dínamo magnético no cubo da roda dianteira, pneus antifuro e pesam em torno de 25 quilos. As bicicletas possuem ainda um par de paralamas, descanso, campainha, selim ajustável, suporte e tomada USB para celular e cesto com elásticos para transporte de bagagem (embora estes estejam sendo retirados, pois não resistem à trepidação provocada pelo pavimento em paralelepípedo de uma parte considerável da rede rodoviária de Lisboa). O estacionamento das bicicletas é feito diretamente nas docas do SBPP, não disponibilizando qualquer cadeado para paradas de curta duração. São monitorizadas continuamente através de um dispositivo GPS/SIM.

As bicicletas elétricas estão equipadas com um motor de 250W acionado com o pedalar e com autonomia de 25 quilômetros, limitado a uma velocidade máxima de 25 km/h, seguindo as regras europeias. Têm um painel eletrônico onde é possível selecionar o nível de assistência elétrica, para além de observar a carga da bateria disponível, a distância percorrida e a velocidade instantânea. Estas bicicletas são as que tiveram maior procura, dando resposta aos declives de Lisboa e permitindo aos usuários ultrapassar esta barreira (em grande medida, psicológica), tendo em 2018 (primeiro ano de operação do sistema) sido usadas em 78% das viagens realizadas. Desde que foi lançado em 2017, o sistema atingiu 733 bicicletas funcionando simultaneamente.

Modelo de gestão e financiamento

O modelo de concessão do SBPP em Lisboa foi totalmente financiado pela prefeitura, com gestão da Emel, sem receitas de publicidade. O modelo de gestão é repartido entre:

A) A gestão da oferta, ou seja, das bicicletas e da rede de estações de docas, que foi concessionada à Órbita, que produz as bicicletas, e à Siemens (subcontratada pela Órbita) que instrumenta as bicicletas (nomeadamente, instalando o sistema de georreferenciamento), mantém as bicicletas e garante a operação e manutenção da rede de estações de docas (incluindo o rebalanceamento das bicicletas); e

B) A gestão da procura, ou seja, relação com os usuários, foi concessionada à Tekever, que desenvolveu a plataforma de centralização e gestão de dados de atividade do SBPP e contato com os clientes através de um aplicativo.

O contrato tem a duração de 108 meses (nove anos), com início no final de 2017. O prazo alargado desse financiamento é parcialmente justificado pela incerteza associada à velocidade de adesão (*ramp up*) a um serviço de mobilidade inovador de bicicletas por parte dos residentes e visitantes de Lisboa. Outro motivo está relacionado ao fato de o projeto de implementação da rede de estações exigir alterações importantes no espaço público e por isso também acarretar riscos quanto aos prazos de execução. Os 23 milhões de euros referidos estão divididos em vários componentes. O fornecimento de bens e serviços totaliza 17,9 milhões de euros; uma segunda parcela, que não pode ultrapassar 500 mil euros, será apenas acionada em caso de necessidade de reposição dos equipamentos; e uma terceira parcela de 2,2 milhões de euros, relacionada a uma eventual expansão da rede (para além de 1.400 bicicletas e 140 estações). O restante do orçamento foi reservado para suprir déficits de utilização do sistema, acautelando o risco associado à insuficiência de receitas correspondentes.

É interessante comparar os custos de investimento e operação do Gira com o *benchmarking* europeu, cuja referência se reparte em 20% para o equipamento do sistema e 80% para a operação e manutenção. Os respetivos valores são 2.500-3.000 euros/bicicleta (incluindo as estações) para o investimento em equipamento e de 1.500-2.500 euros/bicicleta.ano, para operação e manutenção do sistema. A oferta do consórcio ganhador do Gira foi de 2.553 euros/bicicleta (incluindo as estações) para equipamento e de 1.276 euro/bicicleta.ano para a operação e a manutenção. Estando dentro dos limiares de referência, os valores apresentados para o investimento em equipamento poderão evidenciar uma suborçamentação face ao *benchmarking* europeu, uma vez que 70% da frota do Gira é *pedelec*, ao passo que este *benchmarking* se refere a bicicletas convencionais.

O modelo de negócio prevê uma fonte de receitas que advém dos passes de assinatura do sistema e da utilização propriamente dita. Estes valores são apresentados na seção seguinte. Alguns sistemas de SBPP internacionais de referência têm receitas de publicidade, como o Velib de Paris (MÁTRAI e TÓTH, 2016), o que ainda não foi opção para o Gira.

Caracterização da operação do sistema para o usuário

O sistema Gira pode ser utilizado entre 6h e 2h da manhã, em qualquer dia do ano. Estão disponíveis três tipos de passe: Anual, Mensal e Diário. O registo é feito diretamente num aplicativo, que funciona em *smartphone* Android 4.0 ou superior, sendo necessário um cartão de crédito para se poder registar no sistema. A inscrição solicita os seguintes dados do usuário: data de nascimento (obrigatório ser maior de 18 anos), gênero, número do documento de identificação pessoal, endereço, código postal e cidade.

No caso de um usuário não residente em Portugal, este fica restringido a usar apenas o passe Diário. Para os usuários com passe Diário é ainda solicitada uma caução no valor de 300 euros, o que não se verifica para os usuários que escolhem o passe Mensal ou Anual. O custo do passe e dos períodos de viagem seguem o esquema descrito no Quadro 1.

Quadro 1: Tarifário de utilização do SBPP de Lisboa — Gira

PASSE	DURAÇÃO	TARIFA	CAUÇÃO	ATÉ 45 MIN.	45 - 90 MIN.	MAIS DE 90 MIN.
Anual	365 dias	25 €	0 €	0,10€ – clássicas 0,20€ – elétricas	+ 1€	+ 2€
Mensal	30 dias	15 €				
Diário	24 horas	2 €	300 €	0 €	+ 2€	+ 2€

O valor máximo por viagem é de 10 euros em qualquer tipo de passe. O usuário não pode voltar a desbloquear uma bicicleta após menos de 5 minutos do fim da viagem anterior. O custo das viagens até 45 minutos para nos passes Anual e Mensal pode ser anulado através de um sistema de pontos, caso o usuário inicie uma viagem com mais de 70% das docas ocupadas ou termine uma viagem numa estação com menos de 30% bicicletas, de modo a apoiar a redistribuição da frota.

Um ano de operação: indicadores e problemas

Entre setembro de 2017 e dezembro de 2018, o sistema Gira ultrapassou 1 milhão de viagens (PÚBLICO, 2019), com uma média de viagens por bicicleta por dia de 8,5, bastante acima do número indicado pela ECF (VASSIMON, 2016), de quatro viagens/dia, que compara este indicador em cinquenta cidades, ou do *benchmarking* realizado por Fishman (2016). No entanto, o número médio de viagens realizadas em bicicletas elétricas é bastante superior ao das bicicletas convencionais: 11,9 e 4,2, respectivamente, em apenas 733 bicicletas em operação — máximo diário registrado (CICLOVIAS LX, 2018) — e 74 docas. Convém realçar que, dos sistemas comparados por Fishman (2016), Barcelona apresenta a taxa de utilização mais elevada ao longo do ano com cerca de sete viagens/dia por bicicleta. O Gira tem um período de grande procura entre 8 e 10h da manhã e apresenta novamente um pico entre 12h e 15h, atingindo o máximo de viagens entre 17h e 20h, dando resposta não só às viagens pendulares casa-trabalho (manhã e tarde), mas também na hora de almoço e no final do dia.

Durante o ano de 2018, o número de usuários registrados foi cerca de 25 mil, dos quais 16 mil residem em Lisboa (63%). Destes, 37,2% são mulheres (35,5% entre todos os usuários), e têm média de idade de 35,8 (34,9 se considerarmos todos os usuários), sendo que metade tem menos de 33 anos. Em 2018, a média por usuário foi de 41 viagens/ano, sendo que mais da metade realizou acima de dez viagens, e outros 25% realizaram apenas uma ou duas. Em relação ao tempo de viagem, 50% duram menos de nove minutos, e 75% duram menos de 17 minutos.

No fim de outubro de 2018 tinham sido registados 136 incidentes que resultaram em 44 feridos, embora nenhum tivesse sido considerado grave (DIÁRIO DE NOTÍCIAS, 2018). Segundo o código de trânsito seria obrigatório o uso de capacete com bicicletas elétricas, o que chegou a gerar confusão entre usuários e algumas multas de trânsito (NEVES, 2018). A CML, no entanto, esclareceu que para bicicletas Pedelec a regra não se aplicaria, continuando os usuários a poder pedalar sem necessidade de capacete.

CONSIDERAÇÕES FINAIS

O processo de implementação da rede de bicicletas compartilhadas em Lisboa encontra-se em curso, com atrasos assinaláveis por parte do consórcio, face ao previsto no plano inicial. Quando totalmente implementado, o sistema alcançará as 1.400 bicicletas e 140 estações, concentradas nas áreas empresariais da cidade, zonas de lazer e zonas habitacionais planas, que coincidem com a zona de Lisboa mais acessível em transportes públicos. Não existe ainda uma previsão de expansão da rede para outras áreas habitacionais ou zonas limítrofes da cidade, embora seja uma possibilidade, o que poderia despertar interesse em mais pessoas a optar por este modo de transporte ativo.

A Câmara Municipal de Lisboa optou por expandir a rede de ciclovias antes de iniciar o sistema, conferindo maior segurança na circulação em bicicleta. A frota é distribuída em 70% de bicicletas elétricas — pouco comum nos sistemas de bicicletas compartilhados (MÁTRAI e TÓTH, 2016), que são as mais procuradas pelos usuários, chegando a ter uma rotação média de cerca de 12 viagens por bicicleta/dia. Estes fatores têm sido determinantes para o sucesso do sistema numa cidade como Lisboa, em que a percepção generalizada de uma cidade declivosa, a baixa participação modal da bicicleta e a sensação de insegurança em circular de bicicleta ainda desmotiva muita gente a optar por este modo. Apesar das dificuldades no início, o sistema Gira tem permitido à população experimentar usar a bicicleta para pedalar em Lisboa, onde cada vez mais se nota o crescimento da presença de ciclistas no dia a dia.

REFERÊNCIAS BIBLIOGRÁFICAS

CICLOVIAS LX, 2018. Disponível em: <https://www.cicloviaslx.com/gira/>. Acesso em: 30 set. 2020.

DIÁRIO DE NOTÍCIAS. Rede de bicicletas Gira com 136 incidentes e 44 feridos no primeiro ano. *Diário de Notícias*, Lisboa, 26 out. 2018. Disponível em: <https://www.dn.pt/cidades/interior/rede-de-bicicletas-gira-registou-136-incidentes-e-44-feridos-no-primeiro-ano-emel-10089704.html>. Acesso em: 16 jan. 2019.

FILIPE, C. JCDecaux propôs início imediato da rede de bicicletas. *Público*, Lisboa, 3 jun. 2011. Disponível em: <https://www.publico.pt/2011/06/03/ciencia/noticia/jcdecaux-propos-inicio-imediato-da-rede-de-bicicletas-1497296>. Acesso em: 16 jan. 2019.

FISHMAN, E. Bikeshare: A review of recent literature. *Transport Reviews*, v. 36, n. 1, p. 92-113, 2016.

GIRA. Website oficial, s/d. Disponível em: <https://www.gira-bicicletasdelisboa.pt/>.

INSTITUTO NACIONAL DE ESTATÍSTICA. *Censos 2011:* resultados definitivos. Portugal, 2012.

INSTITUTO NACIONAL DE ESTATÍSTICA. *Mobilidade e funcionalidade do território das Áreas Metropolitanas do Porto e de Lisboa* (2017). Lisboa: INE, 2018. Disponível em: <https://www.ine.pt/xportal/xmain?xpid=INE&xpgid=ine_publicacoes&PUBLICACOESpub_boui=349582410&PUBLICACOESmodo=2&xlang=pt> Acesso em: 26 out. 2020.

MÁTRAI, T.; TÓTH, J. Comparative assessment of public bike sharing systems. *Transportation research procedia, 14*, p. 2.344-2.351, 2016.

NEVES, C. EMEL e Câmara dizem que não é preciso capacete para bicicletas e trotinetes. PSP multa. Quem tem razão? *Diário de Notícias*, Lisboa, 7 dez. 2018. Disponível em: <https://www.dn.pt/pais/interior/psp-multa-quem-guia-bicicletas-e-trotinetes-sem-capacete-e-quer-que-lei-seja-clarificada-10293258.html>. Acesso em: 16 jan. 2019.

PEREIRA, P. Lisboa lança concurso para sistema de "bikesharing". *Transportes em Revista*, Lisboa, 15 out. 2015. Disponível em: <http://www.transportesemrevista.com/Default.aspx?tabid=210&language=pt-PT&id=49715>. Acesso em: 16 jan. 2019.

PINCHA, J. P. Escassez de bicicletas é pedra no caminho das Gira para fora de Lisboa. *Público*, Lisboa, 18 out. 2018. Disponível em: <https://www.publico.pt/2018/10/18/local/noticia/escassez-de-bicicletas-e-pedra-no-caminho-das-gira-para-fora-de-lisboa-1847967>. Acesso em: 16 jan. 2019.

PÚBLICO. Bicicletas Gira de Lisboa ultrapassam um milhão de viagens. *Público*, Lisboa, 3 jan. 2019. Disponível em: <https://www.publico.pt/2019/01/03/local/noticia/bicicletas-gira-lisboa-ultrapassam-milhao-viagens-1856519>. Acesso em: 16 jan. 2019.

SIMÕES, B.; CABRITA-MENDES, A. Órbita ganhou o concurso de bicicletas partilhadas em Lisboa. *Jornal de Negócios*, Lisboa, 2 set. 2016. Disponível em: <https://www.jornaldenegocios.pt/economia/autarquias/detalhe/orbita_ganhou_o_concurso_de_bicicletas_partilhadas_em_lisboa>. Acesso em: 16 jan. 2019.

VASSIMON, P. P. de. Performance Evaluation for Bike-Sharing Systems: a Benchmarking among 50 Cities. Velo-City Conference, Taipei, 2016. Disponível em: <https://ecf.com/groups/performance-evaluation-bike-sharing-systems-benchmarking-among-50-cities>. Acesso em: 30 set. 2020.

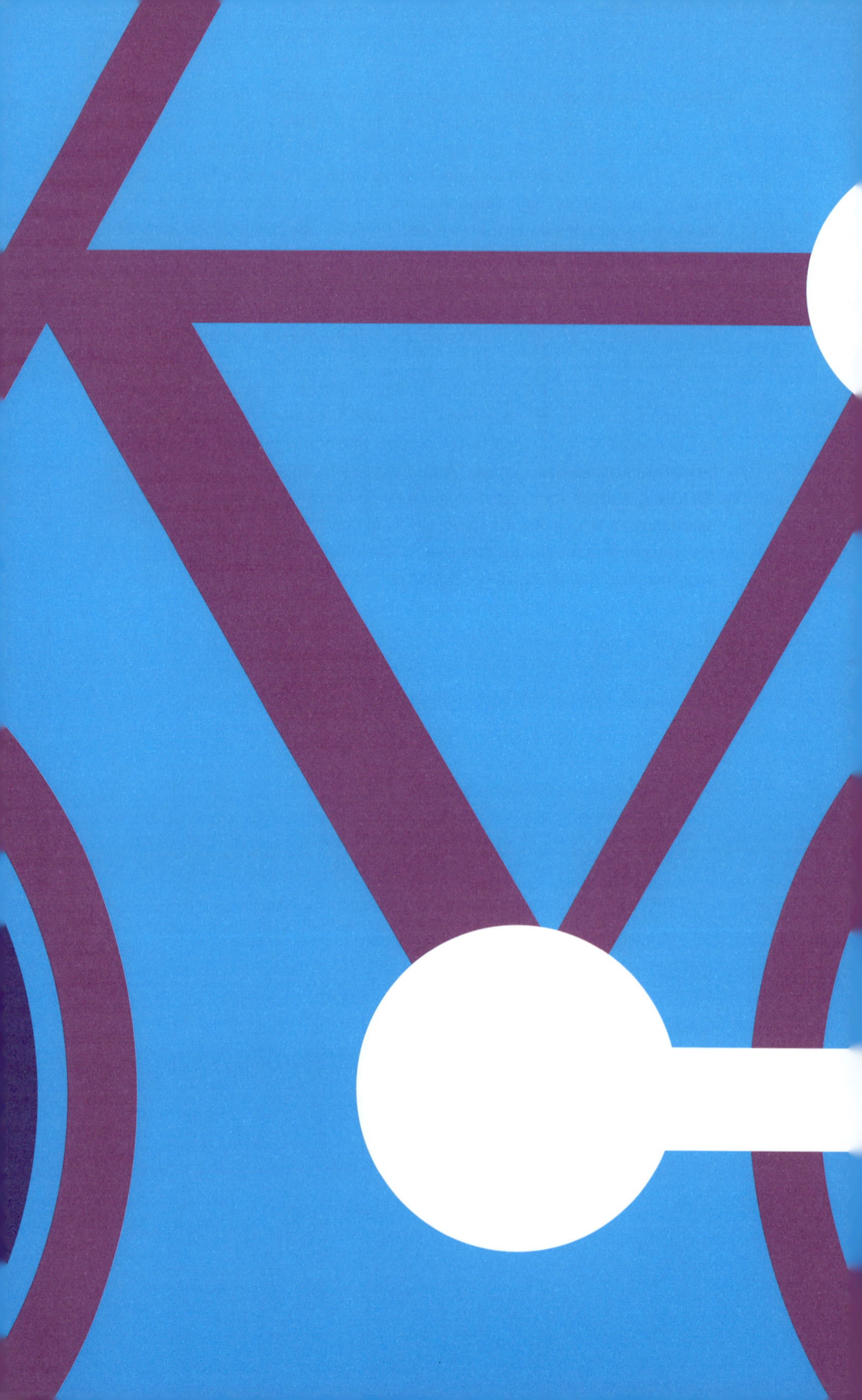

BIKE PARA TODXS: DIVERSIDADE E ACESSO

2

MULHERES NO PEDAL: QUESTÕES DE GÊNERO NOS SISTEMAS BRASILEIROS DE BICICLETAS COMPARTILHADAS

Victor Andrade É co-organizador deste livro.
Letícia Quintanilha É co-organizadora deste livro.

Os padrões de deslocamentos podem ser estudados e entendidos sob diferentes perspectivas, levando também à compreensão das necessidades específicas relativas aos diversos grupos. Tratando-se das diferenças entre mulheres e homens, o grau de mobilidade (ou imobilidade) é também parte da construção própria de cada gênero, de forma que a capacidade de se movimentar e o grau de liberdade que isso envolve representam ainda instrumentos de empoderamento (HANSON, 2010). A exemplo disso, o próprio movimento feminista tem na sua história uma relação direta com o uso da bicicleta, tendo sido o modal uma ferramenta de importante contribuição para a emancipação da mulher (HANSON, 2010; HARKOT, 2018).

No contexto atual, os transportes ativos — como o caminhar e a bicicleta — têm ganhado cada vez mais relevância a partir da busca pela mobilidade sustentável, considerando especialmente os benefícios ambientais e econômicos que proporcionam. Com isso, as questões de gênero implicadas no uso destes modos são também aspectos fundamentais para a perspectiva de equidade social que esta noção envolve (HANSON, 2010). Porém, entre as principais formas de transporte ativo utilizadas são já identificadas diferenças significativas no comportamento de mulheres e homens. Diversos estudos indicam um alto percentual feminino entre pedestres, mas apesar da relação histórica com o movimento feminista, é frequente a constatação de uma baixíssima participação de mulheres entre ciclistas (KRIZEK e JOHNSON, 2004; LEMOS et al., 2017). Mesmo considerando apenas o uso da bicicleta, a utilização feminina pode variar muito em função de diversos fatores que se relacionam às necessidades implicadas nos seus deslocamentos, assim como em relação ao contexto físico e cultural em que a mulher se encontra.

A partir da década de 2010, diversas cidades ao redor do globo implantaram sistemas de bicicletas compartilhadas, tendo sido ainda observado seu rápido crescimento, impulsionado pela questão ambiental (FISHMAN, 2016). Este tipo de serviço funciona como mais uma forma de infraestrutura cicloviária, impactando positivamente no uso da bicicleta pelas mulheres e contribuindo para uma melhor compreensão dos fatores que influenciam seus comportamentos de viagens.

A tecnologia aplicada na utilização de bicicletas compartilhadas permite o registro das viagens associadas a características do usuário que a realizou, resultando em bancos de dados de onde é possível depreender uma enorme gama de relações e dinâmicas relativas a esse modal (BEECHAM e WOOD, 2014; FISHMAN, 2016). Dessa maneira, o estudo das bicicletas compartilhadas tem se tornado um importante aliado também para o entendimento dos comportamentos e demandas envolvidos na mobilidade e suas relações com questões de gênero.

Mesmo diante da emergência do debate sobre mobilidade e gênero no cenário global, no Brasil ainda são enfrentados muitos obstáculos para a construção de uma visão sobre o tema, principalmente devido à escassez de dados referentes ao uso da bicicleta em geral. Com isso, ainda que venha sendo notado um crescimento no número de estudos que abordam o modal, as implicações e diferenças por gênero são ainda muito pouco diagnosticadas e debatidas (LEMOS et al., 2017).

Em paralelo, os sistemas de compartilhamento já estão presentes em mais de 15 cidades brasileiras, representando uma ampla base de dados fundamental para indicar sobre essas questões. Soma-se ainda o fato de que as bicicletas compartilhadas constituem um serviço de transporte público, o que implica permitir e fortalecer o acesso irrestrito pelos diferentes grupos que compõem a população. Este último ponto é especialmente crítico, uma vez que a ausência de dados revela em si um importante posicionamento frente ao tema, levando a uma demanda urgente da ampla implantação de políticas de transparência de dados para o empoderamento desses grupos.

No intuito de lançar luz às diferenças e relações de gênero presentes no uso da bicicleta no contexto brasileiro, este capítulo aborda, a partir da análise de viagens realizadas em sistemas de compartilhamento operados pela Tembici, as características dos comportamentos de mulheres e homens. Relacionando-as ainda com fatores culturais e aspectos da construção social de gênero, o panorama estabelecido por este trabalho visa contribuir com indicadores para a formulação de ações e o planejamento urbano, a fim de incentivar e consolidar o uso da bicicleta de forma mais equitativa entre mulheres e homens no Brasil. Além disso, trata do papel específico da bicicleta compartilhada na ampliação da mobilidade feminina, bem como contribui por meio de uma análise do perfil de uso destes serviços sob a ótica de gênero, apresentando uma abordagem também útil ao aprimoramento e maior eficiência da operação dos sistemas de compartilhamento.

DADOS: MÉTODOS E CONDIÇÕES

Para a análise proposta, foram utilizados os dados de viagens registrados em seis sistemas brasileiros, de terceira geração,[1] conformados por estações de retirada e devolução de bicicletas: Rio de Janeiro — RJ (Bike Rio), São Paulo — SP (Bike Sampa), Salvador — BA (Bike SSA), Recife — PE (Bike PE), Porto Alegre — RS (Bike POA) e Vila Velha — ES (Bike VV). Os dados foram fornecidos pela Tembici, responsável pela operação de todos os sistemas listados. A empresa figura hoje entre as principais operadoras de bicicletas públicas do país, atuando por meio de patrocínio de outras instituições, entre entidades bancárias como o Banco Itaú — patrocinador de cinco dos seis sistemas analisados — além do Banco Banestes e da empresa do setor de saúde Samp, patrocinadores do sistema de Vila Velha.

Entre os sistemas observados, foram percebidas diferentes características e dimensionamento dos serviços de compartilhamento, além de questões próprias de cada contexto e população que também interferem nos comportamentos de viagem registrados. Dessa forma, o conjunto de dados envolve tanto a dinâmica de utilização das bicicletas públicas em grandes cidades como Rio de Janeiro e São Paulo, assim como cidades médias, apresentando sistemas de menor porte como Vila Velha.

---

[1] A terceira geração dos sistemas de bicicletas compartilhadas é reconhecida como aquela que o uso é possibilitado por meio de um cadastro, envolvendo pagamento via cartão de crédito e as bicicletas são distribuídas em estações, com sistema antifurto, representando um aprimoramento em relação à primeira e segunda geração (DEMAIO, 2009; FISHMAN, 2016).

Tabela 1: Dimensões gerais dos sistemas

SISTEMA	ESTAÇÕES	BICICLETAS
Bike Rio	260	2600
Bike Sampa	260	2700
Bike POA	41	410
Bike PE	80	800
Bike VV	20	200
Bike SSA	50	400

Para cada viagem registrada, o banco de dados cedido pela Tembici apresenta informações relacionadas ao usuário — incluindo sexo e ano de nascimento — além de dados específicos da utilização, como duração da viagem, estação de retirada e de devolução, data e horário da viagem —, dos quais foi possível depreender as dinâmicas e padrões de uso das bicicletas.

A partir de tais informações, observando que a base de dados de cada cidade apresentou períodos de registros de viagens distintos, foi adotado um recorte temporal para que a avaliação compreendesse o período comum de coleta a todas elas, designado de abril a outubro de 2018. Assim, sob um mesmo recorte temporal, tornou-se possível estabelecer comparações entre os resultados obtidos para cada sistema, uma vez que são minimizadas as influências de aspectos conjunturais sobre os comportamentos de viagem. Dessa forma, nos seis meses compreendidos nos registros, foram contabilizadas 4.467.838 viagens no conjunto das localidades avaliadas.

Outra importante consideração na utilização do banco de dados disponibilizado foi o descarte das viagens operacionais — com origem ou destino nos locais de depósito e nas estações de teste — no intuito de captar apenas as viagens realizadas por usuários do serviço. Além disso, foram também removidos os registros de uso referentes às estações temporariamente criadas para eventos como o Velo-City, no Rio de Janeiro, dado que representam um fenômeno pontual e extraordinário de maior uso da bicicleta, o que resultaria numa distorção dos comportamentos e hábitos de viagens.

Por um lado, foram ainda necessários outros cuidados no tratamento do banco de dados, tais como a observação do tempo de duração das viagens. Entre os aspectos identificados, constatou-se que alguns dos registros apresentavam duração muito curta, não sendo tempo suficiente para caracterizar uma viagem, o que poderia indicar, por exemplo, retiradas de bicicletas seguidas de desistência do usuário. Por outro, foram percebidas viagens que apresentavam durações muito longas, superiores a duas horas, caracterizando usos muito discrepantes da média e padrões de utilização identificados, representando *outliers* no conjunto observado. Assim, seguindo critério metodológico semelhante a outros estudos envolvendo banco de dados de sistemas de bicicletas compartilhadas (BEECHAM e WOOD, 2014), optou-se por desconsiderar os registros com duração inferior a cinco minutos e superiores a duas horas.

Embora para uma abordagem sob a ótica das diferenças de gênero deva-se considerar uma noção mais ampla e não binária do termo (HANSON, 2010; HARKOT, 2018), os dados trabalhados indicam apenas sobre as variáveis de sexo, uma vez que são obtidos por meio do cadastro do usuário no sistema, em que são apresentadas apenas três opções de registro: Masculino, Feminino e "Prefiro não mencionar". Com isso, o banco de dados utilizado restringe a avaliação sob a perspectiva de gênero às diferenças na forma de utilização entre homens e mulheres, conforme autodeclarado pelos ciclistas.

Mesmo apresentando limitações, a análise realizada por meio de registros da utilização dos sistemas de bicicletas compartilhadas tem o potencial de oferecer um panorama mais preciso em relação ao uso do modal. Isso porque, além da escassez de dados sobre o tema, os métodos mais amplamente utilizados e reconhecidos para este tipo de avaliação são as contagens e aplicações de questionários (BENEDINI, 2018; LEMOS et al., 2017), os quais depreendem informações a partir de uma amostra da população ciclista. Nesse sentido, o registro do uso feminino por meio de tais metodologias pode variar significativamente em função da amostra obtida — considerando fatores como local, horário e dia da contagem — ao passo que o banco de dados utilizado apresenta o universo completo de comportamento desses usuários, contemplando diferentes condições de uso e permitindo inclusive identificar o grau de influência de tais fatores. Em contrapartida, a análise fica restrita aos usuários dos sistemas de compartilhamento, os quais apresentam comportamentos específicos, não descartando a importância desses outros métodos para a ampla compreensão do uso da bicicleta, também considerados para fins comparativos neste estudo.

Ao trabalhar diretamente com os registros de viagem, foi possível identificar alguns desses comportamentos específicos dos sistemas de compartilhamento, com especial interesse na compreensão das dinâmicas de gênero e relações desses serviços com a promoção da mobilidade feminina.

RESULTADOS: AS DIFERENÇAS DE GÊNERO

Usuários

Ainda que os sistemas apresentem portes bastante distintos, ao observarmos a participação por gênero dos usuários registrados em cada um deles é notada uma proporção bastante similar de mulheres e homens nas diferentes cidades. Mesmo com participação masculina superior na maioria dos casos, o número de usuárias do sexo feminino se mostra próximo, representando mais de 40% dos usuários em quase todos os sistemas observados. No caso de Porto Alegre, o número de usuários do sexo feminino supera o sexo masculino, demonstrando uma significativa adesão de mulheres ao sistema de compartilhamento.

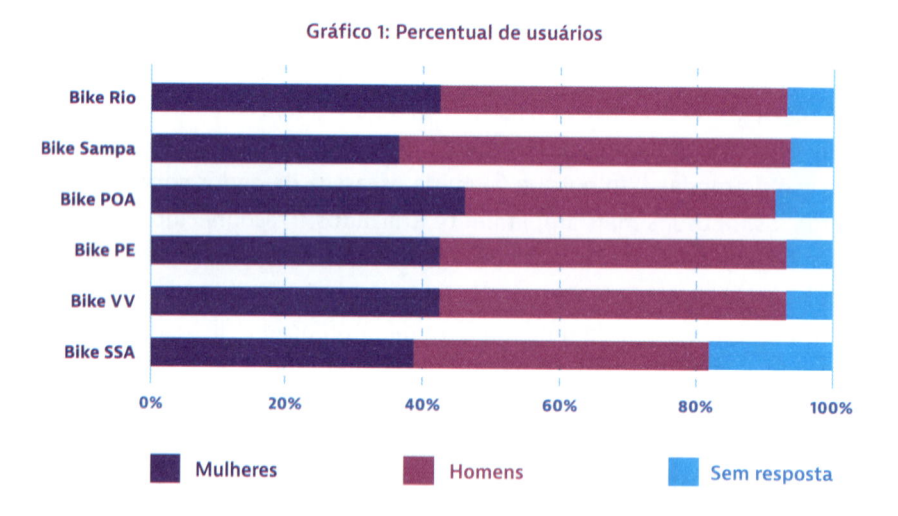

Gráfico 1: Percentual de usuários

- Mulheres
- Homens
- Sem resposta

Diante disso, é possível indicar que os serviços de bicicletas compartilhadas estabelecem uma relação particular com as mulheres, tornando-se um fator de atratividade para o uso do modal entre esse público. Isso porque os dados revelados pelos registros dos sistemas de compartilhamento destoam das demais pesquisas realizadas no Brasil envolvendo contagens de ciclistas. Em São Paulo, por exemplo, contagens feitas pela associação Ciclocidade (2016) apontaram que apenas 6% dos ciclistas eram mulheres, revelando uma participação bastante desigual em comparação aos homens.

Já o levantamento Perfil do Ciclista (TRANSPORTE ATIVO e LABMOB, 2018), realizado por meio da aplicação de questionários com usuários de bicicleta — incluindo bicicletas particulares e compartilhadas — em mais de dez cidades brasileiras, indicou percentuais de uso feminino um pouco maiores que o levantamento de São Paulo, mas ainda muito inferior se comparado ao uso masculino. No entanto, ressalta-se que uma análise feita sob o olhar de gênero a partir do Perfil do Ciclista deve considerar suas restrições metodológicas, tais como a condição de inclusão de um mínimo de 15% de respondentes mulheres em todas as amostras, de maneira que os resultados obtidos podem representar um percentual superestimado do uso feminino. Nesse sentido, os dados revelados nos registros das bicicletas compartilhadas chamam a atenção, pois demonstram uma participação ainda maior de mulheres entre os usuários desses sistemas.

Tabela 2: Resultados por gênero Perfil do Ciclista 2018

CIDADE	PERFIL DO CICLISTA		SISTEMAS TEMBICI	
	MULHERES	HOMENS	MULHERES	HOMENS
Rio de Janeiro	23.6%	76.3%	41.6%	49.3%
São Paulo	15.4%	84.5%	34.2%	57.4%
Porto Alegre	27.64%	71.7%	43.1%	49.5%
Recife	19.8%	80.0%	40.0%	49.2%
Vila Velha*	—	—	33.0%	52.1%
Salvador*	—	—	40.8%	54.1%

*Cidade não contemplada pela pesquisa Perfil do Ciclista 2018.

Os dados indicam, portanto, um maior percentual de mulheres aderindo aos sistemas de compartilhamento, tendência observada também em contextos diferentes do brasileiro (BEECHAM e WOOD, 2014; FISHMAN, 2016). Nesse sentido, a presença desse tipo de serviço demonstra ser, juntamente com outras formas de infraestrutura cicloviária, um impulsionador para o aumento do número de ciclistas mulheres.

COMPORTAMENTOS DE VIAGENS

Ainda que as mulheres se aproximem de uma igualdade em relação aos homens em número de usuárias, ao observarmos os comportamentos de viagens são notadas algumas diferenças significativas nos perfis de uso das bicicletas. Entre as viagens realizadas nos sistemas de compartilhamento, em todos os casos analisados os homens apresentaram número bastante superior de viagens em relação às mulheres. Confrontado com o número de usuários, o dado então aponta para um comportamento menos frequente no uso das bicicletas compartilhadas entre o público feminino.

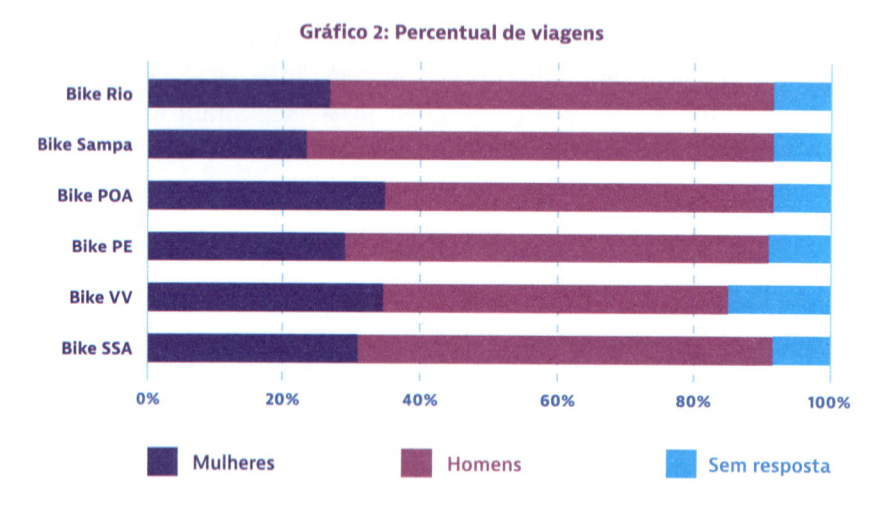

Gráfico 2: Percentual de viagens

[Gráfico de barras horizontais mostrando Bike Rio, Bike Sampa, Bike POA, Bike PE, Bike VV, Bike SSA, com categorias Mulheres, Homens, Sem resposta]

No entanto, os padrões de utilização de mulheres e homens se diferenciam em relação aos dias da semana, evidenciando uma dinâmica de uso própria de cada sexo. Em quase todos os sistemas observados, são notados percentuais maiores de viagens femininas aos finais de semana, enquanto nos dias uteis[2] se observa uma maioria de viagens masculinas, chegando a ser mais que o dobro de viagens realizadas por mulheres em alguns casos. Como única exceção, o sistema de Vila Velha indica uma participação feminina maior durante a semana comparada ao uso por mulheres aos sábados e domingos, porém é também o sistema que apresenta menor variação na divisão de viagens por sexo entre os dois períodos confrontados. Destaca-se, no entanto, o caso de São Paulo,

---

[2] Foram considerados dias úteis todos os que compõem a semana, à exceção de sábado e domingo. Feriados não foram diferenciados.

sistema que possui fluxo de viagens mais intenso durante a semana, sendo também aquele com resultados mais díspares em relação à participação feminina, grupo que concentra mais viagens no final de semana.

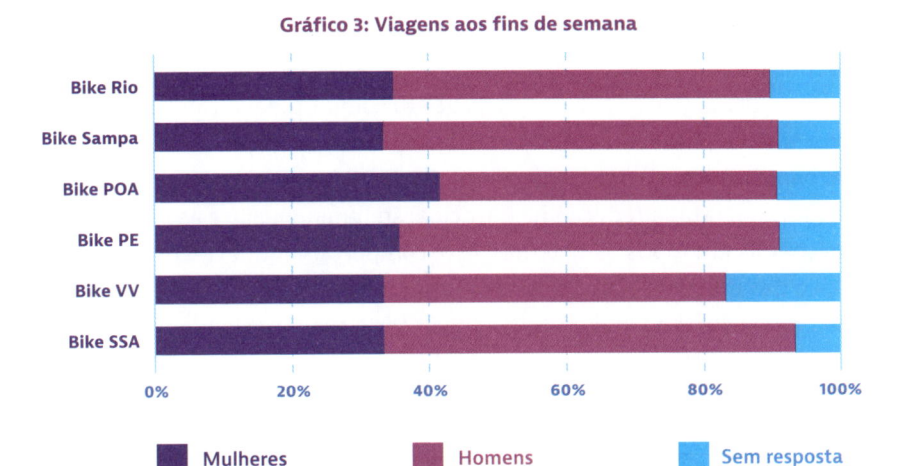

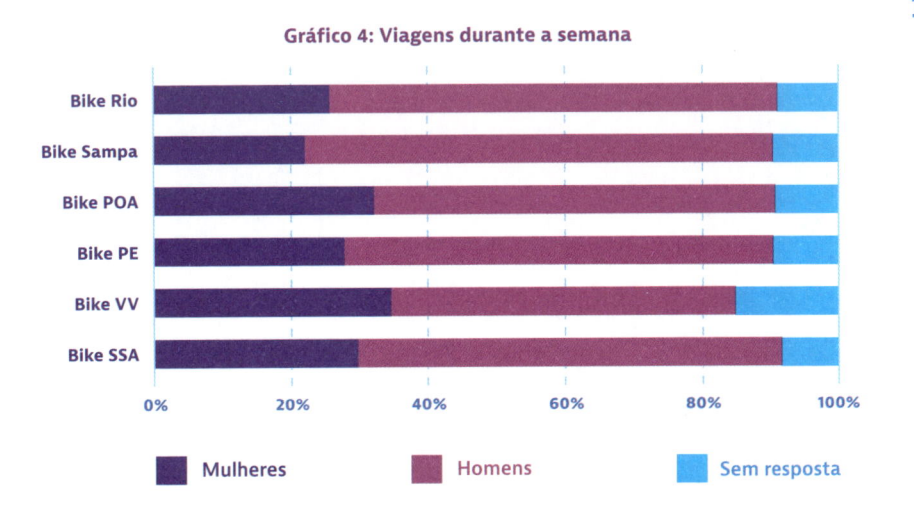

Gráfico 3: Viagens aos fins de semana

■ Mulheres ■ Homens ■ Sem resposta

Gráfico 4: Viagens durante a semana

■ Mulheres ■ Homens ■ Sem resposta

Dado que as viagens nos finais de semana estão mais comumente associadas ao lazer, é possível depreender uma relação ainda frágil entre o uso da bicicleta pública por mulheres e viagens utilitárias para transporte. Tal fator pode ser associado a demandas específicas dos deslocamentos cotidianos das mulheres, mais dificilmente conciliáveis com o uso de bicicletas compartilhadas, como de servir passageiros ou transportar compras (EMOND et al., 2009; FISHMAN, 2016; LEMOS et al., 2017).

Assim, pode-se indicar que a dinâmica de uso percebida nos sistemas de compartilhamento reflete ainda uma relação com o que a cultura dominante estabelece sobre qual seria o papel social da mulher, no qual a mobilidade feminina fica condicionada a demandas e afazeres domésticos e ao cuidado familiar (EMOND et al., 2009; HANSON, 2010; HARKOT, 2018), fazendo com que o uso da bicicleta se restrinja aos momentos de lazer.

Além disso, o uso feminino da bicicleta compartilhada também se mostra mais sensível a aspectos relacionados à percepção de segurança. Em horários do dia com menor claridade, especialmente a partir de 19h, foi constatada redução na participação feminina entre as viagens registradas em todos os sistemas. Este comportamento evidencia o receio das mulheres de pedalar em horários reconhecidos por serem mais perigosos e de maior insegurança, tendo sua mobilidade mais significativamente afetada que a dos homens.

Gráfico 5: Participação feminina em viagens por faixa horária

Embora o aspecto da segurança seja comumente apontado como um fator relevante para o uso feminino da bicicleta, em outros contextos ele é mais frequentemente associado às questões do trânsito, uma vez que as mulheres se mostram mais sensíveis a fatores como o risco de colisões (EMOND et al., 2009). No caso brasileiro, é somada a fragilidade feminina frente às condições de segurança pública, pois são mais alvo de assaltos e abusos. Esse aspecto resulta então numa restrição ainda maior dos deslocamentos das mulheres, conforme refletido no uso das bicicletas compartilhadas constatado pelos resultados obtidos.

AMBIENTE CONSTRUÍDO E VIAGENS FEMININAS: O CASO DO BIKE RIO

A opção por deslocamentos em transporte ativo também demonstra uma relação direta com as condições do ambiente físico. Fatores como a presença de infraestrutura cicloviária, áreas de lazer, dinâmicas de uso do solo e elementos da paisagem podem interferir nos trajetos de viagens e na própria escolha da bicicleta como modal (FORSYTH e KRIZEK, 2011; RYBARCZYK e WU, 2014; SAELENS et al., 2003; VAN DICK et al., 2012). No caso da utilização por mulheres, algumas dessas questões se tornam ainda mais determinantes, o que faz da presença de ciclistas do sexo feminino um indicador de boa ciclabilidade[3] de um local (EMOND et al., 2009; FISHMAN, 2016).

Nesse sentido, para compreender a influência de tais dinâmicas sobre o uso feminino das bicicletas compartilhadas, tornou-se importante observar também as relações espaciais implicadas nos registros de viagem. Dessa forma, tomando como referência o sistema Bike Rio — por ser um dos sistemas consolidados há mais tempo e com estações em contextos urbanos bastante variados — foram observadas as características do ambiente construído no entorno das estações em que a participação das mulheres na retirada de bicicletas ocorresse em maior e menor proporção, buscando identificar os aspectos urbanísticos de maior impacto sobre o público feminino. Nesta análise, foi adotado o mesmo período de observação utilizado anteriormente (abril a outubro de 2018), alcançando os resultados demonstrados nas Tabelas 3 e 4.

Tabelas 3 e 4: Estações com maior e menor participação feminina em viagens

ESTAÇÃO	PARTICIPAÇÃO FEMININA	TOTAL DE VIAGENS NA ESTAÇÃO	ESTAÇÃO	PARTICIPAÇÃO FEMININA	TOTAL DE VIAGENS NA ESTAÇÃO
221 - Península 2	44.8%	1946	51 - Cidade Nova	13.0%	6912
238 - General Ivan Raposo	44.6%	4158	66 - Estação de Bondes	13.6%	6181
244 - Lúcio Costa 4000	43.1%	2363	1 - Central do Brasil	13.8%	53663
233 - Parque Madureira II	42.4%	3396	189 - Central do Brasil 2	14.0%	2133
260 - Posto 12 Recreio	42.1%	13679	65 - Metrô Uruguaiana	14.4%	19941

---

[3] O termo "ciclabilidade" se refere ao quão atrativo um local é para o uso da bicicleta (VAN DYCK et al., 2012).

Entre as características observadas no entorno das estações com maior participação feminina, destaca-se a segregação entre espaço para circulação de bicicletas e o fluxo de veículos motorizados e de maior velocidade. Entre as estações identificadas pelo uso mais intenso de mulheres, a maioria se mostra próxima de ciclovias, nas quais o uso da bicicleta fica totalmente segregado do tráfego motorizado. À exceção dessa característica, a estação "Península 2" — na qual foi identificada a maior proporção de uso feminino — não apresenta ciclovia próxima, porém está situada dentro de um condomínio. Nesse caso, apesar da circulação ser compartilhada com veículos motorizados, o volume de trânsito é bem menor e ainda limitado à baixa velocidade, reforçando, assim, a importância da garantia de segurança — tanto pública quanto viária — para as mulheres.

Figura 1: Estação do Bike Rio Península 2 dentro do condomínio residencial

Outro importante aspecto é a proximidade de tais estações com áreas de lazer, como orla e parques. Nesse contexto, as ciclovias e os espaços de circulação mais intensa de bicicletas costumam configurar trajetos independentes, sem intenção de conexão entre pontos com usos e atividades diversas. Com isso, apresentam pouca capilaridade, interseções ou variedade de caminhos. Tal fator reitera a baixa relação do uso feminino das bicicletas compartilhadas com finalidade de transporte, já indicada pela baixa utilização nos dias de semana.

Figura 2: Estações próximas à ciclovia na orla da praia na Barra da Tijuca

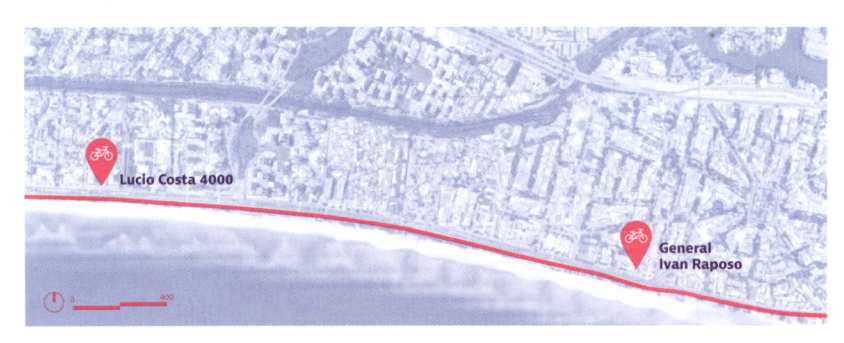

Em contrapartida, ao observar as estações com menor participação feminina, identifica-se como característica comum a localização na região central da cidade, onde se concentram atividades de negócios, sedes empresariais, demonstrando uso predominantemente comercial. A região se configura como principal concentração de postos de trabalho do Rio de Janeiro, porém dentro de uma lógica monofuncional — com pouca diversidade de usos, baseada em um zoneamento da cidade por funções e atividades. Esta caracterização implica uma dinâmica local mais restrita aos horários convencionais de trabalho, resultando em um esvaziamento aos finais de semana e demais períodos sem atividade comercial.

Nesse sentido, as estações menos utilizadas pelas mulheres coincidem com origens e destinos relacionados ao trabalho, que favorecem a intermodalidade com transporte de alta capacidade e que oferecem ainda poucas opções de espaço de lazer. Reforça-se ainda a baixa presença de infraestrutura cicloviária segregada do tráfego motorizado no entorno dessas estações, obrigando os ciclistas que circulam nessas zonas a dividir espaço com ônibus e automóveis em velocidades de até 70 km/h. Com isso, ainda que estas estações apresentem intenso fluxo de viagens, a participação feminina no uso das

Área externa da estação Cidade Nova do MetrôRio.
Foto: Divulgação/LABMOB

bicicletas compartilhadas nesses contextos se mostra bastante reduzida, pois revelam uma carência de elementos atrativos para este público e que garantam maior segurança para o pedalar.

CONSIDERAÇÕES FINAIS

O uso da bicicleta pelas mulheres apresenta, portanto, demandas específicas, que vão desde a motivação para seus deslocamentos até aspectos relativos ao ambiente proporcionado para pedalar. Essas necessidades acabam resultando muitas vezes em um menor número de mulheres ciclistas em comparação aos homens, diante da dificuldade de alinhamento de tais condições com a realidade disponível. No entanto, os sistemas de bicicletas compartilhadas vêm demonstrando uma importante contribuição para transformar esse quadro, impulsionando uma maior adesão do público feminino a este modal.

Os dados revelados nos sistemas de compartilhamento em questão contribuem assim para uma ampla compreensão deste potencial, apontando ainda para as fragilidades do contexto brasileiro na promoção do uso da bicicleta entre as mulheres. Entre essas condições estão a demanda por segurança pública — que restringe a mobilidade feminina a horários determinados do dia — e a segurança viária, fator diretamente associado à disponibilidade de infraestrutura cicloviária. No caso deste último, é fundamental articular aos serviços de compartilhamento a implantação de ciclovias, ciclofaixas e políticas de redução de velocidade (por exemplo, zonas 30 km/h), entre outras modalidades de infraestruturas de circulação no intuito de conformar um ambiente atrativo ao uso para as mulheres.

Ao lançar luz às questões implicadas nos deslocamentos femininos — debate ainda pouco explorado no Brasil — os registros das bicicletas compartilhadas também indicam perspectivas de mudança. Através do entendimento mais profundo das demandas femininas, é possível então formular ações capazes de ampliar o uso da bicicleta pelas mulheres, proporcionando dessa forma um cenário mais equitativo de mobilidade.

REFERÊNCIAS BIBLIOGRÁFICAS

BEECHAM, R.; WOOD, J. Exploring gendered cycling behaviours within a large-scale behavioural data-set. *Transportation Planning and Technology*, v. 37, n. 1, p. 83-97, 2014.

BENEDINI, D. J. *Bicicletas próprias e compartilhadas na cidade de São Paulo:* perfil dos usuários e características das viagens. 2018. Dissertação (Mestrado) — Escola Politécnica de São Paulo, Departamento de Engenharia de Transportes, Universidade de São Paulo, 2018.

CICLOCIDADE. *Mobilidade das mulheres e os desafios por bicicleta de São Paulo.* São Paulo, 2016.

DEMAIO, P. Bike-sharing: History, Impacts, Models of Provision, and Future. *Journal of Public Transportation Journal*, v. 12, n. 4, p. 41-56, 2009.

EMOND, C. R. et al. Explaining gender difference in bicycling behavior. *Transportation Research Record*, n. 2.125, p. 16-25, 2009.

FISHMAN, E. Bikeshare: A Review of Recent Literature. *Transport Reviews*, v. 36, n. 1, p. 92-113, 2016.

FORSYTH, A.; KRIZEK, K. Urban design: Is there a distinctive view from the bicycle? *Journal of Urban Design*, v. 16, n. 4, p. 531-549, nov. 2011.

HANSON, S. Gender and mobility: New approaches for informing sustainability. *Gender, Place and Culture*, v. 17, n. 1, p. 5-23, 2010.

HARKOT, M. K. *A bicicleta e as mulheres:* mobilidade ativa, gênero e desigualdades socioterritoriais em São Paulo. 2018. Dissertação (Mestrado) — Faculdade de Arquitetura e Urbanismo, Universidade de São Paulo, São Paulo, 2018.

KRIZEK, K. J.; JOHNSON, P. J. Gender Differences in Bicycling Behavior and Facility Preferences. *Transportation Research Board*, Chicago, 35, p. 31-40, 2004.

LEMOS, L. L. et al. Mulheres, por que não pedalam? Por que há menos mulheres do que homens usando bicicleta em São Paulo, Brasil? *Revista Transporte y Territorio*, n. 16, p. 68–92, 2017.

RYBARCZYK, G.; WU, C. Examining the impact of urban morphology on bicycle mode choice. *Environment and Planning B: Planning and Design*, v. 41, n. 2, p. 272-288, 2014.

SAELENS, B. E. et al. Environmental correlates of walking and cycling: Findings from the transportation, urban design, and planning literatures. *Annals of Behavioral Medicine*, v. 25, n. 2, p. 80-91, 2003.

TRANSPORTE ATIVO; LABMOB. *Pesquisa perfil do ciclista brasileiro*, 2. ed. Relatório. Rio de Janeiro, 2018. Disponível em: <http://www.ta.org.br/perfil/ciclista18.pdf>. Acesso em: 21 set. 2019.

VAN DYCK, D. et al. Perceived neighborhood environmental attributes associated with adults' transport-related walking and cycling: Findings from the USA, Australia and Belgium. *International Journal of Behavioral Nutrition and Physical Activity*, v. 9, n. 1, p. 70, 2012.

ENGAJAMENTO COMUNITÁRIO: O CASO DA ESTAÇÃO BIKE 12 HORAS EM CIDADE TIRADENTES, SÃO PAULO

Cadu Ronca Fundador do Instituto Aromeiazero, onde é diretor. Advogado, é especialista em Gestão de Sustentabilidade pela FGV-SP e em Gestão de Negócios Socioambientais pela FIA-USP/ IPÊ — Instituto de Pesquisa Ecológicas. Tem experiência na área socioambiental e de engajamento comunitário a partir da bicicleta.

Natalia Cerri Relações-públicas graduada pela ECA-USP, é especialista em Economia Urbana e Gestão Pública pela PUC-SP e tem experiência em gestão de programas de investimento social privado.

Natália Lackeski Coordenadora de projetos no Instituto Aromeiazero, é bacharel em Produção Cultural pela UFF e especialista em Gestão de Inovação Social pelo Instituto Amani. Atua nas áreas de cidades sustentáveis, engajamento comunitário e cultura, com experiências no setor público e social.

Este capítulo se propõe a debater, a partir do estudo de caso do Estação Bike 12 Horas de Cidade Tiradentes, a importância, os desafios e as abordagens de engajamento comunitário para que sistemas de bicicletas públicas alcancem, com efetividade, áreas de maior vulnerabilidade social, fazendo com que sejam utilizados de forma ampla e qualificada pela população local. A escrita deste trabalho é uma colaboração entre representantes do Itaú Unibanco e do Instituto Aromeiazero,[1] parceiros no projeto de articulação comunitária do sistema Bike Sampa em Cidade Tiradentes, respectivamente nas condições de patrocinador e realizador. As reflexões e relatos que seguem são resultado de seis meses de atuação no território, primeira etapa de um trabalho que se pretende continuar e aprofundar na comunidade.

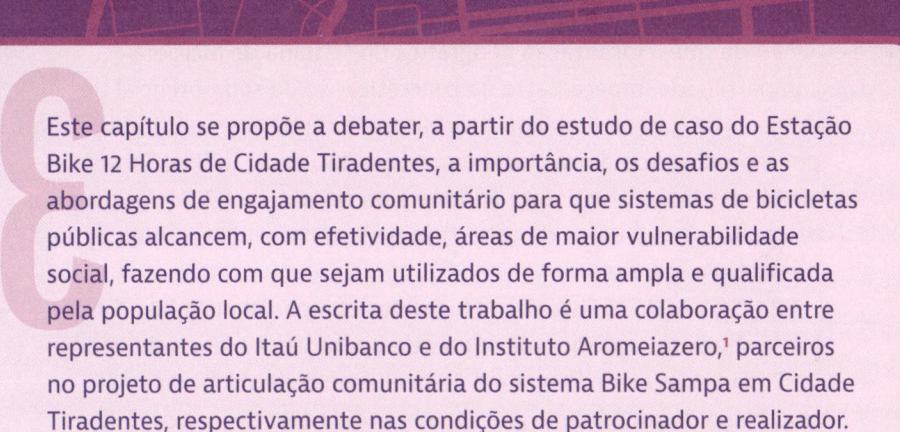

A partir dos anos 2010, houve um crescimento exponencial dos programas de bicicletas compartilhadas no mundo. Os sistemas representaram a possibilidade de, com relativo baixo investimento, incrementar o número de ciclistas e viagens por meio de uma plataforma de transporte com caráter público e coletivo e, ainda, com potencial para aumentar a abrangência e a capacidade da alimentação dos transportes de massa.

Desde a sua implementação no Brasil, em 2011, assistimos a uma importante evolução na mobilidade urbana das cidades brasileiras e as bicicletas compartilhadas se mostraram grandes aliadas da população

---

1 O Instituto Aromeiazero é uma associação sem fins lucrativos cuja missão é promover uma visão integral da bicicleta como transporte, expressão artística, trabalho, lazer, esporte e também como ferramenta de mudança no modo de vida e de relações em centros urbanos e comunidades rurais. Mais informações: www.aromeiazero.org.br.

nos seus deslocamentos diários nos municípios onde foram instaladas — em sua maior parte, capitais.

Privilegiando espaços com alta demanda de usuários, os sistemas de bicicletas compartilhadas tradicionalmente iniciaram a sua implantação em regiões de uso misto, com grande atividade comercial. Sobretudo, visavam "capturar" trabalhadores e estudantes na última milha do seu trajeto casa-trabalho (ou casa-ensino). A estratégia acabou por concentrar os projetos em bairros de alta renda, isto é, nos centros econômico-financeiros.

Ainda que a localização geográfica do sistema de bicicleta compartilhada impeça parte da concretização do seu potencial de democratização na mobilidade urbana, ele tende a ser muito utilizado por moradores de outras localidades. Em São Paulo, o Bike Sampa, ainda restrito ao Quadrante Sudoeste da cidade, tem 70% dos usuários residentes fora da área de cobertura do sistema e 60% residentes fora do centro expandido.

Em São Paulo, o sistema de bicicletas compartilhadas Bike Sampa havia chegado, nos anos anteriores de operação, a bairros do início da Zona Leste, como Penha e Belém, em seu formato tradicional, com baixo desempenho e grande número de estações ociosas. Por estarem instaladas em regiões essencialmente residenciais, a demanda de usuários durante o dia era baixa — um reflexo da movimentação pendular tão característica de São Paulo.

Quando na reformulação do programa, em janeiro de 2018, buscando atender de forma mais ortodoxa aos pressupostos do planejamento de sistemas de bicicletas compartilhadas, o Bike Sampa apresentou um mapa mais adensado — ou seja, as estações foram implantadas mais próximas entre si, tornando a alternativa de transporte mais confortável para os usuários que não precisam percorrer longas distâncias. Tal medida, apesar de aumentar significativamente a eficiência do projeto, acabou restringindo ainda mais a sua área de abrangência.

Buscar uma alternativa para o atendimento de regiões fora da área central da cidade era estratégico para cumprir o potencial de transformação social do projeto, além de, a partir de 2017, ser um direcionamento claro da nova legislação municipal sobre o tema: "Expansão com o objetivo de manter uma operação equilibrada, de forma a atender a todas as regiões da cidade" (Decreto SP 57.889/2017). A experiência do projeto Bicicleta Integrada em Fortaleza, lançado dois anos antes, havia estabelecido no Brasil um

Figura 1: Concentração de estações na região Central e Zona Oeste da cidade e distância geográfica, em linha reta, que separa o Estação Bike 12 Horas de Cidade Tiradentes do restante do sistema

Elaborado a partir do mapa do aplicativo Bike Sampa.

novo paradigma para o atendimento de bicicletas compartilhadas nas zonas periféricas.

Seguindo a premissa de atender ao trabalhador em sua primeira ou última milha, o programa da capital cearense permitia que, ao realizar a integração com o transporte público, o usuário permanecesse com a posse da bicicleta por até 14 horas — sugerindo que, ao retornar para casa, poderia pernoitar com o veículo, realizando a devolução no dia seguinte e, desse modo, facilitando o seu acesso ao terminal de transporte público em um novo turno de trabalho.

Observando o perfil de viagens do programa Bike Sampa, é fácil inferir a sua relevância nos deslocamentos casa-trabalho: a maior parte das viagens é realizada em dias de semana, em horários de pico e tem curta duração. Seguindo esse pressuposto e a experiência prévia já citada no âmbito da democratização dos sistemas de bicicletas compartilhadas, foi concebido através de uma parceria entre Itaú, Tembici (operadora do programa Bike Sampa) e Prefeitura de São Paulo o programa Estação Bike 12 Horas.

A sua primeira unidade foi instalada em Cidades Tiradentes, bairro situado a 35 quilômetros do centro de São Paulo, no extremo leste da cidade. Planejado como um grande conjunto periférico e monofuncional, o distrito é o maior complexo de conjuntos habitacionais da América Latina. Com 220.217 habitantes em seus 15 km², mais de 30% da população local vive em situação de alta ou altíssima vulnerabilidade (REDE NOSSA SÃO PAULO, 2017).

Instalado no Terminal de Ônibus de Cidade Tiradentes, o ponto central de conexão do transporte público na região, o Estação Bike 12 Horas conta também com vagas para o estacionamento de bicicletas próprias, buscando ser um ponto de referência para os ciclistas da região. Diferentemente do que ocorre na área central, os cadastros no local e a retirada de bicicletas são realizados *off-line*, mediante apresentação de cartão de usuário aos atendentes — uma alternativa que busca ser inclusiva ao quebrar as barreiras eventualmente existentes de digitalização e acesso à internet.

A região, seja por seu padrão urbanístico singular, seja pela gama de novos perfis de usuários potenciais, apresentava uma série de desafios para a popularização do projeto para que este se tornasse, de fato, uma solução de transporte para os moradores do local. Percebeu-se que, apesar da alcunha de "cidade-dormitório", Cidade Tiradentes possui uma pujante vitalidade econômica e subcentros próprios, o que trazia novas possibilidades para a bicicleta no local.

Sobre o que se constitui e caracteriza um subcentro, Siqueira (2014) afirma em relação à região metropolitana de São Paulo:

Subcentros urbanos, por sua vez, foi o nome dado às novas centralidades que emergiram em meio ao processo de expansão urbana e descentralização do emprego e população, observado ao longo da segunda metade do século XX, principalmente nos EUA, tal como abordam Anas et al. (1998) e Glaeser & Kahn (2001). Em grande parcela dos trabalhos de cunho urbano, os subcentros, para fins e efeitos, são tidos como verdadeiras miniaturas do centro principal. Villaça (1998), por exemplo, denomina como subcentro aglomerações diversificadas e equilibradas de comércio e serviços, que não o centro principal; ou ainda uma réplica, em tamanho menor do centro principal, com o qual concorrem em parte sem, entretanto, a ele se igualar.

Com o intuito de mapear o território e as oportunidades que se desenhavam e, também, de estabelecer vínculos do projeto com a população local, a organização Instituto Aromeiazero se juntou ao projeto para construir e operacionalizar uma estratégia de engajamento comunitário, em formato piloto. Para além do sucesso do Estação Bike 12 Horas, vislumbrou-se a possibilidade de repensar os aprendizados até então acumulados sobre sistemas de bicicletas compartilhadas a partir da concepção da micromobilidade e da presença no território — uma forma que tende a ser mais democrática e justa ao considerar os diferentes usos do espaço urbano por seus mais distintos moradores, não se restringindo aos deslocamentos casa-trabalho.

ENGAJAMENTO COMUNITÁRIO EM CIDADE TIRADENTES

A partir da parceria com o Itaú Unibanco, o objetivo inicial do Aromeiazero junto à Estação Bike 12 Horas foi conectar os moradores de Cidade Tiradentes ao sistema de compartilhamento de bicicletas, gerando engajamento comunitário.

Atuar em determinada comunidade, especialmente em um território historicamente subalternizado no espaço social da cidade, é mergulhar dentro de sua rede de relacionamentos e contribuir para o seu processo de desenvolvimento, o que necessariamente passa por uma estratégia pautada em uma visão de equidade e de promoção de justiça social. Neste sentido, o Aromeiazero trabalhou para desenvolver o potencial da bicicleta não só como mobilidade, mas como um poderoso instrumento para a redução de desigualdades, para a promoção de melhor qualidade de vida e do direito à cidade em Cidade Tiradentes.

Cada território possui estruturas particulares, sistemas de relações e cultura próprios. Portanto, para que o projeto de engajamento tivesse impacto e capilaridade, era necessário que a comunidade fizesse parte do desenvolvimento das estratégias e tivesse protagonismo nas ações: cada agente local, com seus interesses e potenciais, contribuindo para que Cidade Tiradentes fosse um lugar melhor para se viver. Dessa forma, foi proposto um Plano de Ação *para* o território e *com* o território que se deu em três etapas:

Etapa 1 – Diagnóstico socioeconômico e de mobilidade
Material desenvolvido pelos pesquisadores Daniel Guth e Glaucia Pereira que inclui: diagnóstico socioeconômico da população do distrito; análise do uso e ocupação do solo na região; análise dos dados de diferentes pesquisas sobre hábitos e padrões de locomoção em Cidade Tiradentes; entrevistas semiestruturadas com moradores, usuários do transporte público, gestores e outras lideranças; e indicação de cinco ciclorrotas de até 2,5 quilômetros, que conectam

a Estação Bike 12 Horas a diferentes regiões do distrito e que foram traçadas a partir de critérios como estrutura cicloviária, topografia, distância, entre outros.

Etapa 2 – Mapeamento e articulação territorial

Construção de estratégias e facilitação de diálogo com atores que representam os mais diversos interesses e grupos do território. Foram realizados o levantamento e a articulação junto a lideranças locais e equipamentos de referência principalmente dos campos social, de esporte, cultura, lazer e segurança, para a formação de uma rede de parceiros que ancorassem o projeto no território.

Etapa 3 – Ações na prática

Buscando não só fomentar o uso do Bike Sampa como fortalecer a cultura da bicicleta como um todo em Cidade Tiradentes, baseando-se na experiência do Aromeiazero e em Indego (2015), foram realizados: seleção de dois Embaixadores da Estação Bike 12 Horas; realização de pedais para iniciantes e aulas abertas de mecânica; microfinanciamento a projetos comunitários de bicicleta através do Fundo de Apoio à Bicicleta em Cidade Tiradentes (FAB CT); festival de celebração da cultura da bicicleta e produção de conteúdo de informação e conscientização.

Assim, como disposto na publicação *The Bikeshare Planning Guide* (ITDP, 2018), o trabalho de engajamento comunitário foi protagonizado desde o início do projeto, sempre de forma profissional e não voluntária, por intermédio de organização com experiência na área e com embaixadores e equipe sendo remunerados pelos serviços, o que evidencia a importância dada ao tema.

DESAFIOS E ESTRATÉGIAS

Em um território em que são latentes as questões de acesso à educação, à saúde, a trabalho, a saneamento e a outros direitos básicos, a promoção da equidade necessariamente tem no acesso sua centralidade. Por um lado, como a bicicleta poderia potencializar o acesso à cidade e à melhor qualidade de vida para os moradores de Cidade Tiradentes? Ao mesmo tempo, como as barreiras simbólicas e financeiras de acesso ao sistema poderiam ser superadas? A Estação Bike 12 Horas foi a primeira iniciativa de compartilhamento de bicicletas fora do centro de maior fluxo econômico da cidade. Com um sistema que adaptava o modelo das áreas centrais, a Estação Bike 12 Horas Cidade Tiradentes iniciou sua operação apresentando planos nos mesmos valores e o pagamento baseado no cartão de crédito.

Entre junho e julho de 2018, no primeiro mês de funcionamento da Estação, os poucos dados disponibilizados pelo sistema sugeriam um baixo uso das bicicletas compartilhadas. Em nossa primeira visita ao território no dia 15 de julho daquele ano, no entanto, nos deparamos com uma realidade diversa: fila de espera e nenhuma bike disponível. As laranjinhas estavam sendo acessadas, mas como, por quem e até que ponto este acesso indicava sucesso do sistema e espelhava equidade?

Muito diferente do trajeto casa-trabalho desenhado inicialmente como principal propósito da bicicleta compartilhada pelo período de 12 horas, o grande público mobilizado pela Estação, no início de seu funcionamento, foi de jovens e adolescentes do gênero masculino, para uso recreativo e, na maioria das vezes, radical/extremo. Esse público espelhava justamente a realidade constatada no Diagnóstico Socioeconômico e de Mobilidade que indica que, não só a população de Cidade Tiradentes apresenta o perfil etário mais jovem de toda a Zona Leste,[2] como é o distrito da cidade com o maior percentual de jovens (crianças e adolescentes) entre os ciclistas, conforme levantamento da Ciclocidade (2017).

Assim como uma camiseta ou um boné com o logo de uma marca cara, as bicicletas do Bike Sampa, as conhecidas "bikes do Itaú" ou "laranjinhas", adquiriram valor de *status* social e tornaram-se objeto de ostentação pela juventude. Parte dessa cultura, impulsionada pelo movimento funk das periferias paulistas, é um comportamento ousado e provocativo que, junto das laranjinhas, se corporificou com a juventude empinando as bicicletas ("chamando no grau"), arrastando o "pezinho" no asfalto para fazer faísca e até propondo novos (e mais obscenos) arranjos para os dizeres dos adesivos. Por outro lado, a preocupação estética e o estilo vaidoso característico do "funk ostentação" faziam com que os meninos lavassem as bicicletas e até passassem graxa para dar aquele "brilho" nos pneus

---

2 Segundo Seade (2014), a idade média dos moradores de Cidade Tiradentes em 2014 era de 30,27 anos, perfil mais jovem de toda a Zona Leste. Cerca de 67% da população tem mais de 15 e menos de 60 anos.

e detalhes mais escuros da bike. O engajamento junto às laranjinhas pela juventude foi tamanho que, entre uma entrevista e outra, recebemos o registro fotográfico de Kauê Lima da Cruz, de 16 anos, "dormindo" com a bicicleta.

Os relatos dos jovens eram de que pedalavam durante o período de 12 horas intensamente, inclusive durante a madrugada, revezando o pedal entre os colegas, já que nem todos tinham cadastro na Estação. Também se desafiavam a fazer manobras que comprometiam a integridade da bicicleta, que não têm compatibilidade com esse tipo de uso. O número de bikes paradas no bicicletário por necessidade de manutenção chegou a 52 em um total de setenta. Após devolver a bicicleta, a garotada aguardava em grupos em frente à estação o tempo mínimo para poder retirar uma bike novamente, em uma dinâmica de certa apropriação simbólica do sistema.

Enquanto isso, muitos usuários cadastrados se queixavam de pagar o plano e não conseguir utilizar o serviço: as filas eram frequentes e raramente havia bikes disponíveis. A Associação Comercial do bairro, contrária à única ciclovia implantada na região (pois teria sido ela a responsável pela diminuição dos fluxos comerciais a partir da substituição das vagas de carro), não expressava simpatia pelo sistema de bicicletas compartilhadas. Os estigmas que marcam jovens, negros, periféricos, ou seja, os principais usuários do sistema até então, fomentavam rumores e generalizações de que as laranjinhas estariam sendo utilizadas em assaltos e atividades relacionadas ao tráfico de drogas na região.

Cidade Tiradentes é um distrito de baixa renda, periférico e de população majoritariamente negra.[3] Dessa forma, a implantação da Estação Bike 12 Horas no distrito em si já representa um grande passo em direção à equidade no compartilhamento de bicicletas na cidade. No entanto, para que o uso do sistema no território expresse equidade entre os moradores, é necessário pensar o acesso em relação às diversas expressões da diversidade, considerando também gênero, idade, orientação sexual, entre outros recortes. Essa diversidade entre os usuários deve ter em vista efetivar um uso público das bicicletas compartilhadas, de forma que o sistema seja convidativo a todos os moradores e fomente a melhoria da

---

[3] De acordo com levantamento da Secretaria Municipal de Promoção e Igualdade Racial realizado em 2015, 55,4% da população de Cidade Tiradentes é negra (PREFEITURA DE SÃO PAULO e BANCO INTERAMERICANO DE DESENVOLVIMENTO, 2015).

qualidade de vida da população. Além disso, garantir o acesso e o uso das bicicletas por perfis diversos de usuários colabora para que o Bike Sampa seja bem aceito pelos diferentes círculos de convivência da população local: o sistema ganha pertencimento no território e reputação fortalecida para que não fique vulnerável a disputas internas e boatos.

Entender as dinâmicas locais para a elaboração da estratégia de engajamento e relacionamento comunitário em Cidade Tiradentes foi também um exercício de compreensão dos limites do sistema 12 horas e seu potencial para atender a outras demandas de deslocamento além da última/primeira milha do trajeto casa-trabalho. Na conexão Terminal-residências, por exemplo, muitos usuários, principalmente moradores de conjuntos habitacionais e favelas, não tinham onde deixar a bicicleta ao levá-la para casa e não dispunham de nenhum mecanismo que garantisse a segurança das bikes estacionadas em espaço externo. Também, vale ressaltar as limitações decorrentes do serviço estruturado a partir de apenas uma estação (em um raio de mais de 30 quilômetros), que estabelece o Terminal de Ônibus Cidade Tiradentes como ponto de início e de fim das viagens. O Bilhete Único, recurso amplamente utilizado pelos trabalhadores nos seus deslocamentos diários e que integra até quatro trechos percorridos de ônibus pelo valor de uma tarifa, faz com que o uso das laranjinhas não representem necessária vantagem financeira, uma vez que já existe um deslocamento previsto até o Terminal para retirar a bicicleta ou, a partir dele, na sua devolução, e que, se não corresponde a uma distância caminhável, é feito de ônibus. Nessa linha, estudo recente realizado em São Paulo constatou que o principal motivo para as pessoas usarem a bicicleta nos seus deslocamentos cotidianos é a economia financeira. No contexto das bicicletas compartilhadas, a possibilidade de economizar é aspecto decisivo para a adesão ao sistema, principalmente em regiões de baixa renda (TORRES-FREIRE, CALLIL e CASTELLO, 2008).

A integração do sistema Bike Sampa ao Bilhete Único também deve ser considerada como um desafio a ser superado, pois representaria custo zero ao trabalhador/estudante que já utiliza o transporte público. Nesse sentido, temos a experiência do Bicicleta Integrada de Fortaleza, em que os titulares do Bilhete Único local podem usar a bicicleta gratuitamente até 14 horas após a retirada em dias úteis (mesmo durante a noite) e, às sextas-feiras, durante o fim de semana. Isso acaba sendo um estímulo à intermodalidade e à adesão de pessoas de baixa renda.

Como já apontado, apesar de Cidade Tiradentes ser comumente caracterizada como "bairro-dormitório", o Diagnóstico de Mobilidade Urbana ressaltou a vitalidade econômica, cultural e simbólica do território a partir da conformação de um subcentro no distrito que garante a permanência e a sobrevivência da população com alto grau de localismo. Neste contexto, a Pesquisa Origem–Destino de 2007[4] aponta que 50% das viagens com origem em Cidade Tiradentes tinham como destino o próprio bairro, contrariando a ideia de que o deslocamento pendular para o centro geográfico da cidade ou para bairros vizinhos fosse um movimento generalizado. Além disso, 47% das viagens com origem no distrito eram a pé, revelando distâncias com grande potencial ciclável.

Em um movimento contrário à criminalização da juventude negra periférica, procuramos não só aproveitar as potencialidades do grande interesse deste grupo pelas laranjinhas, como ampliar o interesse de toda a comunidade. A partir das etapas de diagnóstico socioeconômico e de deslocamento, da articulação com atores locais e da análise dos poucos, mas importantes, dados disponíveis sobre as características dos usuários do sistema até então, definimos três perfis prioritários a serem trabalhados de forma transversal nas ações de engajamento comunitário. Foram eles:

Mulheres: apesar de Cidade Tiradentes apresentar população majoritariamente feminina,[5] as mulheres são minoria no uso do Bike Sampa e entre a população ciclista do distrito,[6] independentemente da faixa etária. A partir da vivência em campo, foi possível constatar que este cenário está atrelado a dificuldades de acesso à bicicleta em si. Este é o caso de diversas mulheres cadastradas no Bike Sampa, mas que não sabem pedalar e retiram bicicletas para seus filhos e netos.

---

4 Pesquisa realizada pela Secretaria Estadual de Transportes Metropolitanos, acontece a cada dez anos (1977, 1987, 1997 e 2007). No momento de elaboração deste texto, a pesquisa de 2017 ainda não havia sido divulgada pelo Metrô, sendo assim a base de dados utilizada foi a OD 2007 (SP TRANS, 2007).
5 Segundo Seade (2014), entre os moradores de Cidade Tiradentes, são 90,9 homens para cada cem mulheres.
6 Segundo contagem de ciclistas realizada na avenida Metalúrgicos, em frente à praça Multiuso e ao Terminal de ônibus pela Ciclocidade em 2017, mulheres representam apenas 3% no uso da única ciclofaixa de Cidade Tiradentes.

Jovens: pessoas entre 14 e 20 anos que usam a bicicleta para tirar "um lazer/ um esporte", ou seja, cujo principal objetivo não é a mobilidade. Como já citado, eram os maiores usuários do sistema até então, refletindo o perfil jovem da população geral e de ciclistas de Cidade Tiradentes.

Trabalhadores: pessoas que usam a bicicleta para (complementar) o deslocamento casa–trabalho–casa. Público prioritário no desenho inicial do modelo 12 horas e que tem como foco a mobilidade e a intermodalidade.

Em paralelo à definição de perfis do público-alvo do projeto, definimos os desafios sobre os quais iríamos atuar, principalmente na etapa 3 do projeto. Conformando uma estratégia que conjugasse os interesses e potencialidades de ciclomobilidade de Cidade Tiradentes e as prerrogativas de viabilidade financeira e logística da operação da Estação Bike 12 Horas, os desafios elencados foram:

» Ampliar o perfil do público usuário das bicicletas e qualificar o uso.
» Gerar maior pertencimento e colaborar para a reputação do sistema no território.
» Ajudar a melhorar a oferta de bikes disponíveis e a sistematização de dados dos usuários e das viagens do Bike Sampa.

AÇÕES NO TERRITÓRIO

Com a alta taxa de manutenção das bicicletas decorrente de mau uso e vandalismos, era necessário solucionar a disponibilidade das bikes antes de dar início às atividades da etapa 3 que, por meio de ações de fomento à cultura da bicicleta e estímulo ao uso do Bike Sampa, aumentariam a procura do sistema pelos moradores. Com o apoio do Itaú Unibanco e junto da Tembici, operadora do sistema, o Instituto Aromeiazero colaborou na elaboração de soluções como: introdução de mecânica básica na Estação Bike 12 Horas, buscando dar maior agilidade ao conserto das bicicletas que chegavam danificadas; implementação de *checklist* para conferência de possíveis danos à bicicleta durante o uso; bloqueio de usuário por mau uso a partir do *checklist*; programa de incentivo ao bom usuário; e aumento no período de carência para retirada de uma bicicleta novamente de 15 minutos para três horas. Todas essas iniciativas colaboraram para melhorar a oferta das bikes disponíveis.

Hoje, filas, manutenção e disponibilidade de bicicletas não são mais um problema.

Aqui vale destacar a importância da parceria entre todos os atores que integram a operação para que um programa de promoção da equidade em um sistema de compartilhamento de bicicletas tenha sucesso. É fundamental que as demandas e dificuldades diagnosticadas tenham resposta no rearranjo de procedimentos, no redesenho de gargalos do modelo e até na customização de dispositivos da tecnologia, de forma que a operação se adeque à realidade territorial e conquiste pertencimento. Através de reuniões e reportes regulares, as questões identificadas durante o projeto encontraram acolhimento pelo patrocinador, o Itaú Unibanco, e encaminhamento pela operadora, a Tembici. Em pouco tempo de operação foi implementado sistema de pagamento por cartão de débito e por boleto bancário, buscando incluir grande parcela da população local que não possui acesso a crédito. Os números mostram que essas iniciativas tiveram alta adesão, desde o início das operações quase 60% dos planos vendidos a partir da Estação foram via cartão de débito.

Outra parte importante dessa rede de cooperação para que o sistema seja integrado às dinâmicas do território são as lideranças locais, fundamentalmente, a subprefeitura do distrito e sua aposta no poder transformador da bicicleta para a região. A partir da parceria com a subprefeitura de Cidade Tiradentes, iniciamos importantes diálogos com a Associação Comercial, com a Guarda Civil Municipal e com a Polícia Militar, parceiros estratégicos para que as bicicletas compartilhadas fossem bem vistas e recebidas pelo sistema de segurança pública local e para que episódios de abordagem truculenta a jovens usuários do Bike Sampa fossem cada dia menos uma realidade. Com o departamento de planejamento e desenvolvimento urbano da subprefeitura, apresentamos o Relatório de Diagnóstico de Mobilidade, debatendo as potencialidades do uso da bicicleta na região e a necessidade de se investir em uma estrutura cicloviária que desse segurança e conforto para além da única ciclovia de 2 quilômetros de extensão na avenida dos Metalúrgicos.

Responsáveis pelo dia a dia dos relacionamentos locais, os Embaixadores da Estação Bike 12 Horas foram os representantes do projeto no território, fazendo a mediação com usuários, com a equipe da Estação e com demais lideranças. Buscando a seleção de perfis complementares, alinhados aos públicos prioritários, os

Embaixadores foram: Marcos Ferreira, do Pelotão de Elite, grupo de ciclismo amador e profissional de Cidade Tiradentes; e Adriana Peixoto, militante junto a grupos de mulheres negras da região. Como parte do trabalho de incentivo ao uso da bicicleta e manutenção do engajamento comunitário, os Embaixadores realizaram pedaladas, aulas abertas sobre o funcionamento do Bike Sampa, sobre ciclomobilidade e sobre mecânica básica, e colaboraram no apoio operacional a ações no território como o Festival Estação Bike e o Fundo de Apoio à Bicicleta em Cidade Tiradentes (FAB-CT).

Através de chamada pública, o FAB-CT buscou valorizar a cultura local e inserir a bicicleta nas discussões importantes para o território, apoiando com microfinanciamentos três iniciativas de fomento à cultura da bike em Cidade Tiradentes. O coletivo OTM Crew customizou seis bicicletas do Bike Sampa que ficaram em exposição durante um mês no Terminal Cidade Tiradentes, sendo posteriormente disponibilizadas junto às laranjinhas na Estação. O coletivo A Rua é Delas deu início à mobilização de um grupo de pedal iniciante, voltado principalmente para mulheres, realizando pedaladas semanais e estruturando uma Oficina de Mecânica Comunitária no Centro de Formação Cultural Cidade Tiradentes. O Centro de Defesa e Convivência da Mulher Casa Anastácia, através do projeto Mulher Vem Pra Rua, realizou: oficinas para ensinar mulheres a pedalar (em três encontros, 15 mulheres entre 20 e 60 anos aprenderam a pedalar nas laranjinhas); debate sobre o lugar da mulher na mobilidade; e pedal feminino junto à Marcha pelo Fim da Violência Contra a Mulher de Cidade Tiradentes.

Celebrando as conquistas do trabalho piloto de engajamento comunitário realizado no segundo semestre de 2018, o Festival Estação Bike reuniu artistas locais, atividades dos projetos do FAB-CT, programação cultural, empréstimo de bicicletas para crianças e mecânica comunitária na praça em frente à Estação Bike 12 Horas CT, atraindo um público de mais de quinhentas pessoas e consolidando o relacionamento com as governanças locais.

Vale também destacar a produção de materiais de comunicação que gerassem identificação dos moradores com o sistema, colaborando para desfazer um certo sentimento de deslocamento, de inadequação das "bikes de boy na favela", onde não há filiais de agência do Itaú Unibanco; esclarecer equívocos como a necessidade de se ter conta no banco para utilizar o Bike Sampa; aumentar o repertório das pessoas sobre os benefícios da bicicleta e como ela pode ser um meio de transporte e de lazer barato, saudável e eficiente; divulgar o sistema principalmente para o público definido como prioritário; e conscientizar sobre o uso e o cuidado com as laranjinhas. Dessa forma, marcando o início da atuação no território, foi produzido um vídeo com depoimentos de usuários e dos Embaixadores, que circulou em redes sociais, principalmente via Whatsapp e Facebook. Também foram produzidos um infográfico, distribuído ao público em versão impressa com as principais informações sobre o sistema e as vantagens de se pedalar uma laranjinha; e uma Cartilha dos Embaixadores da Estação Bike 12 Horas, com a metodologia de trabalho, em versão impressa, para treinamento dos embaixadores e divulgação a parceiros estratégicos.

IMPORTÂNCIA E DESAFIOS DA GERAÇÃO DE DADOS

A coleta de dados sobre usuários é um desafio para sistemas que operam via cadastro prévio, colocando um *trade-off* para o operador: colher dados mais detalhados dos usuários *versus* um cadastramento mais ágil, atrativo e acessível (menos perguntas, menor tempo de cadastro). Sob o ponto de vista da análise de equidade no sistema, quanto mais dados tivermos, mais iremos conseguir contextualizar e avaliar a evolução do projeto no tempo. Como pontuado, uma visão de equidade e justiça social passa por garantir, entre outras, a diversidade étnica, de gênero, de orientação sexual, de renda e etária das pessoas que usam as bicicletas públicas. Por um lado, a forma mais viável e detalhada de se obter esses recortes dos usuários é fazer constar campos que abordem isso no cadastro. Por outro, um formulário muito extenso não costuma ser acessível para pessoas de baixa escolaridade além de gerar aborrecimentos e desconfianças como: por que motivo querem saber todas essas informações a meu respeito somente para eu andar de bicicleta?

Assim, ainda que fundamentais para avaliar e mensurar os resultados alcançados, a qualidade e complexidade dos dados depende tanto da avaliação prévia de quais dados serão exigidos no cadastramento, quanto do operador ter mecanismos que propiciem a geração de relatórios que isolem os dados daquela estação do restante do sistema e mostrem sua evolução no tempo. Nessa linha, o projeto tem sido fundamental para pautar e ajudar a operadora a conseguir gerar dados substanciais, mês a mês, que possibilitem compararmos e analisarmos evoluções no uso do sistema de acordo com o perfil dos usuários e, com isso, extrairmos o real impacto de nosso trabalho no território.

CONSIDERAÇÕES FINAIS

O projeto em Cidade Tiradentes foi desenvolvido em formato piloto, apresentando peculiaridades marcantes, o que aumenta ainda mais a complexidade inerente à atuação em áreas periféricas de alta vulnerabilidade. As principais são: não seguir a regra do adensamento de estações operadas via autoatendimento — possui apenas uma grande estação (capacidade atual de noventa bicicletas), num raio de 30 quilômetros; ser operada por intermédio de atendentes; o período de uso sem cobrança adicional é 12 vezes maior (12 horas x 1 hora no restante do sistema); além de ser a primeira estação da cidade em área de alta vulnerabilidade social.

Nesse contexto, o projeto foi fundamental para equalizar os desafios decorrentes dessas especificidades, sempre pautado por um olhar de equidade. Podemos destacar: a importância da atuação para prevenir e remediar o mau uso e vandalismo e melhorar a oferta de bicicletas disponíveis no sistema e o fortalecimento das relações com lideranças e governanças locais, especialmente com a subprefeitura de Cidade Tiradentes.

No entanto, observamos no percurso alguns entraves para o Estação Bike ter mais relevância no território. Constatou-se que garantir a oferta de bicicletas em bom estado num período maior não é suficiente por si só para atender o trabalhador no primeiro/último trecho de seu deslocamento a partir do terminal urbano local. Sem alternativas para o trabalhador pernoitar a bicicleta, com segurança, em local próximo à sua residência, será muito difícil aumentar esse tipo de uso.

A integração ao Bilhete Único seria grande passo na maior democratização do seu uso e também para atrair trabalhadores e estudantes, que já possuem preços diferenciados nas passagens.

O sistema de 12 horas, sem integração ao Bilhete Único, acaba por concentrar o uso das bicicletas em menos pessoas por dia e estimula o uso recreativo/esportivo, já que os jovens possuem muitas horas para "dar seus rolês" com a bicicleta. A bicicleta inspira liberdade e autonomia, sentimentos almejados pela juventude que, muitas vezes, não são encontrados no regime disciplinar da escola e da maior parte das atividades de lazer. Sobre este tipo de uso, ficou evidenciado que o Bike Sampa é encarado como um equipamento público para a juventude local, usuários assíduos destas bicicletas. A bicicleta representa, portanto, uma ecologia própria. Esta ideia é caracterizada pelas noções de sociabilidade, apropriação do espaço público, identificação cultural e *status*, que apontam tanto para a insuficiência das políticas públicas voltadas para esta parcela da população quanto para um potencial inerente à micromobilidade pelo bairro, oportunizada pela bicicleta, onde a livre circulação se funde com o desejo de autonomia e apropriação da cidade.[7]

O Diagnóstico socioeconômico e de mobilidade elaborado dentro do escopo do projeto evidenciou a conformação de um subcentro contrariando a ideia de que o deslocamento pendular para o centro geográfico da cidade ou para bairros vizinhos fosse um movimento generalizado. Além disso, 47% das viagens com origem no distrito eram a pé, revelando distâncias com grande potencial ciclável. Somando esta análise com os desafios apresentados acima para se aumentar a adesão de trabalhadores no deslocamento primeira/última milha, entendemos que a micromobilidade, nos seus mais diversos motivos (lazer, esporte, compras, transporte local para estudo ou trabalho) deve ser o foco de sistemas que guardem características parecidas.

O sistema baseado em uma só estação na região terá limitações de uso e alcance inerentes a seu não adensamento e à ausência de estrutura cicloviária e de estacionamento de bicicletas com segurança na região, sendo fundamental continuar as ações no território para atrair novos usuários e cultivar os já cadastrados. Mas, para ser um projeto de impacto nas periferias, precisa se espalhar por outros terminais e territórios periféricos. O projeto Bicicleta Integrada, por exemplo, possui sete estações espalhadas por diferentes regiões da cidade de Fortaleza, com uma média de cinquenta bicicletas por estação.

A escolha de ampliar o sistema de bicicletas públicas para um distrito localizado nos extremos da cidade leva o operador e o patrocinador a pensar e buscar a equidade não somente em áreas vulneráveis, mas em toda a sua área de atuação, pois os desafios

---

7 Conforme indicado no Diagnóstico socioeconômico e de mobilidade.

e aprendizados ali experimentados poderão reverberar nas demais estações do sistema. No longo caminho da equidade, o Estação Bike se mostra um fundamental e sólido passo na direção certa.

Nessa perspectiva, foi fundamental ter um olhar atento para públicos que apresentam grande potencial de uso mas que, além da dificuldade de acesso ao sistema, possuem dificuldade de acesso à própria bicicleta. A vivência em campo nos revelou que este é o caso de mulheres principalmente acima dos 40 anos, que não sabem pedalar, muitas vezes são cadastradas no Bike Sampa para retirar bicicletas para seus filhos e netos, e têm seus deslocamentos cotidianos principalmente dentro do distrito, em curtas distâncias, que continuam fazendo a pé ou de transporte público. Assim, para se avançar na equidade de gênero, é crucial continuar investindo em ações que aproximem as mulheres da bicicleta e do sistema.

Por fim, quando trabalhamos com justiça social, precisamos ir além dos dados quantitativos e sermos capazes de mensurar os retornos reputacionais e as relações institucionais fortalecidas. Nesse sentido, aparições positivas na mídia, o *status* de *case* referência alçado tanto por ter sido selecionado para ser apresentado em evento internacional pela equidade na Bicicleta Compartilhada, quanto por ter sido selecionado para compor este livro, evidenciam potentes retornos difíceis de caber em planilhas. Em relação aos vínculos formados, termos conseguido contornar os altos índices iniciais de vandalismo e mau uso, além das relações construídas no território com diferentes atores locais, mostram que o projeto está no caminho certo.

A qualidade de piloto do projeto serviu para se extrair aprendizados e para aprimorar a metodologia a ser replicada em outros terminais urbanos periféricos da cidade de São Paulo, sendo fundamental notar que o projeto tem alta capacidade de replicabilidade em outras regiões vulneráveis da metrópole, podendo até mesmo ser adaptado e implantado em outras cidades do Brasil.

APRENDIZADOS

Em relação aos aprendizados, observou-se que, ainda que a estratégia de engajamento comunitário tenha sido adotada no início do projeto, as pesquisas realizadas (Diagnóstico socioeconômico e de mobilidade e Mapeamento e articulação territorial) poderiam ter sido feitas antes mesmo do início da operação, o que iria otimizar a aproximação e o engajamento com o público prioritário.

A parte de geração de relatórios estruturados passíveis de serem extraídos do sistema foi um grande desafio ao longo desses seis meses de projeto. Muito se evoluiu e, graças ao projeto piloto, já é possível extrair relatórios estruturados do sistema e, com isso, mensurar os efeitos das ações ao longo do tempo. Sabemos, todavia, que pesquisas mais aprofundadas serão necessárias, de forma complementar, para qualificar ainda mais os diagnósticos e para nortear estratégias.

A abordagem de engajamento comunitário também ajudou a indicar melhorias nos processos do Estação Bike 12 Horas e, agora, já estão integradas à operação. Para os próximos, devem ser implantadas desde o primeiro dia, relembrando quais foram: introdução de mecânica básica na Estação Bike 12 Horas; implementação de *checklist* para conferência de possíveis danos à bicicleta durante o uso; bloqueio de usuário por mau uso a partir do *checklist*; programa de incentivo ao bom usuário; e aumento no período de carência para retirada de uma bicicleta novamente, de 15 minutos para três horas.

Sobre o modelo de 12 horas, para a sua continuidade ser exitosa em atender aos trabalhadores em seus deslocamentos intermodais, é importante também refletir sobre a possibilidade de colocar uma trava acoplada à bicicleta, especialmente para o caso de pessoas que não têm condições de manter a bicicleta em ambiente seguro em sua residência.

Por fim, verificou-se que a atuação da operadora bem próxima ao projeto, estando , principalmente, a equipe local do Estação Bike 12 Horas bem articulada com os Embaixadores e inteirada da programação das atividades, foi uma evolução fundamental para o projeto, devendo esse entrosamento ser construído desde o início. Uma possibilidade alinhada às práticas sugeridas no *The Bikeshare Planning Guide* (ITDP, 2018) é que a equipe de Embaixadores e articuladores locais sejam parte integrante dos quadros de funcionários da própria operadora a partir de um processo de contratação de equipe local. É interessante que a Estação Bike 12 Horas seja efetivamente um ponto de referência e de informações sobre as atividades de engajamento. Soluções simples — como um painel sempre atualizado com comunicações e materiais de divulgação — já têm grande efeito.

REFERÊNCIAS BIBLIOGRÁFICAS

ASSOCIAÇÃO DOS CICLISTAS URBANOS DE SÃO PAULO (CICLOCIDADE). *Contagem de ciclistas realizada na avenida Metalúrgicos, em frente à praça Multiuso e ao terminal de ônibus*. Relatório, 23 jun. 2017. Disponível em: <https://ciclocidade.org.br/contagem>. Acesso em: jul. 2020.

COMPANHIA DO METROPOLITANO DE SÃO PAULO (METRÔ). *Pesquisa Origem e Destino da Região Metropolitana de São Paulo*. São Paulo: Metrô, 2017.

INDEGO. *Indego Ambassador Toolkit*. 2015. Disponível em: <http://betterbikeshare.org/wp-content/uploads/2015/05/IAG_Lowres_donotprint.pdf>. Acesso em: jul. 2020.

INSTITUTE FOR TRANSPORTATION AND DEVELOPMENT POLICY (ITDP). *The Bikeshare Planning Guide*. 2018. Disponível em: <bikeshare.itdp.org>. Acesso em: dez. 2019.

PREFEITURA DE SÃO PAULO. *Decreto n. 57.889, de 21 de setembro de 2017*. Dispõe sobre o compartilhamento de bicicletas em vias e logradouros públicos do Município de São Paulo. São Paulo, 2017.

PREFEITURA DE SÃO PAULO; BANCO INTERAMERICANO DE DESENVOLVIMENTO. *Igualdade racial em São Paulo: Avanços e desafios*. Secretaria Municipal de Promoção da Igualdade Racial: São Paulo, 2015. Disponível em: <https://ceapg.fgv.br/sites/ceapg.fgv.br/files/2017_sp_diverso_igualdade_racial_em_sao_paulo.pdf>. Acesso em: 26 out. 2020.

REDE NOSSA SÃO PAULO. *Mapa da Desigualdade*, 2017. Disponível em: <https://www.nossasaopaulo.org.br/portal/arquivos/mapa-da-desigualdade-2017.pdf.> Acesso em: 26 out. 2020.

SIQUEIRA, L. P. R. Proposta metodológica para a identificação de subcentros urbanos: estudo de caso na região metropolitana de São Paulo. *Economia Aplicada*, Ribeirão Preto, v. 18, n. 1, jan.-mar. 2014.

SISTEMA ESTADUAL DE ANÁLISE DE DADOS (SEADE). *SP Demográfico:* Resenhas Estatísticas Vitais do Estado de São Paulo. Fundação Sistema Estadual de Análise de Dados (Seade), São Paulo, ano 14, n. 1, jan. 2014. Disponível em: <https://www.seade.gov.br/produtos/midia/spdemografico/spdemog_jan2014.pdf>. Acesso em: 26 out. 2020.

TORRES-FREIRE, C.; CALLIL, V.; CASTELLO, G. *Impacto social do uso da bicicleta em São Paulo*. São Paulo: Cebrap, 2008, p. 37.

COLORINDO AS CIDADES COM NOVAS EXPERIÊNCIAS DE MOBILIDADE

Luiz Alves Engenheiro civil graduado pela Escola Politécnica da USP e mestre em Planejamento de Transporte pela Unicamp. Tem experiência em modelagem, microssimulação, planejamento de transportes e mobilidade urbana. É pesquisador na área de informações espaciais e micromobilidade.

Renata Greco Bacharel em Administração Pública pela FGV/EAESP, é analista em Relações Governamentais na Grow Mobility.

André Kwak Economista graduado pela USP e mestre em Administração Pública pela Sciences Po Paris e pela London School of Economics, cursa doutorado na FAU-USP. É consultor e pesquisador de políticas públicas na área de planejamento urbano e habitação social.

Manuela Colombo Coordenadora de Políticas Públicas no Sebrae-SP. Mestre em Políticas Públicas pela FGV-SP (2020). Master na Universidade de Berkeley, Califórnia, na área de Technology Law. Cofundadora do Conexão Cultural e consultora em engajamento comunitário e em coordenação de projetos, tem experiência em parcerias pela Prefeitura de São Paulo e na área de Comunidades LATAM pela Grow Mobility.

*Quem não se movimenta não sente
as correntes que o prendem.*
— Rosa Luxemburgo

O crescimento da população e a urbanização no Brasil ocorridas no século XX, acompanhadas da forte cultura do automóvel individual motorizado, trouxeram problemas para mobilidade, segurança e meio ambiente nas principais regiões metropolitanas do país. O culto ao carro está diretamente relacionado ao projeto de industrialização, resultado do pacto das elites brasileiras com as grandes multinacionais do automóvel que, apesar de gerar benefícios econômicos no contexto da época, proporcionou desastre ecológico e social às cidades (LUDD, 2005).

O conceito de cidades inteligentes e sustentáveis aponta para um futuro no qual a diversificação e a integração das opções de transporte são a chave para uma mobilidade urbana mais eficiente, além de promover qualidade de vida e menor poluição sonora e do ar. É neste contexto que as soluções de micromobilidade têm potencial para ajudar a transformar de forma positiva os deslocamentos nas grandes cidades.

A micromobilidade está relacionada a transportes de dimensões humanas — entre os quais se inclui a bicicleta — com baixa ou nula emissão de poluição, principalmente voltados para pequenos deslocamentos. Trata-se de um dos pilares do conceito de Mobilidade como Serviço (*Mobility as a Service* — MaaS), onde o transporte coletivo é fundamental nos grandes deslocamentos, a regulamentação define os direitos de todos os atores envolvidos e a micromobilidade — em especial os sistemas sem estações (*dockless*) — completa lacunas em locais não atendidos pelo transporte coletivo (GROW, 2019a).

É nesse cenário que as marcas Yellow e Grin oferecem opções de deslocamento limpas, práticas e acessíveis, que ajudam a população a enfrentar seus deslocamentos diários, em grande parte integradas às redes de transporte, ajudando a reduzir a dependência dos automóveis em nossa sociedade.

O IMPACTO DAS BICICLETAS *DOCKLESS* PARA A CIDADE

As bicicletas *dockless*, por um lado, vêm transformando as cidades em que estão presentes. Por outro, ainda são raras as pesquisas para compreender seu real impacto no contexto brasileiro. Por esse motivo, foi realizada uma pesquisa (GROW, 2019b), com os usuários dos equipamentos da marca Yellow entre março e abril de 2019 em São Paulo, apresentando informações inéditas.

No estudo realizado, foi possível identificar uma importante contribuição para a mobilidade feminina. Entre ciclistas registradas no serviço, 29% se identificam com o gênero feminino. Nessa direção, nossa pesquisa indica que a proporção encontrada entre as usuárias Yellow para a capital paulista é mais equilibrada do que a contagem feita pela Associação dos Ciclistas Urbanos de São Paulo (Ciclocidade) na avenida Faria Lima no final de 2018.

Em relação à idade dos usuários, cerca de 55% de ciclistas têm até 30 anos e mais de 70% têm entre 21 e 40 anos. Além disso, ao observar características socioeconômicas dessas pessoas, resulta que 52% dos ciclistas possuem uma renda familiar de até cinco salários mínimos, o que, quando convertido em classes sociais através da relação do Critério por Faixas de Salário Mínimo (IBGE), mesmo não havendo predominância expressiva, notam-se mais ciclistas das classes C e D, refletindo o potencial da bicicleta *dockless* na promoção da mobilidade também entre grupos de menor poder aquisitivo.

Quando perguntados sobre a característica das viagens, ou seja, qual o motivo da viagem, 42% indicaram que usam a bicicleta para trabalhar e 11% para ir à escola/faculdade. Estas proporções ficam ainda maiores se observados isoladamente os dados em dias úteis.

Em termos de integração modal, cerca de 57% das viagens de bicicleta integram com outros modos de transporte. Na relação com o transporte público, 30% destes ciclistas também viajaram de metrô, 16% de trem e 21% de ônibus. Esses números confirmam o conceito de primeira e última "milha" da micromobilidade no cotidiano da vida urbana.

Além disso, no tocante à migração de modal, 34% das viagens de bicicleta substituíram viagens de automóvel. Essas viagens representam um importante percentual na redução de congestionamentos e emissões de CO_2. Outro dado relevante foi o de que 10% das viagens de bicicleta foram criadas apenas pelo fato de haver o equipamento disponível.

Há um desafio dos centros urbanos em construir um sistema de mobilidade mais eficiente e ambientalmente saudável em que haja uma redução da dependência do uso do automóvel e que contribua para a melhoria da qualidade de vida dos cidadãos. Neste cenário, a empresa elabora relatórios semestrais onde compartilha informações com o poder público de modo a contribuir com políticas públicas baseadas em evidências.

Tal relatório apresenta análises gerais da operação, além de origens e destinos de viagens de bicicletas e patinetes. Assim, além de estreitar a relação com o poder público, conseguimos auxiliar a equipe técnica municipal no planejamento de transportes e estimular a criação de estruturas cicloviárias e áreas de *traffic-calming* (vias com permissão de velocidade até 40 km/h). Essas informações possibilitam o direcionamento dos investimentos públicos, otimizam os resultados e proporcionam eficiência às transformações urbanas.

As informações georreferenciadas dos sistemas *dockless* de micromobilidade também têm enorme potencial de auxiliar o planejamento cicloviário das cidades. Nas Figuras 1 e 2 é possível perceber o carregamento das viagens de bicicletas Yellow — em azul-claro — de uma sexta-feira típica de maio de 2019. Nota-se a altíssima capilaridade das viagens, atingindo praticamente todas as ruas da área de atuação. Em branco destacam-se as infraestruturas cicloviárias — ciclovias e ciclofaixas — contidas nessa área, parte do centro expandido da cidade de São Paulo.

A primeira grande informação desse mapeamento está na atração de viagens por parte das ciclovias e ciclofaixas. As principais "manchas" de viagens — produzidas pela acurácia dos equipamentos de GPS — coincidem com as ciclovias mais contínuas e conectadas da cidade.

Outra informação relevante são os principais pontos onde há fluxo e carência de infraestrutura. Avenidas como Santo Amaro, Ibirapuera,

Figuras 1 e 2: Viagens de uma sexta-feira típica de maio de 2019 e infraestruturas cicloviárias

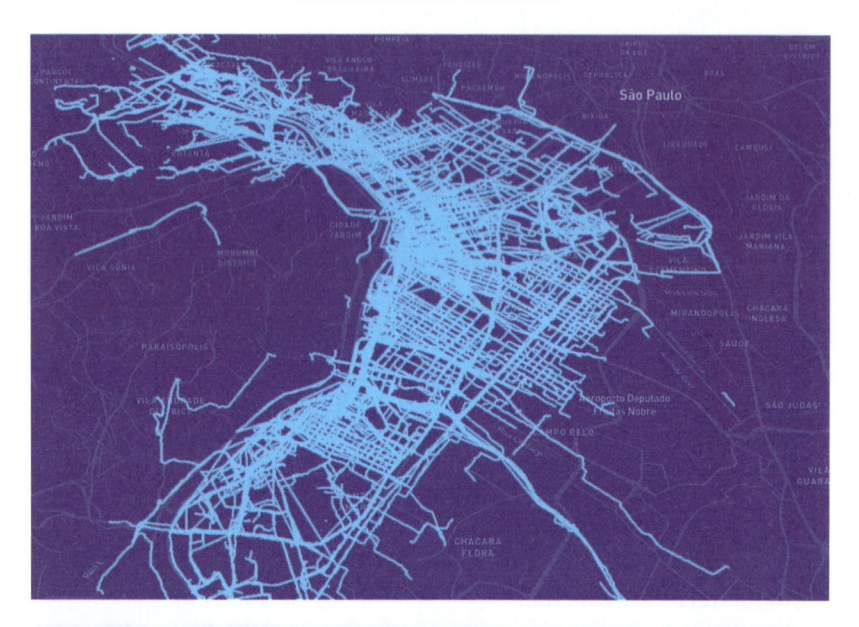

Fonte: Grow Mobility, GeoSampa.

Vereador José Diniz e Roque Petroni Júnior foram identificadas por um alto fluxo de viagens de bicicleta Yellow. Adicionando esse fluxo a outros serviços de micromobilidade e usuários com veículos próprios, pode tornar-se necessária a implantação de mais infraestruturas cicloviárias aos cidadãos.

A micromobilidade, como dito anteriormente, promove qualidade de vida e menor poluição no ambiente urbano. Um estudo avaliou pulmões de quatrocentos cadáveres para compreender o efeito da poluição (TAKANO, 2019). Em notícia publicada pela *Folha de S.Paulo* (2019), foi colocada em xeque a questão da poluição na capital. Cerca de 12% das internações por causas respiratórias em São Paulo são atribuídas aos poluentes, que também responderam por 4 mil mortes prematuras ao ano.

As operadoras de serviços de micromobilidade podem ajudar o poder público a construir uma cidade melhor para todos. Torna-se importante, então, explorar seus potenciais de desestímulo ao automóvel e de integração com o transporte público, e usar a informação gerada pelas operadoras para contribuir com evidências junto aos gestores e técnicos municipais.

AS VIAGENS DOS EQUIPAMENTOS DA GROW

Além da caracterização de usuários, das viagens e das parcerias entre as empresas operadoras e as prefeituras, é possível entender o impacto desses serviços no dia a dia das cidades através de comparativos com pesquisas públicas.

Para isso, optou-se por uma comparação com as viagens de bicicleta da Pesquisa de Origem e Destino (METRÔ, 2017), a mais completa e recente pesquisa domiciliar em áreas de operação Yellow e Grin. Vale lembrar que as operações de ambas as marcas começaram em agosto de 2018, ou seja, os dados de utilização tratam de viagens novas em relação à Pesquisa OD.

A análise comparativa utiliza dados de viagens de bicicletas do grupo Grow em agosto de 2019, quando já tinha havido a fusão dos aplicativos das marcas Yellow e Grin e, consequentemente, a operação já havia passado a ser realizada por equipe única. Além de serem serviços em expansão, trata-se de uma época com temperatura mais baixa em regiões tropicais, o que causa redução no número de viagens.

A Figura 3 apresenta os resultados comparativos de chegadas tanto de viagens, onde a bicicleta é o modo prioritário na Pesquisa OD, quanto onde ela é parte de composições multimodais.

Nota-se que há casos em que as viagens de serviços de micromobilidade *dockless* superam as viagens de bicicleta da pesquisa domiciliar, ou seja, essas novas opções de transporte mais do que dobram a quantidade de corridas nessas zonas. Em muitos casos, as viagens com veículos Yellow e Grin adicionam entre 25% e 100% do volume de chegadas pesquisadas pelo Metrô.

Para garantir maior confiabilidade, principalmente nas regiões com zonas com poucas respostas e altos fatores de expansão de viagens de bicicleta na pesquisa do Metrô, aplicou-se a mesma análise para as áreas dos distritos, conforme classificação apresentada nos microdados da Pesquisa OD. A Figura 4 apresenta as viagens de bicicletas e patinetes da Yellow e Grin com volumes adicionais de até 100% das viagens totais de bicicleta da pesquisa domiciliar, mesmo envolvendo áreas muito maiores, que vão além dos limites de atuação da empresa.

A micromobilidade *dockless* trouxe novas viagens à cidade de São Paulo e parte relevante delas, como apresentado anteriormente, é proveniente de viagens de automóvel. Houve também a "criação" de viagem, ou seja, a disponibilidade do veículo encorajou as pessoas a se deslocarem, indicando melhorias na mobilidade da população. Patinetes e bicicletas, além de desestimularem o uso do automóvel, tornaram mais fácil e prática a vida das pessoas.

Por fim, foram analisadas diferenças entre a utilização desses equipamentos e a Pesquisa OD ao longo do dia. A Figura 5 apresenta o perfil do horário das chegadas das horas-pico de 15 em 15 minutos ao longo do dia. No pico da manhã os usuários de bicicletas próprias tendem a usá-las para acessar o transporte público antes das 7h, enquanto os usuários de bicicletas e patinetes da Yellow e Grin tendem a fazer o último trecho da viagem próximo das 8h30.

Essa função de complementaridade das viagens é uma importante característica da micromobilidade, dando acesso a usuários ao seu destino final em circunstâncias nas quais o transporte coletivo não alcança, especialmente a depender do desenho urbano e características das vias (que, em muitos casos, configuram barreiras).

Mais uma vez, a micromobilidade se apresenta como importante no ecossistema urbano. As informações aqui apresentadas mostram que, mesmo em pouco tempo de implantação, bicicletas e patinetes

Figura 3: Viagens Yellow e Grin em relação às viagens de bicicleta por Zona OD

Fonte: Grow Mobility, Metrô.

Figura 4: Viagens Yellow e Grin em relação às viagens de bicicleta por Distrito OD

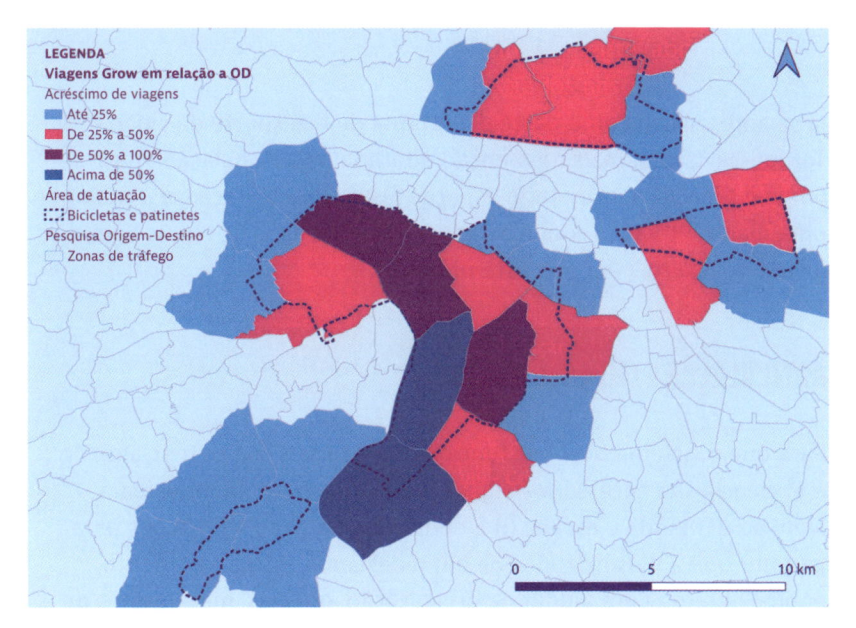

Fonte: Grow Mobility, Metrô.

Figura 5: Comparação de horas-pico entre entre Pesquisa OD e uso dos equipamentos Yellow e Grin

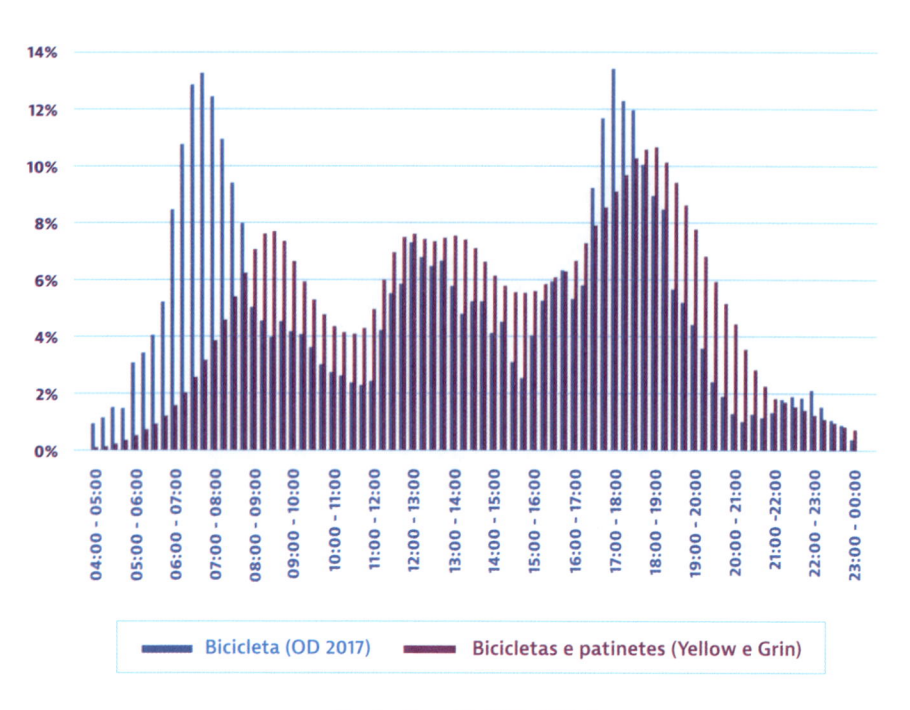

■ Bicicleta (OD 2017)   ■ Bicicletas e patinetes (Yellow e Grin)

Fonte: Grow Mobility, Metrô.

já se apresentam como parte do sistema de transporte da cidade. Tornou-se, então, mais uma opção adotada pela população, mais limpa e silenciosa, ocupando espaços justos de circulação, estimulando uma maior interação com a cidade e trazendo aspectos mais humanos à vida dos bairros em que está presente.

ARTICULAÇÃO E IMPACTO SOCIAL

Para que o sistema *dockless* funcione com toda a sua potencialidade e eficiência são necessários alguns elementos fundamentais para além da demanda e escala: (i) a densidade da frota e (ii) ações para garantir que a mesma funcione em rede, como rebalanceamento, equipe externa para ajudar na organização, oficinas, mecanismos de bonificação. Assim, delimitar uma área de atuação foi uma decisão necessária para garantir a eficiência da operação.

Dessa forma, antes mesmo do início da operação-piloto na cidade de São Paulo — primeiro local de implantação das bicicletas *dockless* no Brasil —, foi feito um mapeamento da região onde se pretendia atuar. A partir daí, a área inicial foi escolhida levando em consideração fatores como: alta densidade populacional, topografia oportuna e existência de infraestrutura cicloviária favorável.

Nesse mapeamento foram também identificadas algumas áreas mais sensíveis, nas quais reside uma população de baixa renda e alta vulnerabilidade social, tais como as comunidades São Remo, ao lado da Cidade Universitária, e a Vila Nova Jaguaré. Embora a atuação em áreas mais vulneráveis social e economicamente apresente inúmeros desafios, para que fosse possível incorporar tais áreas dentro do mapa de atuação, agregando assim uma perspectiva mais inclusiva ao serviço de bicicletas compartilhadas, foram planejadas ações em conjunto com atores das comunidades.

Entre as principais barreiras identificadas neste grupo de usuários está a forma de pagamento, em que muitos não dispõem de cartão de crédito para a aquisição do serviço na sua forma tradicional. Nesse contexto, foi disponibilizada a opção "pagar com dinheiro" no aplicativo, sendo então realizada a aquisição de créditos para uso das bicicletas em dinheiro, por meio de parceiros cadastrados para venda — como bancas de jornal, pequenos comércios etc. — espalhados por todas as áreas de atuação. Com isso, a experiência vem apresentando bons resultados não somente pela perspectiva de democratização do acesso às bicicletas, mas tem revelado também impactos positivos para estes pontos de venda parceiros, entre os quais é relatada uma melhora no fluxo de pessoas e consequentemente bons resultados para o negócio.

Partindo de uma visão das bicicletas compartilhadas como instrumento com potencial gerador de renda para estes grupos mais vulneráveis, a aproximação do serviço a estas comunidades também ocorreu por meio do recrutamento dos moradores para compor o quadro de funcionários da empresa envolvidos na operação. Assim, muitos atuam como guardiões, mecânicos e rebalanceadores do sistema, o que vem contribuindo ainda para o empoderamento desta população. O processo seletivo desses funcionários foi conduzido em parceria com o Instituto Aromeiazero, em que se buscou fomentar estratégias de engajamento comunitário e de ampliação do acesso à bicicleta não somente pelo seu uso para o deslocamento, mas também conformando vínculos relacionados à própria operação e conservação da bicicleta.

A experiência nas comunidades de São Paulo vem se tornando um referencial para a atuação da empresa em outras cidades, tendo na articulação com os grupos socialmente mais vulneráveis um meio de tornar a operação mais eficiente.

CONSIDERAÇÕES FINAIS

Os equipamentos de micromobilidade *dockless* modificam as formas de deslocamento em ambiente urbano, dando mais opções de acesso às pessoas. Mesmo apresentando alguns perfis predominantes entre usuários e usuárias, bicicletas e patinetes tornaram-se uma opção para todas as idades e classes sociais.

A enorme capilaridade apresentada evidencia o estratégico papel da micromobilidade no acesso ao interior dos bairros, confirmado pelo bom índice de integração com o transporte coletivo.

A desigualdade social na América Latina se reflete também nas condições de mobilidade. Poucas pessoas detêm múltiplas oportunidades de deslocamento práticas e rápidas, enquanto a maioria está condicionada a poucas opções de transporte e muitas horas perdidas apenas para ir e voltar de seus locais de trabalho e estudo. Oferecer novas opções, acessíveis física e financeiramente, é fundamental nesse contexto.

Por fim, os dados e análises aqui apresentados demonstram a importância de haver alternativas ao modelo carrocentrista que modificou as cidades latino-americanas no século XX. A micromobilidade concilia tecnologia, serviços limpos e eficientes de transporte, com engajamento comunitário que pode contribuir muito à sociedade, humanizando as cidades e tornando a vida mais fácil e divertida. E isso já é realidade.

REFERÊNCIAS BIBLIOGRÁFICAS

ASSOCIAÇÃO DOS CICLISTAS URBANOS DE SÃO PAULO (CICLOCIDADE). *Contagem de Ciclistas na Av. Faria Lima 2018. Relatório*. São Paulo: Ciclocidade, 6 dez. 2018. Disponível em: <https://www.ciclocidade.org.br/noti cias/1026-relato-rio-da-contagem-de-ciclistas-na-av-faria-lima-2018-dezembro-2018>. Acesso em: 30 set. 2019.

COMPANHIA DO METROPOLITANO DE SÃO PAULO (METRÔ). *Pesquisa Origem e Destino da Região Metropolitana de São Paulo*. Metrô, 2017.

COLUCCI, C. Em uma hora de trânsito em SP, população 'fuma' 5 cigarros, diz estudo. *Folha de S.Paulo*, 19 jun. 2019. Disponível em: <https://www1.folha.uol.com.br/equilibrioesaude/2019/06/em-uma-hora-de-transito-em-sp-populacao-fuma-5-cigarros-diz-estudo.shtml>. Acesso em: 30 set. 2019.

GROW MOBILITY INC. *A importância da micromobilidade na vida das cidades, 2019a.* Disponível em: <https://blog.grow.mobi/a-import-ncia-da-micromobilidade-na-vida-das-cidades/>. Acesso em: 30 set. 2019.

GROW MOBILITY INC. Pesquisa de perfil dos usuários de patinetes e bicicleta Yellow em São Paulo. *Medium*, 4 jul. 2019b. Disponível em: <https://medium.com/@growmobility/pesquisa-de-perfil-dos-usuários-de-patinetes-e-bicicleta-yellow-em-são-paulo-55728861ac57>. Acesso em: 30 set. 2019.

LUDD, N. (org.) *Apocalipse motorizado:* a tirania do automóvel em um planeta poluído. São Paulo: Conrad, 2005.

TAKANO, A. P. C. et al. Pleural anthracosis as an indicator of lifetime exposure to urban air pollution: An autopsy-based study in Sao Paulo. *Environmental Research*, v. 173, p. 23-32, 2019.

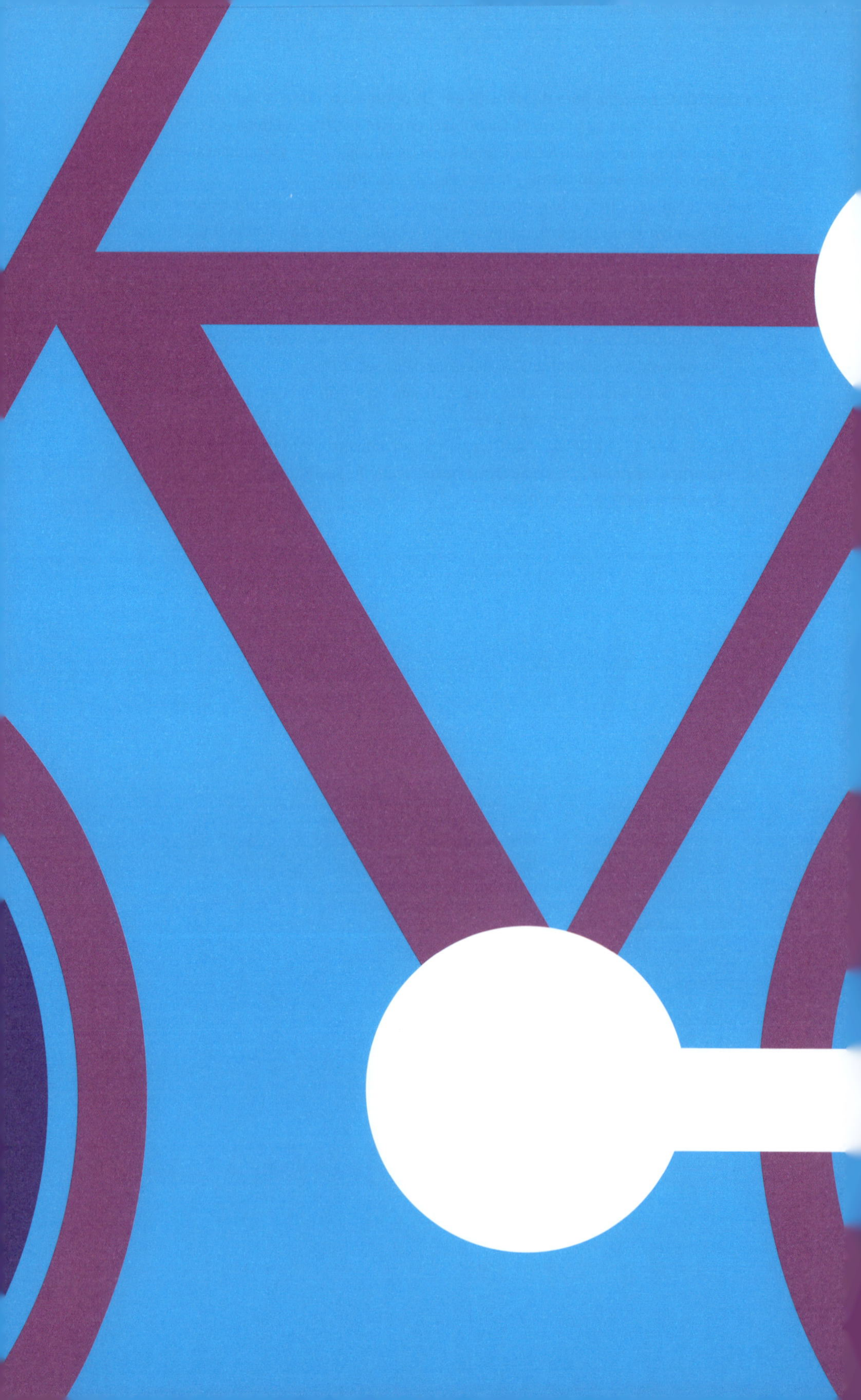

POLÍTICAS PÚBLICAS E GESTÃO DE MOBILIDADE COMPARTILHADA

3

COMO VIABILIZAR O SISTEMA DE BICICLETAS COMPARTILHADAS: ESTUDOS E TENDÊNCIAS

Aris Moro Gerente de conhecimento e parcerias do C40 Cities Finance Facility. Nesse cargo, é responsável por divulgar todo o conhecimento gerado em projetos apoiados pela CFF, como infraestrutura de ciclismo em Bogotá, Colômbia, e Tsuane, África do Sul, e projetos de bicicletas públicas compartilhadas em quatro cidades colombianas.

Por mais de uma década, os sistemas de bicicletas compartilhadas (SBC) têm desempenhado um papel-chave na promoção do ciclismo como meio de transporte nas cidades. A sua importância tem aumentado ainda mais com a emergência dos sistemas *dockless* desde 2015. Existem milhares de sistemas operando mundo afora, particularmente em cidades da Europa, Ásia e América do Norte. No entanto, a implementação desse sistema não se trata simplesmente de replicar um modelo que tenha funcionado "bem" em determinada cidade acreditando-se que ele funcionará de maneira plena, nas mesmas condições de origem na cidade de destino.

Nesse sentido, o SBC precisa ser visto como parte da infraestrutura de transporte como um todo, a exemplo das ruas, ônibus, metrô, ciclovias, calçadas etc. e, portanto, adaptado a contextos que considerem:

» a viabilidade das leis e regulamentações locais de forma a conciliá-los ao planejamento e à operação exigíveis de um SBC;
» a integração do sistema com redes de transporte público com o objetivo de potencializar *hubs* de mobilidade e promover um alcance gradativamente mais amplo de conexão com postos de trabalho e residências;
» a relação do potencial do ciclismo como meio de transporte e quaisquer objetivos relevantes de sustentabilidade ou desenvolvimento que permeiem o planejamento estratégico das cidades (MOON-MIKLAUCIC et al., 2018).

Já existem vários guias de planejamento para que as cidades compreendam as opções técnicas, legais, operacionais, comerciais e financeiras que sustentam um SBC (ITDP, 2013 e 2018; MONTEZUMA, 2015). Uma análise inicial deve ajudar as cidades para que respondam às seguintes questões:

» O que um SBC pode fazer por nós?
» Estamos prontos para implementar um SBC?
» Um SBC é a melhor opção para nós?

Somente quando essas perguntas puderem ser respondidas satisfatoriamente será quando a cidade deverá discutir como criar o melhor sistema possível. Essa análise técnica e operacional não deve ser pautada pelas opções de financiamento disponíveis (ou, mesmo, basear-se numa modalidade preferida de financiamento). Em outras palavras, a decisão de recorrer ao financiamento público ou ao setor privado deve ser tomada com base no que é melhor para o sistema, e somente após a identificação das especificações técnicas que o sistema exige.

Quadro 1: Captação de recursos e financiamento[1]

CAPTAÇÃO DE RECURSOS	Processo pelo qual governos (ou empresas privadas) levantam capital para cobrir os custos iniciais da construção da referida infraestrutura. Exemplos: receitas municipais, títulos, transferências intergovernamentais, setor privado.
FINANCIAMENTO	Processo pelo qual contribuintes, consumidores ou outros sustentam, em última instância, a infraestrutura, incluindo o reembolso do financiamento de qualquer fonte que os governos (ou proprietários privados) escolherem. Exemplos: impostos, receitas municipais, taxas de usuários e patrocínios.

Fonte: CFF, 2017.

A captação de recursos e o financiamento para um SBC dependerão do tipo de estrutura operacional que a cidade escolher. Em todos os casos, o grau de envolvimento por sua vez, dependerá da tecnologia

---

[1] NT: o texto original indicava a diferença entre *financing* e *funding*, respectivamente.

selecionada e do papel do setor privado na operação do sistema. Em termos gerais, o SBC pode ser dividido em três tipos, com base em quem possui os "ativos" e quem fornece o serviço (ITDP, 2018):

> » **TIPO 1** – Propriedade e operação públicas: um órgão público possui as bicicletas, estações, *software* etc. e fornece diretamente o serviço.
> » **TIPO 2** – Propriedade pública e operação privada: um órgão público dispõe de bicicletas, estações, *software*, mas quem opera o serviço é uma entidade privada.
> » **TIPO 3** – Propriedade e operação privadas: instituições privadas detêm as bicicletas, as estações, o *software* e também prestam o serviço, de acordo com os regulamentos locais.

Na década de 2010, as cidades da América Latina experimentaram todos os três tipos de estrutura operacional. O Ecobici, de Buenos Aires, foi administrado inicialmente pela prefeitura, juntamente com a Serttel (BRÚA e IRADE, 2013); a partir de 2019, um novo operador assumiu a região: a Tembici. Na Cidade do México, o sistema Ecobici (diferente do de Buenos Aires, apesar do nome idêntico) é operado pela empresa de publicidade Clear Channel, que também administra vários sistemas na Europa (DELGADO, 2017). No entanto, nos últimos anos, com o surgimento de empresas privadas administrando sistemas *dockless* e o fortalecimento de grandes operadoras, observa-se uma tendência à adoção de modelos gerenciados exclusivamente pelo setor privado e que, portanto, não dependem de financiamento público ou de subsídios do gênero. Portanto, isso denota um aspecto cada vez mais comum associado às mudanças globais no setor de bicicletas compartilhadas.

COMO CAPTAR RECURSOS PARA UM SISTEMA DE BICICLETAS PÚBLICAS COMPARTILHADAS

Um SBC inclui um pacote de ativos: bicicletas, estações (se necessário), veículos para rebalancear a oferta, algum *software* necessário para operar as estações, aplicativos de celular, um centro de controle etc. Em comparação a outras formas de transporte, os SBC requerem um reduzido investimento inicial de capital (MOON-MIKLAUCIC et al., 2018): o investimento inicial para um sistema tradicional é estimado entre 900 e 3.500 dólares por bicicleta (ITDP, 2018). Já os sistemas *dockless*, que não dependem de estações fixas, têm custos mais baixos (PAL e ZHANG, 2015).

O investimento relativamente baixo para viabilizar a implementação de um SBC torna improvável que as cidades precisem solicitar financiamento externo, modalidade geralmente adotada para projetos maiores. Esse fato também torna desnecessário que as cidades contraiam dívidas para estabelecer um SBC. Existem poucos exemplos de financiamento externo para o sistema. Buenos Aires, por exemplo, recebeu um empréstimo de 50 milhões de dólares da International Finance Corporation em 2017 para financiar o desenvolvimento de um Bus Rapid Transit (BRT) — sistema de ônibus que circulam em corredores exclusivos —, incluindo novas ciclovias e estações de bicicletas compartilhadas ao longo da rota (IFC, 2017). Já o Banco Asiático de Desenvolvimento financiou um SBC em três cidades do Sudeste Asiático, em 2012, mediante doação de 2 milhões de dólares do Governo do Japão (ADB, 2012). Além disso, o investimento privado de desenvolvedores ou universidades também é uma opção para financiar a expansão de sistemas consolidados (ITDP, 2013).

O exemplo mais bem documentado de SBC financiado através do acesso ao mercado de capitais é o do CitiBike, em Nova York. Esse sistema foi fundado com a intenção explícita de não exigir financiamento ou subsídios públicos (ITDP, 2013). O CitiBike é de propriedade privada da Lyft Inc. e é operado pela empresa subsidiária Motivate. A operadora recebeu um empréstimo de 42 milhões de dólares do Urban Investments Group da Goldman Sachs, em 2012, para cobrir os custos iniciais de implantação do sistema. Em 2014, para duplicar o tamanho da sua operação, a Motivate captou 30 milhões de dólares em ações de seus então proprietários, Bikeshare Holdings LLC, e um empréstimo adicional de 15 milhões de dólares da Goldman Sachs (NYC DOT, 2014). Em particular, um investimento de 5 milhões de dólares do The Partnership Fund para a cidade de Nova York serviu para financiar a expansão do sistema em comunidades de baixa renda (NYC DOT, 2014). Uma injeção adicional de capital ocorreu em novembro de 2018 quando a Lyft concluiu a aquisição da Motivate, investindo 100 milhões de dólares no CitiBike por cinco anos para "dobrar a abrangência territorial do serviço atual e mais que triplicar seu número de bicicletas para quase 40.000" (CITIBIKE, 2018).

No entanto, esse exemplo não reflete como a maioria dos SBC foi financiada, mas sim a riqueza, o poder do capital financeiro e o prestígio do sistema na cidade de Nova York. Isso porque nenhum outro SBC chegou perto de levantar uma quantidade semelhante de capital por meio de contração de dívida e patrimônio, embora alguns outros sistemas, como o de St. Louis, em Missouri, nos Estados Unidos, também tenham seguido o princípio de financiamento exclusivamente privado (ITDP, 2018).

Em geral, os SBC são financiados diretamente pelas verbas municipais e fontes relacionadas:

» O estabelecimento e a expansão do SBC de Londres, agora chamado de Santander Cycles, foi financiado pela Transport for London (TfL), a agência de transporte da cidade. As estimativas públicas disponíveis para cobrir os custos iniciais variaram de 140 milhões de libras nos primeiros seis anos a um total de 195 milhões de libras entre 2011 e 2018 (QUILTY-HARPER e PAYNE, 2011; PONSFORD e ZOGBESSOU, 2018).

» Paris, Milão e outras cidades terceirizaram a operação de seus SBC através de agências de publicidade. Tecnicamente, esquemas como esses não implicam subsídio público, embora contribuam para que as cidades renunciem a possíveis receitas com publicidade (entregues às agências como contrapartida) e que, dependendo do caso, podem ser maiores do que o valor do contrato em si do SBC. As estimativas para Paris sugerem que a agência de publicidade responsável pelo SBC da capital francesa lucrava até 60 milhões de euros (ITDP, 2018).

» O sistema Divvy, de Chicago, foi inicialmente financiado mediante doações do governo federal dos EUA e de recursos arrecadados com um programa específico de elevação de impostos na cidade: Tax Increment Financing Programme (GREENFIELD, 2014).

Por sua vez, as cidades da América Latina seguem uma variedade de modelos de financiamento. Inicialmente, Buenos Aires exercia função dupla ao possuir e operar seu Ecobici, oferecendo serviço subsidiado e gratuito a todos os usuários. Na Cidade do México, embora a prefeitura seja detentora dos "ativos" da Ecobici, o sistema é operado pela Clear Channel. Outros tipos de financiamento, como o Bike Rio, no Rio de Janeiro, são administrados inteiramente por empresas privadas a partir de contratos de concessão.

Ainda na América Latina, em particular, o setor de bicicletas compartilhadas mudou nos últimos anos devido ao crescimento exponencial da Tembici e ao surgimento de empresas privadas que operam sistema *dockless*. Fundada em 2010 no Brasil, a Tembici, em 2017, expandiu sua atuação no Recife, em São Paulo e no Rio de Janeiro, passando a operar em dez cidades brasileiras. A partir de 2019, incorporou cidades como Buenos Aires e Santiago do Chile ao seu portfólio internacional (RIVAS, 2018; SERRANO, 2018). O modelo de negócios da Tembici varia de acordo com a cidade; em praças como Recife, Rio de Janeiro, São Paulo, Porto Alegre, Salvador e Santiago, o sistema funciona em parceria com o Banco Itaú, detentor dos ativos.

Já as empresas privadas operadoras de sistema *dockless* atuam na Cidade do México — Mobike, Vbike, Dezba (MOON-MIKLAUCIC et al., 2018) —, em São Paulo — Yellow —, entre outras (CLARK, 2018), cujo mercado tem crescido gradativamente. Essas empresas são financiadas principalmente pelo capital de risco, no entanto informações sobre como esses sistemas se sustentam financeiramente ainda são muito limitadas.

COMO FINANCIAR OS SISTEMAS DE BICICLETAS COMPARTILHADAS

Os SBC podem ter custos operacionais significativos. O principal custo incorrido refere-se ao processo de rebalanceamento de bicicletas no sistema, mas outros incluem custos de pessoal, manutenção, marketing e administração (ITDP, 2018). Se o SBC for financiado por meio de um empréstimo, o pagamento da dívida também poderá constituir um custo operacional significativo.

O financiamento para um SBC pode surgir de fontes variadas (Tabela 1). Contudo, estudos sugerem que essas fontes não costumam ser suficientes para sustentar todo o sistema (MONTEZUMA, 2015; ITDP, 2018). As tarifas cobradas aos usuários, tanto para viagens individuais quanto através de planos promocionais, constituem a maior parte das receitas, mas raramente são adequadas para cobrir todos os custos de operação e manutenção. Alguns sistemas chegam perto desse ideal, entretanto: em Washington (DC), nos EUA, 97% dos custos da Capital Bikeshare são cobertos pelas receitas geradas pelas tarifas cobradas aos usuários, enquanto as mesmas representam 80% dos custos do sistema Divvy de Chicago (ITDP, 2018). Os 20% restantes são preenchidos por receitas oriundas de patrocínios, publicidade, taxas, impostos, subsídios e permissões.

Tabela 1: Principais fontes de financiamento para os SBC

PRINCIPAIS FONTES DE FINANCIAMENTO	EXEMPLOS
Tarifas cobradas aos usuários	O Capital Bikeshare, de Washington (DC), recupera quase todos os seus custos operacionais através das tarifas cobradas aos usuários. O Santander Cycles de Londres oferece planos diários e anuais, planos corporativos, entre outros tipos de associações.
Direitos de nome	O sistema de Londres recebeu o nome inicial de Barclays Bank, mas desde 2015 passou a ser patrocinado pelo Santander, ganhando o nome de Santander Cycles, por 6,25 milhões de libras. Os direitos de nomeação do Bicing de Barcelona foram vendidos à Vodafone por 1,2 milhão de euros por ano (AJUNTAMENT DE BARCELONA, 2014).
Espaço de publicidade	O Divvy de Chicago é patrocinado pela Blue Cross Blue Shield (provedora de planos de saúde), cujo logotipo aparece estampado nos veículos do sistema (CITY OF CHICAGO, 2014). A cidade também atrai mais patrocinadores ao destinar espaço de publicidade nas estações (GREENFIELD, 2013).
Taxas de estacionamento	Parte da receita para a operação do sistema Bicing de Barcelona vem das taxas cobradas pelo estacionamento de carros nas ruas (ITDP, 2013).
Impostos	O EnCicla, de Medellín, é financiado por meio de impostos ambientais (SOTO, 2019).
Subsídios	Os sistemas de Buenos Aires e o de Medellín são gratuitos para os usuários. O custo de cada viagem é subsidiado pelas respectivas prefeituras.
Permissões	Empresas privadas que oferecem o sistema *dockless* recebem a permissão para operar após a compra de uma licença cujo valor é calculado de acordo com o número de bicicletas oferecido. O pagamento por essas licenças, em geral, é capaz de cobrir alguns dos custos operacionais da cidade, principalmente os administrativos.

Fonte: Adaptado de Moon-Miklaucic et al. (2018).

Os casos de Nova York e Londres mostram como as cidades podem maximizar as possibilidades de financiamento disponíveis para viabilizar a operação de seus sistemas. Na cidade de Nova York, o empréstimo inicial do Goldman Sachs foi concedido independentemente dos acordos de publicidade e das taxas de utilização. O Citibank entrou com 41 milhões de dólares para deter os direitos de explorar os espaços de publicidade do sistema pelos cinco anos iniciais, estendendo-se a um valor de 70,5 milhões de dólares para deter esse direito até 2024 (FLEGENHEIMER, 2012; NYC DOT, 2014). A decisão do CitiBank de adquirir os direitos de nome foi baseada na associação positiva da marca à primeira nova rede de transporte de Nova York em cem anos, bem como em seu potencial publicitário. Pesquisas internas do Citibank sugeriram que o índice de aceitação do banco triplicou como resultado desse investimento (ESSEX, 2017).

O caso de Londres mostra que os custos para operar um SBC não são fixos. O subsídio geral foi reduzido em dois terços entre 2014/15 e 2017/18 (Tabela 2), resultado de uma estratégia de expansão mais lenta e, portanto, com custos reduzidos de planejamento e instalação de novas estações. As fontes de financiamento também aumentaram a partir disso: o contrato da TfL com o Santander Cycles inclui, além de 6,25 milhões de libras por ano pelos direitos de utilização do nome, um "fundo de ativação" de 1 milhão de libras por ano, com ofertas, atividades e outros programas (TfL, 2015). Foram realizadas mais de 10 milhões de viagens em 2018, estabelecendo recordes anuais em cinco a cada 11 meses de atuação (TfL, 2018a).

Tabela 2: Subsídios de financiamento oferecidos pela Transport for London por ano (em milhões de £)

ANO	2010/11	2011/12	2012/13	2013/14	2014/15	2015/16	2016/17	2017/18
VALOR	7,10	9,23	11,08	10,78	11,46	10,16	3,62	3,75

Fonte: TfL (2017 e 2018b).

A Tabela 1 e os exemplos fornecidos demonstram como existem várias maneiras de as cidades construírem um modelo de negócios financeiramente sustentável para o SBC. A opção por uma ou outra entre as várias fontes de receita deve basear-se em uma análise técnica e operacional que considere as múltiplas opções. Essa decisão também deve garantir que o modelo seja construído com uma compreensão clara do que um SBC pode fazer pela cidade e com uma avaliação realista em que prefeituras se perguntam se a cidade está realmente pronta para implementar um SBC.

O QUE ISSO SIGNIFICA PARA A AMÉRICA LATINA

Os exemplos anteriores oferecem um breve panorama das alternativas de captação de recursos e de financiamento necessárias para o estabelecimento de um SBC em qualquer cidade. A América Latina já possui vasta experiência em como criar um esquema financeiramente sustentável e bem-sucedido de sistemas de bicicletas compartilhadas. Apesar de alguns contratempos, o setor registrou crescimento significativo nos últimos anos.

No entanto, os guias de planejamento existentes para as cidades e os exemplos já listados não deixam claro como estes se aplicam a cidades menores que, porventura, estejam cogitando implantar sistemas em seus domínios. Dado o ritmo acelerado das mudanças e a expectativa de que a maior parte do crescimento do número de SBC provavelmente ocorra em pequenas e médias cidades latino-americanas, estas precisam considerar as questões básicas subjacentes a qualquer SBC, listadas na página 172.

Somente após a determinação de respostas para essas perguntas é quando as cidades deverão desenvolver um modelo de negócios que possa maximizar os benefícios de um SBC. O processo de planejamento necessário para estabelecer um sistema bem-sucedido deve manter todas as opções relevantes de captação de recursos e financiamento disponíveis, ao invés de impedir subsídios públicos ou descartar um sistema de permissão para empresas privadas que operam sistemas *dockless*.

Mesmo quando essas respostas são determinadas e, decorrentemente, uma decisão de prosseguir com um sistema específico é tomada, é preciso considerar o surgimento de uma quarta geração de SBC, que, por sua vez, implica novas perguntas e estratégias. Essa geração é caracterizada por bicicletas *dockless* e bicicleta elétricas, conferindo maior agilidade à implantação dos sistemas e tornando obsoletos certos elementos, como estações e modelos de propriedade de ativos mistos. Porém, algumas cidades que adotaram esse modelo tiveram resultados desastrosos. Manchester, por exemplo, passou de primeira cidade europeia a conceder permissão para a Mobike operar um sistema desse tipo, a constantes manchetes negativas, depois que a empresa suspendeu o serviço devido a recorrentes episódios de roubo e vandalismo (PIDD, 2018).

Modelos híbridos também surgiram nesse ínterim. A NextBike opera bicicletas *dockless* desde 2005 em Leipzig, na Alemanha, sem subsídios públicos. Multas são aplicadas aos usuários caso deixem as bicicletas afastadas das áreas de abrangência, onde existem estações flexíveis localizadas perto de *hubs* de transporte público (SCHLEBUSCH, 2017). O NiceRide, que opera em Minneapolis e St. Paul, no estado de Minnesota (EUA), segue um modelo híbrido semelhante ao de Leipzig (SMALL, 2018).

A maioria das experiências em todo o mundo com o SBC depende de estações fixas — isto é, do modelo tradicional. No entanto, esses sistemas são mais caros de se criar e requerem um subsídio público para cobrir os (altos) custos operacionais. Esses subsídios podem ser regressivos, a depender do perfil médio de uso, influenciado pela localização das próprias bicicletas (MCNEIL et al., 2017). O custo dos subsídios em relação a outras opções para promover o ciclismo (por exemplo, ciclovias, programas educacionais, eventos recreativos) deve ser avaliado e, assim, decidido se subsidiar um SBC seria, de fato, o melhor investimento que uma cidade pode realizar dentro de uma variedade de opções. Os subsídios podem se tornar mais difíceis de justificar diante da concorrência de novos atores privados que (tecnicamente) não cobram dinheiro dos contribuintes. Além disso, eles podem ser insuficientes para cobrir o custo mais alto de novas tecnologias, como o das bicicletas elétricas.

Por fim, as cidades da América Latina podem aproveitar programas nacionais para desenvolver o SBC. O Acordo de Paris estimulou inovações na forma como diferentes países planejam implementar seus compromissos com as mudanças climáticas. Por exemplo, a Colômbia foi pioneira na chamada Ação Nacional de Mitigação para Transporte Ativo e Gerenciamento de Demanda (NAMA TAnDem). Esse programa inclui nove medidas, uma das quais promove o estabelecimento de sistemas públicos de bicicleta de acordo com os planos urbanos de mobilidade sustentável das cidades e com base em um design cuidadoso (CAPONE e CALDERÓN, 2017). O C40 Cities Finance Facility (CFF) apoiará as cidades de Bogotá, Cali, Montería e Bucaramanga no estabelecimento de sistemas compartilhados de bicicletas (CFF, 2018). O agrupamento desses projetos dentro do compromisso do Nama e da Colômbia com o Acordo de Paris foi criado para gerar oportunidades de assistência técnica e financiamento a esses sistemas.

CONSIDERAÇÕES FINAIS

As cidades da América Latina que visam promover a mobilidade sustentável e o ciclismo, em particular, devem considerar fundamentalmente o estabelecimento de sistemas de bicicletas compartilhadas. O SBC pode ser um elemento importante da infraestrutura de transporte de uma cidade e é relativamente barato de implementar. Há uma infinidade de opções de captação de recursos e financiamento disponíveis. Não é necessário recorrer a investimentos ou subsídios públicos, pois as empresas do setor privado podem cobrir os custos de capital e operacionais de um SBC.

Os modelos de negócios precisam, no entanto, basear-se em uma consideração cuidadosa do que um SBC pode fazer por uma cidade e, também, avaliar se a cidade tem capacidade para planejar e gerenciar esse sistema. O setor de bicicletas compartilhadas sofreu mudanças drásticas nos últimos anos e não estão claros quais exemplos e experiências passadas são relevantes o suficiente para orientar tomadas de decisão. Também não está claro como os sistemas se aplicam a cidades pequenas e médias. O teste de sistemas de permissão para empresas *dockless* e o surgimento de novos modelos híbridos, juntamente com os esforços nacionais para promover o estabelecimento do SBC, prometem impulsionar o crescimento do setor e a inovação em torno de captação de recursos e financiamento daqui para frente.

REFERÊNCIAS BIBLIOGRÁFICAS

AJUNTAMENT DE BARCELONA. Vodafone es converteix en patrocinador exclusiu del Bicing (vídeo). Youtube, 21 mar. 2014. Disponível em: <https://ajuntament.barcelona.cat/guardiaurbana/ca/noticia/vodafone-es-converteix-en-patrocinador-exclusiu-del-bicing_24551>. Acesso em: 31 jan. 2019.

ALLOWAY, T. Goldman loans $41m to NY cycle project. *Financial Times*, 16 dez. 2012. Disponível em: <https://www.ft.com/content/683691cc-fce1-11e1-9dd2-00144feabdc0>. Acesso em: 30 jan. 2019.

ASIAN DEVELOPMENT BANK (ADB). ADB launches bicycle-sharing schemes in three Asian cities. *Asian Development Bank*, 6 nov. 2012. Disponível em: <https://www.adb.org/news/adb-launches-bicycle-sharing-schemes-three-asian-cities>. Acesso em: 30 jan. 2019.

BANCA DE DESARROLLO TERRITORIAL (FINDETER). *NAMA TAnDem*: Nama de Transporte Activo y Gestión de la Demanda. Findeter, 2017. Disponível em: <https://www.changing-transport.org/wp-content/uploads/2017_NAMA_TAnDem_Colombia.pdf>. Acesso em: 30 jan. 2019.

BRÚA, A. B.; IRADE, E. N. *La bicicleta en la ciudad: Un análisis de cómo la Ciudad de Buenos Aires se adapta al cambio a nivel global en materia de transportes*. Trabajo de investigación final — Facultad de Administración y Negocios, Universidad Argentina de la Empresa, Buenos Aires, 2013. Disponível em: <https://repositorio.uade.edu.ar/xmlui/bitstream/handle/123456789/3924/Brua.pdf?sequence=1&isAllowed=y>. Acesso em: 30 jan. 2019.

C40 CITIES FINANCE FACILITY. *Explainer: How to finance urban infrastructure*. Report, set. 2017. Disponível em: <https://www.c40cff.org/knowledge-library/explainer-how-to-finance-urban-infrastructure>. Acesso em: 27 out. 2020.

C40 CITIES FINANCE FACILITY. New sustainable infrastructure coming to 9 cities. *C40*, 28 nov. 2018. Disponível em: <https://www.c40cff.org/knowledge-library/explainer-how-to-finance-urban-infrastructure>. Acesso em: 27 out. 2020. Disponível em: <https://c40cff.org/news-and-events/new-sustainable-infrastructure-coming-to-9-cities-as-c40-cities-finance-facility-announces-support-for-transformational-projects>. Acesso em: 30 jan. 2019.

CITI BIKE. Citi Bike is going to dramatically expand! *Citibike*, s/d. Disponível em: <https://www.citibikenyc.com/blog/citi-bike-is-going-to-dramatically-expand>. Acesso em: 30 jan. 2019.

CITY OF CHICAGO. *Mayor Emanuel, Blue Cross and Blue Shield of Illinois announce partnership to support Divvy bike share system*. Release, 1 maio 2014. Disponível em: <https://www.chicago.gov/content/dam/city/depts/mayor/Press%20Room/Press%20Releases/2014/May/05.01.14Divvy.pdf>. Acesso em: 30 jan. 2019.

CLARK, K. Brazilian startup Yellow raises $63m – the largest Series A ever for a Latin American startup. *TechCrunch.com*, 13 set. 2018. Disponível em: <https://techcrunch.com/2018/09/13/brazilian-startup-yellow-raises-63m-the-largest-series-a-ever-for-a-latin-american-startup/>. Acesso em: 30 jan. 2019.

DELGADO, M. D. *Lessons from Ecobici for the implementation of public bicycle systems in Mexico*. Cidade do México: Friedrich-Ebert-Stiftung, 2017.

ESSEX, A. How Citi Bike started a transportation – and advertising – revolution. *Fast Company*, 13 jun. 2017. Disponível em: <https://www.fastcompany.com/40428988/how-citi-bike-started-a-transportation-and-advertising-revolution>. Acesso em: 31 jan. 2019.

FLEGENHEIMER, M. Citibank pays to put name on sahred bikes. *The New York Times*, 7 maio 2012. Disponível em: <https://www.nytimes.com/2012/05/08/nyregion/new-york-cycle-sharing-gets-a-name-citi-bike.html>. Acesso em: 31 jan. 2019.

GREENFIELD, J. Chicago gets ready to 'Divvy' up the rewards of large-scale bike-share. *Street Blog Chicago*, 25 abr. 2013. Disponível em: <https://chi.streetsblog.org/2013/04/25/chicago-gets-ready-to-divvy-up-the-rewards-of-large-scale-bike-share/>. Acesso em: 31 jan. 2019.

_____. The $12.5 million Blue Cross/Divvy deal is good news for cyclists. *Street Blog Chicago*, 1 maio 2014. Disponível em: <https://chi.streetsblog.org/2014/05/01/blue-cross-12-5-million-divvy-deal-is-good-news-for-cyclists/>. Acesso em: 31 jan. 2019.

INTERNATIONAL FINANCE CORPORATION (IFC). *IFC supports urban transit solutions for Buenos Aires with financing and expertise*. Washington, DC, 6 jun. 2017. Disponível em: <https://ifcextapps.ifc.org/IFCExt/pressroom/IFCPressRoom.nsf/0/BD615CFCA530E8E7852581370058395F>. Acesso em: 31 jan. 2019.

INSTITUTE FOR TRANSPORTATION AND DEVELOPMENT POLICY (ITDP). *The Bikeshare Planning Guide*, 2018. Disponível em: <bikeshare.itdp.org>. Acesso em: dez. 2019.

MCNEIL, N. et al. Breaking barriers to bike share: Insights from residents of traditionally underserved neighborhoods. *Transportation Research and Education Center*, Portland State University, jun. 2017.

MONTEZUMA, R. *Sistemas públicos de bicicletas para América Latina. Guía práctica para implementación*. Bogotá: CAF, Fundación Ciudad Humana, 2015.

MOON-MIKLAUCIC, C. et al. *The Evolution of Bike Sharing: 10 Questions on the Emergence of New Technologies, Opportunities, and Risks*. Working Paper. Washington, DC: World Resources Institute, 2018.

NEW YORK CITY DEPARTMENT OF TRANSPORTATION (NYC DOT). *NYC DOT, Alta and Citi announce agreement to expand and enhance Citi Bike program in New York City*, 28 out. 2014. Disponível em: <http://www.nyc.gov/html/dot/html/pr2014/pr14-087.shtml>. Acesso em: 31 jan. 2019.

PAL, A.; ZHANG, Y. Free-Floating Bike Sharing: Solving Real-Life Large-Scale Static Rebalancing Problems. *Transportation Research Part C: Emerging Technologies*, 80, p. 92-116, 2015.

PBSC. *PBSC Urban Solutions selected to introduce modern-most bike sharing solution to Buenos Aires and Santiago*, 2018. Disponível em: <https://www.pbsc.com/2018/08/bike-sharing-solutions-buenos-aires-santiago/>. Acesso em: 31 jan. 2019.

PIDD, H. Mobike pulls out of Manchester citing thefts and vandalism. *The Guardian*, 5 set. 2018. Disponível em: <https://www.theguardian.com/uk-news/2018/sep/05/theft-and-vandalism-drive-mobike-out-of-manchester>. Acesso em: 31 jan. 2019.

PONSFORD, D.; LEE-ZOGBESSOU, J. London's Boris bikes cycle hire scheme has cost UK taxpayers nearly £200m. *Verdict*, 2 maio 2018. Disponível em: <https://www.verdict.co.uk/londons-boris-bikes-scheme-has-cost-taxpayers-nearly-200m-foi-disclosure-reveals/>. Acesso em: 31 jan. 2019.

QUILTY-HARPER, C.; PAYNE, S. London bicycle hire scheme in uphill struggle to make money. *The Telegraph*, 7 jan. 2011. Disponível em: <https://www.telegraph.co.uk/finance/newsbysector/transport/8245610/London-bicycle-hire-scheme-in-uphill-struggle-to-make-money.html>. Acesso em: 31 jan. 2019.

RIVAS, C. *Apresentação institucional – Tembici*. In: Encontro Latino-Americano de Sistemas de Bicicletas Públicas e Compartilhadas, Rio de Janeiro, jun. 2018. Disponível em: <http://www.ta.org.br/ELABC/D1_3%20Carol%20Tembici.pdf>. Acesso em: 31 jan. 2019.

SCHLEBUSCH, S. *Apresentação*. In: Polis Network Event, 2017. Disponível em: <https://www.polisnetwork.eu/publicdocuments/download/2399/document/bike-sharing---low-cost-or-premium-sebastian-schlebusch.pdf>. Acesso em: 31 jan. 2019.

SERRANO, F. Startup Tembici investe US$100 milhões em expansão na América Latina. *Exame*, 6 dez. 2018. Disponível em: <https://exame.abril.com.br/blog/primeiro-lugar/pedalada-na-vizinhanca/>. Acesso em: 31 jan. 2019.

SMALL, A. Can Minnesota get dockless bikesharing to play nice? *CityLab*, 16 ago. 2018. Disponível em: <https://www.citylab.com/transportation/2018/08/can-minnesota-get-dockless-bikesharing-to-play-nice/567709/>. Acesso em: 31 jan. 2019.

SOTO, E. P. *EnCicla – sustainable mobility program*, 2019. Disponível em: <https://use.metropolis.org/case-studies/encicla----sustainable-mobility-program>. Acesso em: 31 jan. 2019.

TRANSPORT FOR LONDON (TfL). *Mayor announces Santander as new Cycle Hire sponsor*, 2015. Disponível em: <https://tfl.gov.uk/info-for/media/press-releases/2015/february/mayor-announces-santander-as-new-cycle-hire-sponsor>. Acesso em: 31 jan. 2019.

_____. *Santander Cycles – Frequently requested statistics*, 2017. Disponível em: <http://content.tfl.gov.uk/santander-cycles-transparency-to-end-of-september-2017.pdf>. Acesso em: 31 jan. 2019.

_____. *Santander Cycles achieves a record breaking year*, 2018a. Disponível em: <https://tfl.gov.uk/info-for/media/press-releases/2018/december/santander-cycles-achieves-a-record-breaking-year>. Acesso em: 31 jan. 2019.

_____. *Information on TfL's Santander Cycles – FOI-0184-1819*, 2018b. Disponível em: <https://tfl.gov.uk/corporate/transparency/freedom-of-information/foi-request-detail?referenceId=FOI-0184-1819>. Acesso em: 31 jan. 2019.

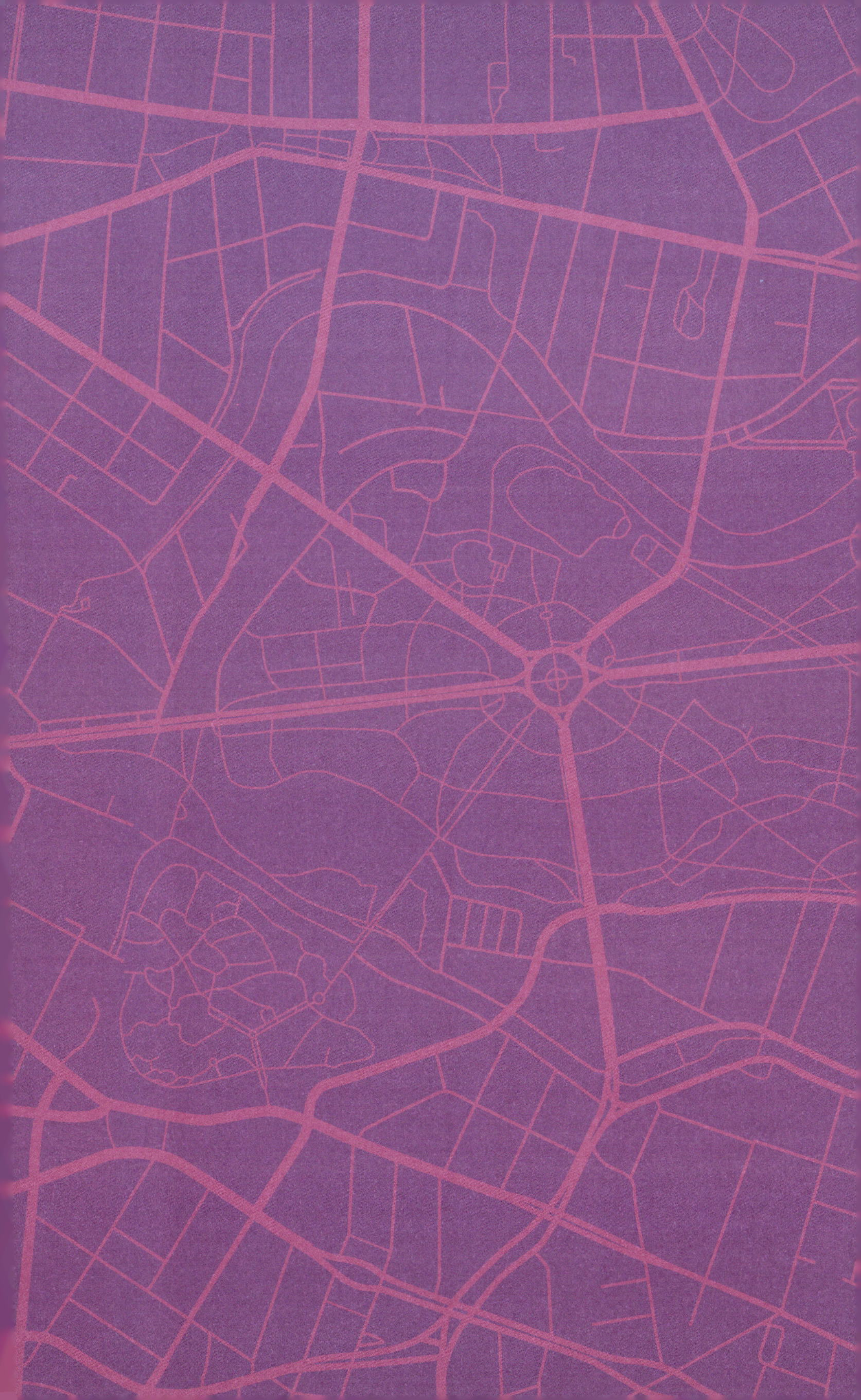

SISTEMAS DE BICICLETAS COMPARTILHADAS DE FORTALEZA

Bianca Macedo Engenheira civil, mestranda em Engenharia de Transportes (Universidade Federal do Ceará), tem experiência em planos de mobilidade urbana e estudos de mobilidade e gênero. Atualmente, trabalha na Prefeitura de Fortaleza na implantação de infraestruturas cicloviárias e sistemas de compartilhamento de bicicletas.

Tais Costa Arquiteta e urbanista, mestre em Engenharia de Transportes (Universidade Federal do Ceará). Tem experiência em projetos urbanísticos, planejamento urbano e transporte cicloviário. Desde 2014 trabalha na Prefeitura de Fortaleza na implantação de infraestruturas cicloviárias e sistemas de compartilhamento de bicicletas.

Beatriz Rodrigues Arquiteta e urbanista, mestre em Engenharia de Transportes pela Universidade Federal do Ceará. Tem experiência profissional em desenho seguro para usuários vulneráveis, como zonas 30 e infraestrutura cicloviária. Atualmente, é Coordenadora de Desenho Urbano da Iniciativa Bloomberg em Fortaleza.

Gustavo Pinheiro Engenheiro civil, trabalha na Prefeitura de Fortaleza. Desde 2014 faz parte da equipe da Gestão Cicloviária, participando de ações de incentivo à bicicleta, como implantação de 240 km de malha cicloviária e dos quatro sistemas de bicicletas compartilhadas.

A problemática da mobilidade urbana atravessa o cotidiano dos cidadãos nos mais diversos contextos sociais. Com isso, cidades no mundo todo têm buscado meios de melhorar a acessibilidade e ampliar as possibilidades de deslocamento de seus habitantes de forma inclusiva e abrangente, empregando estratégias integradas às condições do território e recursos disponíveis. Neste contexto, a cidade de Fortaleza identificou nas bicicletas públicas compartilhadas um alto potencial de transformação na mobilidade de sua população, explorando ainda diferentes possibilidades de operação e organização deste tipo de serviço.

Diante disso, este capítulo apresenta algumas das questões mais relevantes no desenvolvimento e implantação de tais estratégias, muitas delas pioneiras, e que vêm se tornando referência para outras cidades, sobretudo no contexto brasileiro. Também, demonstra a importância de uma visão ampliada sobre a mobilidade sustentável a partir do poder público, apresentando ainda caminhos de uma parceria bem-sucedida com agentes privados, em que se destacam as articulações para o planejamento e aprimoramento dos sistemas junto à operadora das bicicletas compartilhadas.

CONTEXTUALIZAÇÃO

Fortaleza constitui a quinta cidade mais populosa do Brasil, com estimativa de população em 2017 de 2.627.482 habitantes, segundo o IBGE. Sua área territorial é de 314,93 km² e densidade demográfica estimada de 8.343,1 hab/km², consistindo na décima mais densa do país. Entre 2000 e 2010, a população cresceu de 2.141.402 para 2.452.185 habitantes, a uma taxa média anual de 1,36%. A alta e crescente quantidade de pessoas se deslocando diariamente na capital implica diretamente a necessidade de planejamento da mobilidade urbana de forma inclusiva e sustentável.

Para atuar no planejamento da mobilidade urbana da cidade, a Prefeitura de Fortaleza criou, dentro da Secretaria de Conservação e Serviços Públicos (SCSP), no início de 2014, o Plano de Ações Imediatas de Trânsito e Transportes (PAITT), com objetivo de implantar ações de curto prazo e alto impacto, focando na priorização do transporte público e do transporte ativo. A partir da criação do PAITT, um dos eixos de destaque foi a Gestão Cicloviária. Com equipe dedicada, foi a responsável pelo início da expansão da malha cicloviária de Fortaleza, a implantação de sistema de bicicletas compartilhadas e da Ciclofaixa de lazer.

Entre 2014 e 2018, a cidade expandiu a quantidade de ciclovias, ciclofaixas e ciclorrotas, saindo de 68 quilômetros e passando para 252,5 quilômetros, além da criação de quatro sistemas de bicicletas compartilhadas: Bicicletar, Bicicleta Integrada, MiniBicicletar e Bicicletar Corporativo.

Diversos fatores contribuíram para que a política cicloviária ganhasse importância na cidade de Fortaleza. Em junho de 2013, aconteceram grandes manifestações por todo o Brasil, que, no início, tinham a mobilidade urbana como principal pauta. Esse movimento social gerou necessidade de resposta por parte das gestões estadual e federal, visando ampliar investimento na área e, dessa forma, influenciando nas políticas de mobilidade urbana dos municípios. Ainda em 2013, foi criada a Associação de Ciclistas Urbanos de Fortaleza (Ciclovida), gerando aumento da reivindicação de ações de priorização da bicicleta na cidade, como os protestos pela implantação de ciclofaixas nas ruas Ana Bilhar e Canuto de Aguiar. Como resposta, ambos projetos, foram implantados ao final de 2013, após reuniões da sociedade com o poder público, constituindo as primeiras ciclofaixas da cidade em área nobre.

Outro fator que contribuiu para um contexto favorável para ações de priorização da bicicleta em Fortaleza foi a influência da política de mobilidade urbana sustentável de São Paulo, que, entre 2013 e 2014, anunciou e implantou uma quantidade expressiva de faixas exclusivas de ônibus e de ciclofaixas e ciclovias. A ênfase dada pela maior cidade do país no transporte ativo e no transporte público foi importante para que outras cidades pudessem seguir o mesmo caminho.

A criação do PAITT foi fundamental, já que foi esse setor da prefeitura o responsável pelas ações de mobilidade sustentável no município. A presença de técnicos experientes e com visão de mobilidade urbana em consonância com as diretrizes da Política Nacional de Mobilidade Urbana, instituída pela Lei 12.587 (BRASIL, 2012), foi essencial nas discussões com outros setores da prefeitura e com o prefeito para que ações de priorização do transporte coletivo e do transporte ativo fossem implantadas. Mais do que encampar essas ações, a Prefeitura de Fortaleza as tornou peças estratégicas dentro da gestão.

A POLÍTICA CICLOVIÁRIA DE FORTALEZA

A Política de Transporte Cicloviário (instituída pela Lei 10.303 de 2014) é orientada pelo Plano Diretor Cicloviário Integrado (PDCI), o qual delimita as principais metas e ações para a promoção do uso da bicicleta como meio de transporte no município, como a consolidação de uma rede cicloviária integrada, implantação de estacionamentos de bicicletas (bicicletários e paraciclos) e equipamentos urbanos destinados ao modo cicloviário (ciclopostos, vestiários, oficinas mecânicas), instituição de sistemas de bicicletas compartilhadas e promoção de programas e ações educativas. O PDCI foi finalizado em dezembro de 2014, sendo peça fundamental no planejamento das ações de incentivo ao uso da bicicleta em Fortaleza.

Entre as diretrizes do PDCI está a determinação de uma malha cicloviária de 524 quilômetros para o município, devendo esta ser implantada até 2030, com metas intermediárias para 2020 e 2025. No início de 2013, Fortaleza possuía 68 quilômetros de estruturas e, ao final de 2018, esse número passou para 252,5 quilômetros, um aumento de 270% (GOOGLE MAPS, s/d). A meta para 2020 era 236 quilômetros de malha; no entanto, ela foi ultrapassada em 2018, fruto da importância dada pelo município de Fortaleza à política da bicicleta. A meta hoje é concluir 2020 com 400 quilômetros de rede cicloviária (ciclovias, ciclofaixas e ciclorrotas).

A legislação do município elaborada em 2018 contribuiu ainda mais para a consolidação da política cicloviária, garantindo que as ações tenham perenidade nas trocas de gestões. Em 12 de junho de 2018 foi sancionada a Lei 10.752, que destina todos os recursos provenientes do Sistema de Estacionamento Rotativo Zona Azul para serem aplicados, exclusivamente, no que está previsto na Política de Transporte Cicloviário.

Já a Lei 10.751/2018 regulamenta a atividade de transporte remunerado privado individual de passageiros. Com essa legislação, os aplicativos de transporte são obrigados a destinar ao município um percentual da remuneração total de cada viagem realizada. Assim, parte desse recurso pode ser revertida em ações ligadas à mobilidade sustentável, por meio de medidas como a implantação de ciclofaixas, faixas exclusivas de ônibus, estações de bicicletas compartilhadas, entre outras.

OS SISTEMAS DE BICICLETAS COMPARTILHADAS DE FORTALEZA

O primeiro sistema moderno de bicicletas compartilhadas que fez uso de tecnologias e permitiu aos usuários retirarem uma bicicleta do ponto X e depositarem no ponto Y foi introduzido em Rennes, em 1998, seguido do sistema de Lyon, em 2001, ambos na França. Os sistemas mostraram seu sucesso e inspiraram uma série de outras cidades mundo afora a levarem adiante essa tecnologia. Antes de 1998, pequenos sistemas haviam sido implementados em cidades como La Rochelle, na França, e Cambridge, na Inglaterra, mas não permitiam aos usuários retirarem a bicicleta em um local e devolverem em outro. A partir de 2006, no entanto, os sistemas modernos se multiplicaram e hoje são mais de 460 (BIKE-SHARING ATLAS, s/d) em todo o mundo, sendo Fortaleza uma dessas cidades.

A capital cearense conta com quatro sistemas de bicicletas compartilhadas: Bicicletar (sistema público de bicicletas compartilhadas), Bicicleta Integrada (localizado nos terminais de ônibus e voltado à integração entre os modos ônibus e bicicleta), MiniBicicletar (destinado a crianças) e o Bicicletar Corporativo (voltado ao estímulo do uso da bicicleta como meio de transporte para o trabalho).

Bicicletar

O Bicicletar foi o primeiro sistema da cidade, inaugurado em dezembro de 2014. Inicialmente com quarenta estações, o sistema contou com duas expansões e tem hoje oitenta estações, cobrindo uma área que abrange a região central da cidade, o principal polo de atração de viagens de Fortaleza (Figura 1). Viabilizado por meio do Edital de Chamamento Público 06/2014, o sistema operado pela Serttel e patrocinado pela Unimed Fortaleza atingiu mais de 2.348.000 viagens (BICICLETAR, s/d) e 230.600 usuários cadastrados em seus quatro anos de funcionamento, constituindo um dos sistemas mais utilizados do Brasil.

Figura 1: Mapa da evolução da localização das estações do Bicicletar

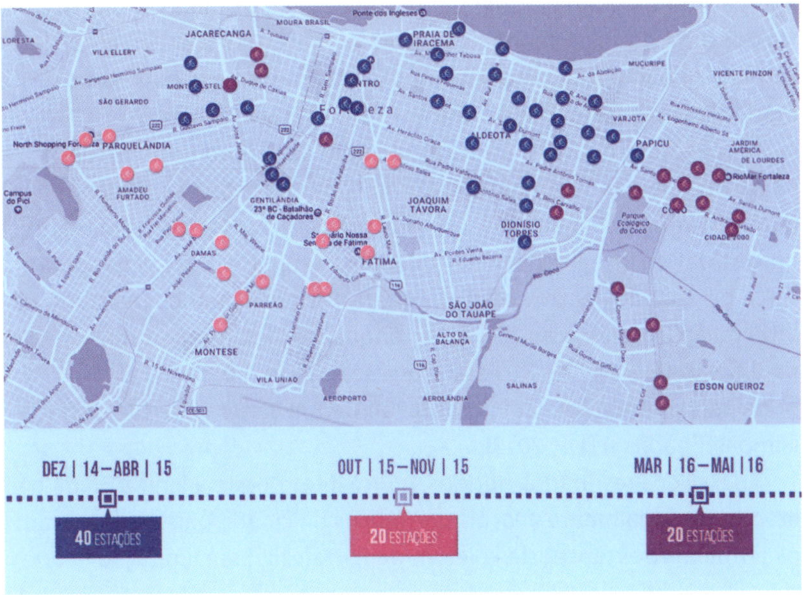

As regras de funcionamento do Bicicletar são semelhantes às de outros sistemas de compartilhamento do Brasil, com passes diário, mensal e anual. Ao serem adquiridos, os passes permitem que os usuários utilizem o sistema em viagens de até 60 minutos (ou 90 minutos no final de semana) sem custo adicional. Caso ultrapasse esse limite de tempo o usuário deve pagar uma taxa para cada período adicional, para o qual é requerido o registro do cartão de crédito no momento do cadastro. O intervalo entre viagens seguidas de um mesmo usuário é de, no mínimo, 15 minutos.

Um dos aspectos mais inovadores do Bicicletar é a utilização do Bilhete Único (BU) para retirada de bicicletas de forma gratuita, como instrumento incentivador da integração entre a bicicleta e o ônibus. Assim, o usuário que possui o passe anual do tipo BU pode utilizar o sistema sem custo, desde que obedecidos os limites apresentados acima. Por conta da gratuidade, aproximadamente 93% dos passes ativos são do tipo BU, configurando um sistema com baixa receita tarifária.

A localização das estações do sistema foi determinada pela Gestão Cicloviária, priorizando-se a implantação em áreas com maior diversidade de uso do solo e proximidade de pontos de parada muito demandados. Além disso, foi garantida relativa proximidade entre as estações a distâncias máximas de aproximadamente 500 metros. A expansão da malha cicloviária por meio de ciclofaixas também foi pensada de forma conjunta com o planejamento do sistema, de forma a maximizar o potencial de utilização das bicicletas como modo de transporte.

Na pesquisa do Bicicletar realizada em setembro de 2016 (de 6h às 11h e 16h às 21h), contemplando todas as estações, foram entrevistados 1043 usuários. Um dos principais resultados foi o alto percentual de integrações realizadas Bicicletar-ônibus, chegando a cerca de 29% dos entrevistados, tendo 18% dos usuários realizado integração no acesso ao Bicicletar, enquanto 16% integraram na difusão (Figuras 2 e 3). Essa integração modal é uma das principais motivações da implantação de um sistema de bicicletas compartilhadas (ITDP, 2014).

Apesar dos resultados obtidos, o Bicicletar possui a limitação de não atender espacialmente a locais periféricos da cidade onde se localizam os terminais de transporte coletivo de Fortaleza. Essa limitação ocorre

Figuras 2 e 3: Percentual dos modos de acesso e de difusão ao Bicicletar em 2016

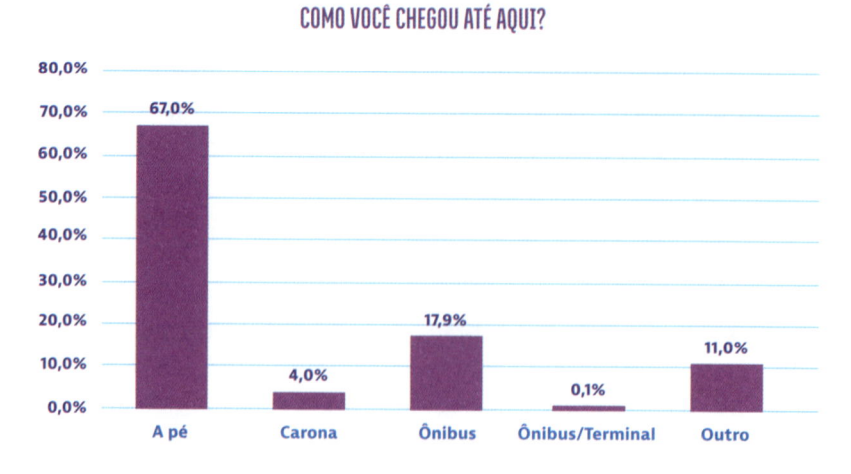

COMO VOCÊ CHEGOU ATÉ AQUI?

Modo	Percentual
A pé	67,0%
Carona	4,0%
Ônibus	17,9%
Ônibus/Terminal	0,1%
Outro	11,0%

COMO VOCÊ CHEGARÁ AO SEU DESTINO FINAL?

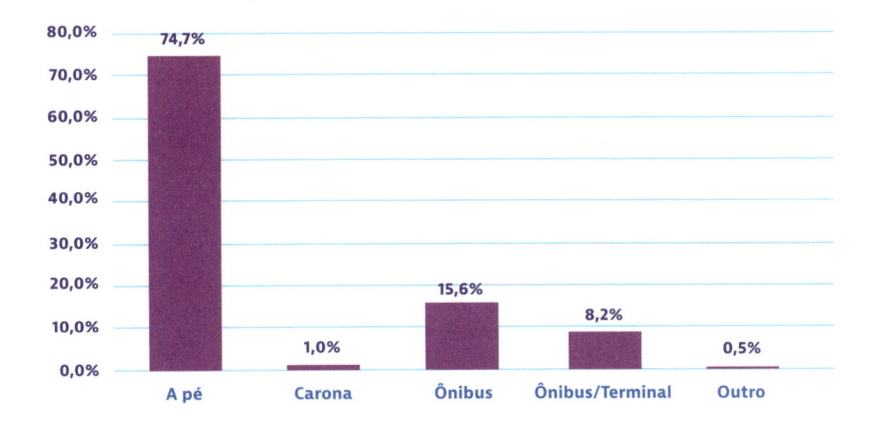

A pé	74,7%
Carona	1,0%
Ônibus	15,6%
Ônibus/Terminal	8,2%
Outro	0,5%

tanto pela necessidade de expansão gradual do sistema garantindo adensamento de estações como por restrições financeiras do patrocinador para prover estações em todas as regiões da cidade.

A partir desse cenário, iniciou-se o desenho de um novo sistema, que buscou se adequar às necessidades de usuários que integram com transporte público e formatar um modelo que tornasse viável atingir outras áreas da cidade, em especial as periféricas. Dessa vez, os usuários do sistema de transporte coletivo foram o foco. Em sua maioria, essas pessoas possuem baixa renda e enfrentam condições adversas no transporte, como superlotação e demora no tempo de espera por ônibus.

Bicicleta Integrada

O Bicicleta Integrada é um sistema de bicicletas compartilhadas pioneiro no país, apresentando características diferenciadas dos sistemas convencionais, com objetivo de promover a integração com o transporte coletivo e podendo ser reconhecido como uma importante ferramenta de inclusão social. O projeto foi desenvolvido pelo PAITT e viabilizado por meio do Edital de Chamamento Público 06/2014.

Atualmente, o sistema possui sete estações que se encontram ao lado de terminais de integração do transporte público, possibilitando a ampliação das alternativas de transporte para os usuários. A Figura 4 mostra os sete terminais com estações já integradas e a localização dos outros dois que ainda não receberam estações. Na imagem, também há

Figura 4: Mapa de localização das estações em 2018

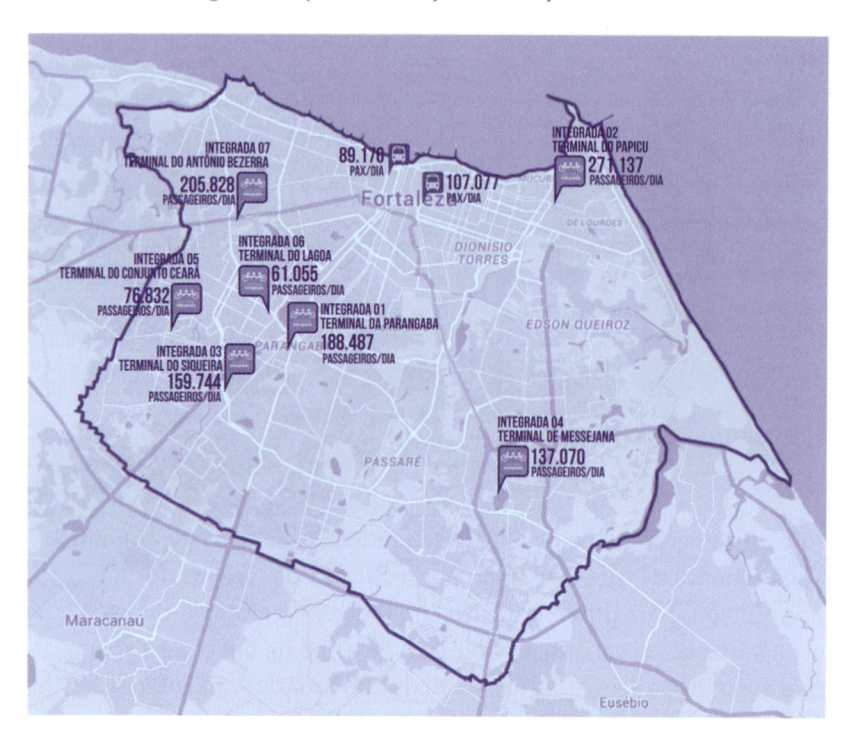

o número de passageiros que passam diariamente por esses terminais, o que confirma o grande impacto do projeto.

Além da localização próxima a grandes terminais de transporte, o Bicicleta Integrada possui outras características que o diferenciam de sistemas de bicicletas compartilhadas convencionais e potencializam a integração com o transporte público, como o tamanho das estações. O sistema é constituído de megaestações, conforme mostra a foto a seguir, com capacidade para aproximadamente sessenta bicicletas. Apesar do seu tamanho, as estações permanecem vazias a maior parte do tempo devido à alta demanda de usuários. Quanto às regras de uso do sistema, existem três fatores importantes para a integração com o transporte público.

1. A utilização do sistema em dias úteis, que permite ao usuário permanecer com a bicicleta por até 14 horas, guardando intervalos de três horas entre um uso e outro. O elevado tempo de permanência com a bicicleta possibilita ao usuário do sistema pernoitar com a bicicleta ou permanecer com ela no local de trabalho e devolvê-la após o expediente.

Estação do Terminal do Papicu/Acervo PAITT

2. A regra diferenciada para finais de semana e feriados. Nesses dias, as bicicletas retiradas a partir das 17h das sextas-feiras e vésperas de feriado poderão ser devolvidas até 9h do dia útil subsequente, sem que haja penalidade para o usuário.
3. A existência de penalidades não financeiras referentes a atrasos na devolução para evitar que os usuários, normalmente de baixa renda, tenham um custo financeiro. A cada 60 minutos de atraso na devolução da bicicleta o usuário terá o cadastro bloqueado por 24 horas. Por exemplo, o atraso de 120 minutos bloqueia o usuário por 48 horas e assim sucessivamente.

Por fim, existem duas características do sistema que podem ser reconhecidas como importantes ferramentas de equidade: a gratuidade do serviço e a não exigência de cartão de crédito para o cadastramento no sistema. O Bicicleta Integrada só pode ser utilizado por aqueles que possuem o Bilhete Único e, para se cadastrar, basta levar os documentos necessários a um posto de cadastramento, localizado nos terminais de transporte coletivo. Após dois anos e meio de implantação, o sistema já contava com 7 mil usuários cadastrados e cerca de 108 mil viagens consolidadas.

Vós/ Igor de Melo, 2017

MiniBicicletar

No edital de chamamento público do Bicicletar, a Prefeitura de Fortaleza exigiu que fossem realizadas ações educativas periódicas ao longo do contrato. O MiniBicicletar surgiu como alternativa de ação educativa permanente, com foco no incentivo ao uso de meios de transporte sustentáveis desde a infância.

São cinco estações em praças públicas com cinquenta bicicletas disponíveis ao todo. O sistema é voltado para crianças de até 10 anos, e a compra do passe e a liberação da bicicleta têm de ser necessariamente feitas por um adulto responsável. As regras de uso e de tarifas são idênticas às do Bicicletar.

Uma característica do projeto é a forma de contratação. Ao vincular uma ação educativa permanente ao Sistema de Bicicletas Compartilhadas da cidade, é garantida a continuidade dessa ação.

Bicicletar Corporativo

O Bicicletar Corporativo é um sistema de compartilhamento de bicicletas exclusivo para funcionários e colaboradores da Prefeitura Municipal de Fortaleza e tem como principais objetivos: estimular um estilo de vida mais saudável por parte dos usuários através da adoção da bicicleta como meio de transporte e incentivar demais empresas e instituições públicas e privadas a adotarem práticas

Bicicletar Corporativo em uso/Acervo Prefeitura Municipal de Fortaleza

semelhantes para uma melhor promoção da saúde e da mobilidade urbana de Fortaleza.

O projeto surgiu no contexto de uma parceria da Prefeitura de Fortaleza, com a *Bloomberg Philanthropies* e a Organização Mundial da Saúde (OMS), chamada Parceria por Cidades Saudáveis (*Partnership for Healthy Cities*). São 54 cidades no mundo com projetos inovadores com o objetivo de prevenir doenças não transmissíveis (DNTs), causadas por fatores como tabagismo, consumo de açúcares e sedentarismo.

Inaugurado em março de 2018, o Bicicletar Corporativo é um sistema de compartilhamento de bicicletas do tipo *dockless* (sem estação), no qual cada bicicleta possui o próprio sistema de travamento, com GPS integrado e estações virtuais, com sua tecnologia e operação desenvolvidas pela empresa Serttel. Já nos nove primeiros meses de uso, o serviço registrou 3 mil viagens e um total de 559 usuários cadastrados. Inicialmente com seis estações virtuais, o sistema foi também ampliado depois, chegando a 16 estações em 2020.

As regras de uso são praticamente idênticas às do Bicicleta Integrada, com a única diferença que é permitida a permanência do usuário com a bicicleta por até vinte horas e, não apenas 14 horas como ocorre no Bicicleta Integrada. Esse período foi ampliado por levar em conta também as necessidades dos estagiários da Prefeitura de Fortaleza que queriam utilizar as bicicletas para o deslocamento casa-trabalho. Como os estagiários trabalham apenas um turno, necessitam de mais tempo para devolver a bicicleta.

GESTÃO, ACOMPANHAMENTO E NOVOS PASSOS DOS SISTEMAS

O desenvolvimento e a gestão dos quatro sistemas de Fortaleza possibilitaram diversos aprendizados à cidade, desde o desenho e elaboração do primeiro edital até o monitoramento do sistema, fazendo uso de indicadores de operação e gestão por parte de servidores municipais, passando pela definição *in loco* de onde as estações seriam implantadas — e também para onde seriam relocadas, caso não estivessem atendendo às expectativas da prefeitura e da operadora.

Os quatro sistemas públicos são operados pela mesma empresa, a Serttel, o que propicia também uma visão a partir da lógica de rede entre os serviços, apesar das diferentes modalidades de bicicletas oferecidas. A Serttel foi também responsável pela operação do primeiro sistema de bicicletas públicas brasileiro no Rio de Janeiro e opera atualmente serviços de compartilhamento em outras seis cidades além da capital cearense. Com isso, a empresa figura entre as principais operadoras atuantes no Brasil, sendo a única que oferece o serviço tanto na sua forma tradicional por estações como do tipo *dockless*.

Assim, outro ponto que ganha destaque nos sistemas de Fortaleza é a realização de reuniões periódicas entre a equipe da Gestão Cicloviária e a Serttel, superando um obstáculo muito comum na gestão das bicicletas públicas, que é a falta de diálogo entre o poder público e a prestadora de serviços privada. Com as reuniões regulares, tem-se uma agenda de discussão, monitoramento e avaliação frequente do sistema, potencializando a capacidade de resposta na solução de problemas e desafios identificados.

Nesses quatro anos de sistema, outro aprendizado foi no que diz respeito aos furtos e vandalismo de bicicletas e estações. Para minimizar tal problema, a prefeitura criou um grupo de trabalho de Segurança do Bicicletar, integrado pela Guarda Municipal, a equipe da Gestão Cicloviária e a operadora do sistema. O grupo, que se reúne periodicamente, identificou medidas para contribuir com a redução de furtos e vandalismo. Destacam-se a implementação de

GPS nas bicicletas, instalação de câmeras de monitoramento e de alarmes nas estações. Os resultados têm sido positivos, reduzindo substancialmente as ocorrências.

Com esse acúmulo operacional, e no âmbito da governança do sistema, a prefeitura dará novos passos para expandir os sistemas Bicicletar, e Bicicleta Integrada e também para regulamentar os sistemas *dockless*, que vêm se espalhando por diversas cidades do mundo, incluindo patinetes elétricos. Os novos caminhos da prefeitura para promoção da política cicloviária valorizarão ainda mais quem pedala — e quem deseja pedalar — na capital cearense, dando segurança, conforto e agilidade nos deslocamentos dessas pessoas, garantindo a inclusão social, a melhoria da qualidade de vida, a saúde e a vitalidade urbana do município.

REFERÊNCIAS BIBLIOGRÁFICAS

BICICLETAR. Website oficial, s/d. Disponível em: <http://www.bicicletar.com.br/>. Acesso em: 28 dez. 2018.

BIKE-SHARING ATLAS. Website oficial, s/d. Disponível em: <http://bikesharingatlas.org/>. Acesso em: 28 dez. 2018.

BRASIL. Lei n. 12.587, de 3 de janeiro de 2012. Institui as diretrizes da Política Nacional de Mobilidade Urbana. *Diário Oficial da República Federativa do Brasil*, Poder Executivo, Brasília, DF, 3 jan. 2012. Disponível em: <http://www.planalto.gov.br/ccivil_03/_ato2011 2014/2012/lei/l12587.htm>. Acesso em: 11 maio 2018.

GOOGLE MAPS. Malha Cicloviária de Fortaleza. Mapa colaborativo, s/d. Disponível em: <http://bit.do/mapaPMF>. Acesso em: 28 dez. 2018.

INSTITUTO DE POLÍTICAS DE TRANSPORTE E DESENVOLVIMENTO (ITDP). *Guia de Planejamento de Sistemas de Bicicletas Compartilhadas*, fev. 2014. Disponível em: <shorturl.at/bvMZ1>. Acesso em: 26 out. 2020.

SLAVIN, T. 'If there aren't as many women cycling as men... you need better infrastructure'. *The Guardian*, 9 jul. 2015. Disponível em: <https://www.theguardian.com/cities/2015/jul/09/women-cycling-infrastructurecyclists-killed-female>. Acesso em: 21 set. 2016.

OS BENEFÍCIOS DA MOBILIDADE ATIVA: DA VONTADE POLÍTICA À POLÍTICA PÚBLICA – O CASO DA CIDADE DO MÉXICO

Iván de La Lanza
Gerente de pesquisa em mobilidade ativa no World Resources Institute (WRI) México. É responsável por criar e implementar soluções de urbanismo focadas em pedestres, ciclistas e outros projetos de micromobilidade em cidades mexicanas e da América Latina (em geral), Índia e África. Foi diretor de cultura, desenho e infraestrutura cicloviária na prefeitura da Cidade do México.

CAMINHAR E ANDAR DE BICICLETA: A "NOVA" MOBILIDADE?

O rápido crescimento das empresas que oferecem diferentes serviços de mobilidade, como os sistemas compartilhados de bicicletas (sistemas tradicionais ou *dockless*), patinetes e carros, além de vans e ônibus sob demanda, parecem experimentar oportunidades e desafios em termos de segurança, acessibilidade, inclusão e sustentabilidade. Ao mesmo tempo que esses serviços têm o potencial de reduzir o número de veículos circulando com uma única pessoa e facilitar o acesso a outros modos, contraditoriamente eles podem também provocar a diminuição do uso do transporte público, ou mesmo aumentar os congestionamentos, resultando, portanto, em maior poluição nas cidades.

A micromobilidade, em particular, oferece uma série de benefícios em potencial para as cidades e seus moradores, desde transportes mais saudáveis e ativos até menor congestionamento, com melhoria da qualidade atmosférica a partir de opções mais sustentáveis para que as pessoas possam se locomover. Em contrapartida, ainda assim, o uso seguro e acessível a modos de transporte ativos continua a ser um desafio.

Parte de uma nova onda de mobilidade mais ágil e disruptiva, a micromobilidade mostra a urgência de melhorar a acessibilidade dos transportes, especialmente para os usuários mais vulneráveis. Mostra, também, a urgência de seu aprimoramento no Sul global, onde o acesso a transporte e oportunidades — ou melhor, à distribuição igualitária do espaço público — é fundamental não apenas para a mobilidade sustentável, mas para o desenvolvimento sustentável como um todo.

Qual seria, então, a importância da melhoria da mobilidade ativa nas cidades, sobretudo nas cidades globais da América do Sul? Como isso poderia ajudá-las a alcançar objetivos de desenvolvimento sustentável? Como elas podem conscientizar a população sobre os benefícios da micromobilidade, melhorar a segurança dos usuários vulneráveis e tirar proveito desses novos serviços de mobilidade? Como podem aprender e promover as melhores práticas entre as partes interessadas para aperfeiçoar esse investimento?

Este capítulo analisa a relevância da mobilidade ativa nas cidades, especialmente as latino-americanas. Verificamos também aspectos-chave para melhorar o compartilhamento de bicicletas como parte de uma estratégia mais abrangente de mobilidade ativa para o transporte sustentável, com base em pesquisa recente desenvolvida pelo World Resources Institute (WRI). Em seguida, abordamos a experiência da mobilidade ativa na Cidade do México.

VISÃO GLOBAL SOBRE MOBILIDADE ATIVA

Existem dois tipos de cidades, aquelas que, através dos anos, as mutações continuam moldando os desejos, e aquelas em que os desejos conseguem apagar a cidade ou são apagados por ela.
— Italo Calvino, em *Cidades invisíveis*

Metade da população global hoje vive nas cidades. Esse número deve aumentar para 70% até 2050 (OMS, 2019). Assim como as externalidades negativas associadas ao transporte motorizado privado também aumentarão, as decisões tomadas pelos formuladores de políticas determinarão se as cidades serão capazes de crescer enquanto buscam melhorar a qualidade de vida dos cidadãos ou se perpetuarão um ciclo de baixa produtividade, pobreza e degradação ambiental pelo resto do século, e além dele.

Em geral, as viagens de longa distância são feitas por transporte público, como metrô, ônibus, trem e barcas. Mas, nas cidades onde o transporte público é deficitário, as viagens de longa distância são feitas por veículos alternativos,[1] ou caminhada e bicicleta. Nos estratos

---

[1] NT: O autor utiliza a expressão *paratransit*, que pode se referir a transportes coletivos cuja iniciativa parte da própria população, como vans e micro-ônibus, cobrindo trajetos não realizados por transportes oficiais.

de baixa renda, a participação dessas últimas formas de transporte costuma ser alta. Infelizmente, as soluções para o transporte de massa nem sempre dão conta de atender a cidade por completo, por isso devem ser apoiadas pela integração com outros modos.

Muita gente se desloca a pé ou por bicicleta não por opção, mas por necessidade, sobretudo no Sul global — particularmente nas cidades africanas e asiáticas, onde a porcentagem da renda gasta no transporte pode ser muito alta, caso se opte por outros meios de transporte pagos. Cerca de 20 a 60% da população nesses locais arriscam suas vidas ao se locomover, sendo que mais de um quarto das pessoas mortas em acidentes de trânsito é constituído por pedestres. Esse número tem aumentado com frequência devido a uma trágica falta de investimento (ONU, 2015).

De acordo com o Global Mobility Report de 2017 (SUM4ALL, 2017), existem dois cenários possíveis para o desenvolvimento da mobilidade urbana: um que mostra a tendência já apresentada pela

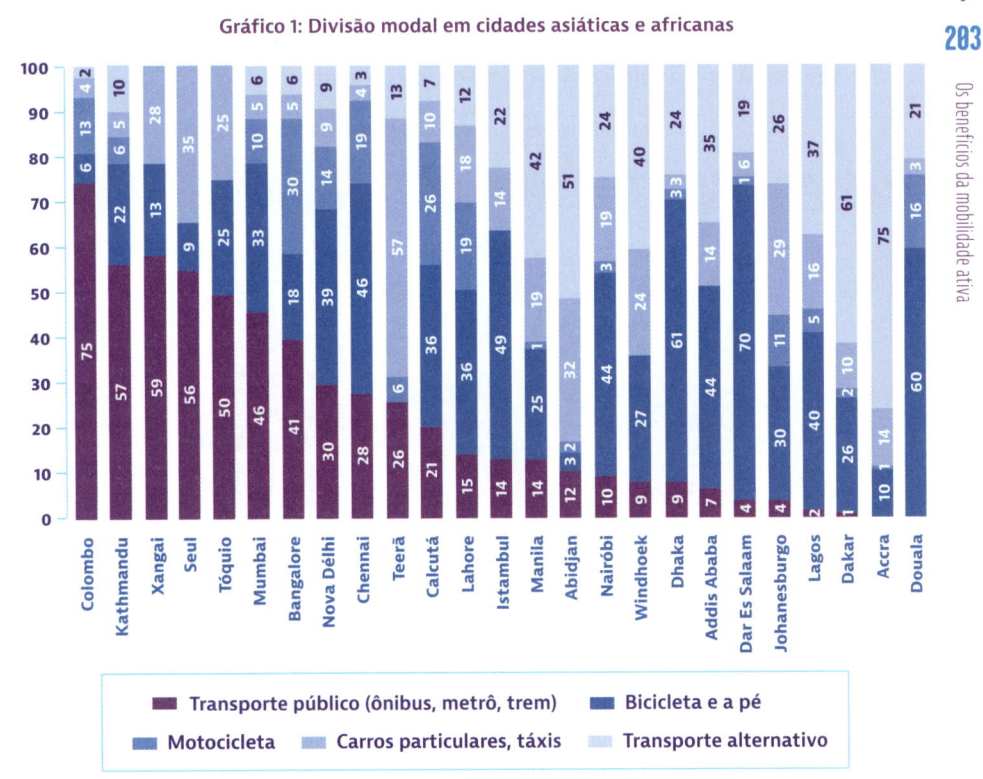

Gráfico 1: Divisão modal em cidades asiáticas e africanas

Cidade	Transporte público (ônibus, metrô, trem)	Motocicleta	Bicicleta e a pé	Carros particulares, táxis	Transporte alternativo
Colombo	75		6	6	13	4 2
Kathmandu	57		22	6 5	10
Xangai	59		13	28	
Seul	56	9		35	
Tóquio	50		25	25	6
Mumbai	46		33	10 5 6
Bangalore	41	18	30	5 6
Nova Délhi	30	39	14	9 9
Chennai	28	46	19	4 3
Teerã	26	6	57	13
Calcutá	21	36	26	10 7
Lahore	15	36	19	18 12
Istambul	14	49	14	22
Manila	14	25	1 19	42
Abidjan	12 3 2	32	51	
Nairóbi	10	44	3 19	24
Windhoek	9	27	24	40
Dhaka	9	61	3	33 24
Addis Ababa	7	44	14	35
Dar Es Salaam	4	70	16	19
Johanesburgo	4	11	29	37 26
Lagos	2	40	5 16	61
Dakar	1	26	2 10	75
Accra	10 1 14			
Douala	60	16	3	21

Fonte: Catalyzing New Mobility in Cities, Rockefeller Foundation (2012).

lógica Business As Usual (BaU),[2] em que a mudança mais notável nos padrões de transporte urbano entre 2005 e 2025 seria a migração dos deslocamentos a pé e por bicicleta para veículos motorizados particulares. Com esse cenário, o número de viagens feitas por transporte público aumentaria em cerca de 30%, enquanto o número de viagens feitas por veículos motorizados particulares aumentaria quase 80%. A pegada de carbono da mobilidade urbana se tornaria cada vez mais visível e robusta nesse cenário.

Um cenário mais positivo poderia ser o do Public Transportation x 2 (PTx2), com o qual, mediante os esforços adequados, poderia ser dobrada a participação do transporte público em todo o mundo (por isso, o sinal multiplicador seguido pelo 2). Ao mesmo tempo, manteríamos estável a participação da caminhada e da bicicleta como meios de transporte, sendo possível, desse modo, reduzir o crescimento da mobilidade motorizada nas áreas urbanas e o decorrente crescimento de seus custos sociais e ambientais. A ideia não é reduzir o número de viagens feitas por veículos particulares, mas mantê-lo no nível atual (cerca de 3,5 bilhões de viagens por dia) e garantir que toda mobilidade excedente seja fornecida por modos de transporte sustentáveis, como ir a pé ou de bicicleta.

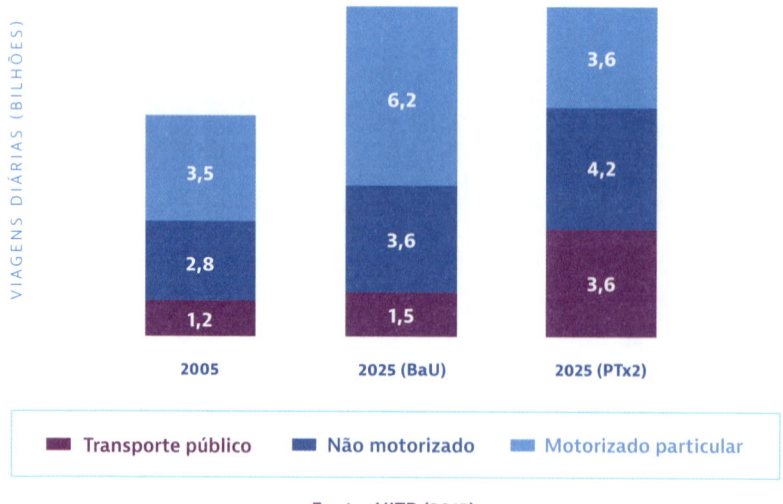

Gráfico 2: Cenários para a mobilidade urbana

VIAGENS DIÁRIAS (BILHÕES)

	2005	2025 (BaU)	2025 (PTx2)
Motorizado particular	3,5	6,2	3,6
Não motorizado	2,8	3,6	4,2
Transporte público	1,2	1,5	3,6

Fonte: UITP (2015).

---

2 NT: *Business as Usual* (BaU) se refere à conduta normal dos negócios e de suas operações, independentemente das circunstâncias ou de eventos que representem um potencial impacto negativo. Também significa a manutenção do *status quo*.

CONTEXTO DIFERENTE, DESAFIOS DIFERENTES

Os países desenvolvidos e em desenvolvimento enfrentam desafios variados quanto ao futuro da mobilidade urbana. Enquanto nos países desenvolvidos os principais desafios são melhorar o acesso seguro, reduzir o tempo gasto no trânsito, integrar os horários dos serviços de transporte público para torná-los competitivos com os modos privados e promover prioritariamente o transporte não motorizado, nos países em desenvolvimento o cenário é outro. O principal desafio está em transcender as barreiras físicas e financeiras no acesso à mobilidade, barreiras estas que impedem os cidadãos de aproveitar ao máximo as oportunidades urbanas devido à falta de infraestrutura segura ou de serviços de transporte a preços acessíveis.

A evolução da participação modal nas cidades dos países em desenvolvimento destaca um desafio específico: quando os indicadores de desempenho econômico nacional desses países mostram melhoria, há redução da participação nas viagens realizadas a pé, de bicicleta e de transporte público a reboque. Isso tem feito aumentar as externalidades negativas associadas ao transporte motorizado privado nesses países em desenvolvimento e que já são amplamente aparentes nas cidades dos países desenvolvidos.

Enquanto nos países desenvolvidos a estratégia referente ao transporte ativo é de incentivar a migração modal do carro (isto é, promover mecanismos de atração para viagens mais sustentáveis), nos países em desenvolvimento a estratégia deve ser melhorar a infraestrutura, oferecendo acessibilidade e segurança para que as pessoas que já se deslocam ativamente não migrem para o transporte motorizado (UITP, 2015).

Em ambos os casos, um cenário global de ampliação da mobilidade por bicicleta assinala o alto potencial de alcance dos benefícios associados aos Objetivos e Metas de Desenvolvimento Sustentável. As emissões de gases de efeito estufa poderiam ser reduzidas pela metade — uma redução potencial de 2 gigatoneladas nas emissões anuais até 2050, segundo o relatório *A Global High Shift Cycling Scenario* (ITDP, 2015). O aumento no uso das bicicletas (convencionais e elétricas) faria economizar 24 trilhões de dólares acumulados entre 2015 e 2050 mundialmente, segundo estimativas elaboradas pela Health Economic Assessment Tool (HEAT, 2019) para ciclistas e pedestres.

Infelizmente, isso não poderá acontecer se as condições de segurança viária não melhorarem, sobretudo nos países menos desenvolvidos. De acordo com a OMS (2013), países de baixa e média renda concentram 90% dos acidentes fatais, embora possuam apenas metade da frota mundial de veículos.

INDAGAÇÕES PARA ENFRENTAR MÚLTIPLOS OBSTÁCULOS

Com os novos tipos de mobilidade em ascensão, soluções específicas de micromobilidade estão aumentando rapidamente e em maior escala em comparação ao crescimento de outras soluções na história recente, entre 1995 e 2015, como aquelas referentes a metrô, BRT, ônibus elétricos.

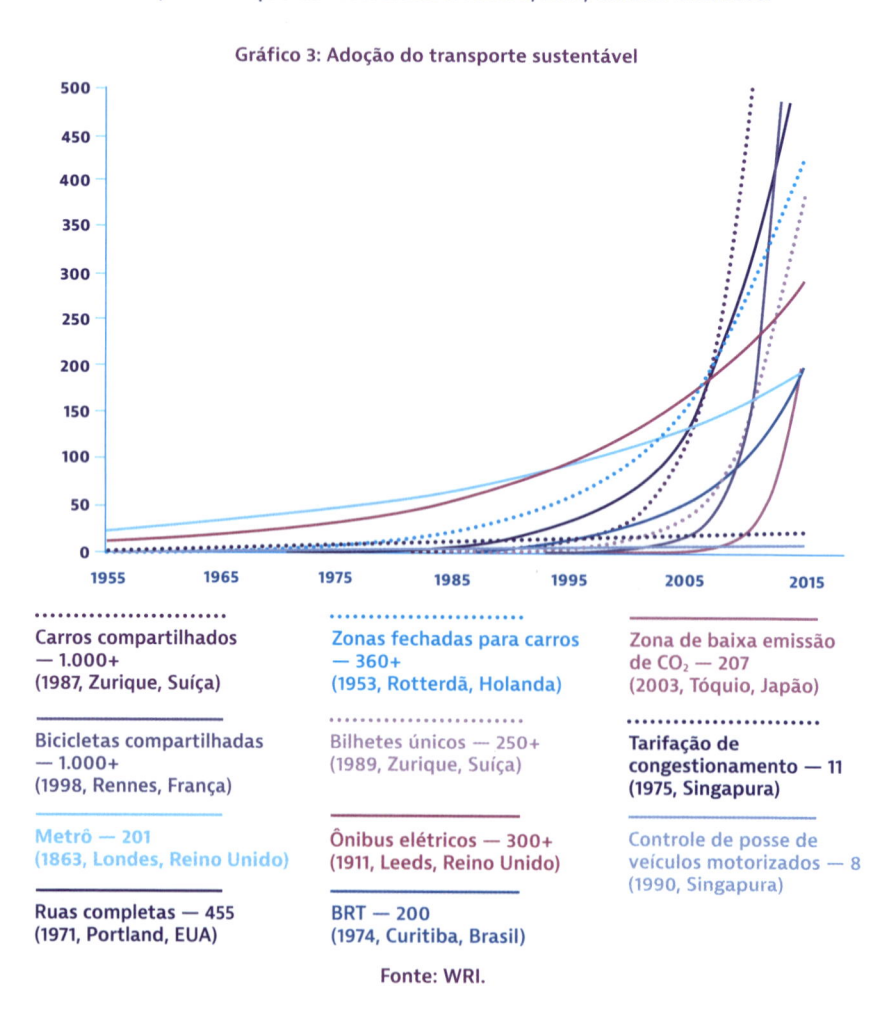

Gráfico 3: Adoção do transporte sustentável

Carros compartilhados — 1.000+
(1987, Zurique, Suíça)

Bicicletas compartilhadas — 1.000+
(1998, Rennes, França)

Metrô — 201
(1863, Londres, Reino Unido)

Ruas completas — 455
(1971, Portland, EUA)

Zonas fechadas para carros — 360+
(1953, Rotterdã, Holanda)

Bilhetes únicos — 250+
(1989, Zurique, Suíça)

Ônibus elétricos — 300+
(1911, Leeds, Reino Unido)

BRT — 200
(1974, Curitiba, Brasil)

Zona de baixa emissão de CO_2 — 207
(2003, Tóquio, Japão)

Tarifação de congestionamento — 11
(1975, Singapura)

Controle de posse de veículos motorizados — 8
(1990, Singapura)

Fonte: WRI.

Logo, os sistemas de bicicletas compartilhadas são uma solução de mobilidade urbana para uso público na qual é disponibilizado certo número de veículos para usuários que não são donos deles (trata-se de um "empréstimo" de bicicletas por tempo determinado). As cidades reconhecem cada vez mais o impacto que os serviços compartilhados podem proporcionar em um cenário mais amplo. Nos últimos anos, esses sistemas viralizaram em todo o mundo, passando de 1,2 milhão de bicicletas para mais de 17 milhões — isso no curto período de três anos. Mas, quando se analisa o desenvolvimento de projetos de investimento em bicicletas compartilhadas no contexto global, verifica-se que os sistemas não foram implantados de maneira uniforme, especialmente na América Latina, África e em algumas cidades da Ásia (O'BRIEN, 2019).

Independentemente de adotar ou não bicicletas compartilhadas, as cidades devem projetar e melhorar estratégias e programas abrangentes de mobilidade ativa como parte de seus planos e sistemas de mobilidade urbana sustentável. Mas, como o sistema de bicicletas compartilhadas pode fazer parte de soluções sustentáveis de mobilidade urbana?

Um novo documento de trabalho do WRI intitulado "The Evolution of bikes sharing; 10 questions on the emergence of new technologies, opportunities and risks" [A evolução do compartilhamento de bicicletas: 10 perguntas sobre o surgimento de novas tecnologias, oportunidades e riscos] (MOON-MIKLAUCIC et al., 2018), desenvolvido no âmbito da Iniciativa de Financiamento de Cidades Sustentáveis e apoiado pela Fundação Citi, aborda alguns desses desafios por meio de uma série de perguntas-chave que os funcionários de prefeituras e governos locais deveriam se fazer ao planejar a implementação de sistemas de bicicletas compartilhadas. O objetivo desse documento de trabalho é oferecer ferramentas para subsidiar a tomada de decisão nas cidades que pretendem implantar sistemas compartilhados em seus domínios, e não ser um manual de implementação com recomendações prescritivas. O documento oferece perguntas e respostas para ajudar as autoridades da cidade a conhecer mais profundadamente experiências recentes de implantação de sistemas em outros locais e a se informar sobre inovações tecnológicas, dados e modelos de negócios relacionados.

Quais são os fatores de sucesso para a implementação de sistemas de compartilhamento de bicicletas? O documento mencionado inclui conclusões importantes a se considerar no levantamento de questões relacionadas aos contextos latino-americanos. Algumas delas são reproduzidas a seguir:

A· O uso seguro, acessível e economicamente viável de bicicletas compartilhadas deve ser um elemento fundamental das estratégias de mobilidade e sustentabilidade das cidades em todo o mundo.
B· O compartilhamento é uma das melhores maneiras de consolidar o uso de bicicletas nas cidades, desde que o sistema esteja integrado a políticas públicas, redes de transporte público sustentáveis mais amplas, como ônibus e linhas de metrô, somado a uma estratégia abrangente de mobilidade por bicicleta.
C· Novas tecnologias relacionadas às bicicletas compartilhadas oferecem grandes oportunidades, mas também desafios importantes de operacionalização para as cidades.
D· Embora o ritmo acelerado das mudanças possa ser desafiador, as cidades e as partes interessadas podem ser proativas, e não reativas, para enfrentar harmonicamente esses desafios e, assim, extrair o máximo de benefícios para a cidade como um todo.
E· O modo disruptivo e rápido pelo qual essa inovação está surgindo também confirma que a segurança no trânsito é prioridade para promover e incentivar o transporte ativo em viagens curtas.
F· As bicicletas compartilhadas estão experimentando um avanço expressivo nas cidades ao redor do mundo: em 2015, havia 1,2 milhão de bicicletas e, em 2017, havia mais de 17 milhões.

As cidades estão implementando ações que permitem aprimorar e colaborar com esses novos serviços compartilhados. Isso faz com que uma mobilidade mais sustentável seja alcançada e, ao mesmo tempo, a acessibilidade e a segurança dos usuários seja garantida. Para isso se fazem necessárias políticas públicas que permitam criar condições equitativas de mobilidade para todos os cidadãos. Nesse sentido, a WRI apoia cidades pelo mundo por meio de pesquisas que analisam as recentes transformações tecnológicas e inovações da micromobilidade que integram casos práticos e elencam fatores de sucesso.

Para os propósitos deste capítulo, listamos os pontos mais relevantes avaliados pela WRI e que devem ser resolvidos para integrar adequadamente as cidades e os vários sistemas emergentes de micromobilidade associados.

OS PRINCÍPIOS DO VISION ZERO

Para que a micromobilidade faça parte adequadamente do sistema de transporte das cidades, dada sua condição de maior sensibilidade em relação aos outros modais, os princípios do Vision Zero são cruciais para garantir a segurança do sistema, dos usuários, sobretudo dos mais vulneráveis, e dos fatores de sucesso identificados.

Princípios de um sistema seguro:

» Morte e ferimentos graves não são aceitáveis.
» Erros são cometidos por humanos e o redesenho das ruas é feito justamente para que o erro humano não implique consequências sérias ou fatais.
» Determinadas lesões podem ser mais sensíveis aos seres humanos e específicas ao tipo de veículo em que se deslocam.
» Necessidade de se promover dinâmicas mais proativas e menos reativas.
» Responsabilidade deve ser compartilhada por todos os atores do governo, do setor privado e da sociedade civil — não cabe exclusivamente aos usuários.

Esses pontos constituem uma série de ações que facilitam a segurança de todos os usuários, com foco nas pessoas mais vulneráveis. Para promover serviços de micromobilidade com sucesso, os principais fatores identificados nas cidades que os implementaram são:

Quanto à segurança dos veículos

» Garantir que os veículos cumpram normas de segurança e controle de qualidade, de acordo com os padrões internacionais, como os padrões ISO 43.150 e 4.210 para bicicletas.
» Verificar se os níveis de manutenção e operação dos veículos em termos de pneus, freios, luzes, baterias e assistência elétrica, entre outros, estão em condições adequadas.

» Revisar as especificações de velocidade e áreas de circulação das cidades. Por exemplo, em determinados perímetros de Washington (DC), nos Estados Unidos, há permissão para circulação de bicicletas nas calçadas, mas com velocidade limitada de até 14 km/h.
» Dispor de um protocolo de acidentes e seguro para os usuários.
» Prover serviços de assistência permanente para os usuários e promover cursos de treinamento para que aprendam a operar adequadamente os veículos.
» Monitorar se os contratos dos usuários estão em conformidade com os regulamentos e a legislação de proteção dos países onde esses serviços operam.

Quanto a acessibilidade e taxas

» Processar uma licença municipal de operação onde esses serviços são estabelecidos de acordo com seus regulamentos atuais, concordar com quais políticas públicas contribuir e de que maneira, estabelecendo metas claras, como melhorar a qualidade do ar, a intermodalidade com o transporte público ou promover a sustentabilidade em geral.
» Estabelecer uma garantia pública que permita à cidade enfrentar inconsistências no serviço caso o operador decida sair da cidade ou decrete falência, por exemplo, devolução do depósito-caução em garantia aos usuários, ou outros mecanismos.
» Definir meios não bancários de pagamento do sistema para garantir a acessibilidade a grupos vulneráveis e de baixa renda, assim como regular os aumentos com base em taxas dinâmicas.
» Considerar expandir o serviço para alcançar áreas menos favorecidas.

Quanto ao uso dos dados e informações públicas para tomada de decisão

» Proteger os dados pessoais dos usuários de acordo com as estruturas legislativas atuais.
» Exigir que os serviços forneçam informações de mobilidade (sem incluir dados pessoais de seus usuários) sobre viagens, veículos e áreas de operação, acidentes, entre outros dados relevantes.

Quanto aos lugares autorizados para estacionar e circular

» Definir os perímetros de área autorizada para operação com base na análise da demanda e estabelecer um número de veículos a operar por área, além de abordar outros fatores, como infraestrutura, intermodalidade com transporte público e número de acidentes por área.

» Incentivar a criação de espaços multimodais de modo a atender aos princípios de mobilidade equitativa, a exemplo de espaços que permitam acomodar diferentes tipos de veículos públicos em vez de apenas veículos individuais. Em geral, são ações de baixo custo, uma vez que não requerem infraestrutura de grande porte e cujas adaptações são relativamente fáceis de implementar.

» Incluir restrições e multas nos contratos dos usuários para inibir o estacionamento em locais proibidos.

» Prestar serviço para a remoção e redistribuição de bicicletas e patinetes por meio de veículos motorizados seguros e ecoeficientes nos horários de pico, quando a demanda por viagens costuma ser mais alta, ou nos casos em que os veículos estão estacionados em locais inadequados.

A REALIDADE DA MOBILIDADE ATIVA NO MÉXICO

Embora as cidades mexicanas tenham sido quase que exclusivamente projetadas para deslocamentos em automóvel, os meios de transporte que os mexicanos mais usam para ir à escola e ao trabalho são a caminhada, a bicicleta e o transporte público. Devido às impressionantes taxas aceleradas de urbanização na segunda metade do século XX, as áreas metropolitanas do México se espraiaram mediante a provisão de uma infraestrutura centrada no transporte individual motorizado. Além disso, o governo gasta mais de três quartos de seu orçamento em infraestrutura para o carro particular, expandindo-a com frequência (OROZCO e PALMERÍN, 2011).

Desse modo, o transporte não motorizado no México vem se estabelecendo em um contexto no qual as políticas públicas nem sempre o priorizam e em ambientes que podem, até mesmo, ser hostis a ele. Este capítulo mostra como a grande maioria dos mexicanos ainda depende do transporte não motorizado para suas necessidades de mobilidade urbana e como essa escolha de transporte ainda é suscetível a custos e externalidades negativos, alguns dos quais produzidos como consequência do favorecimento do uso de automóveis.

Pesquisas recentes descobriram que pouco menos de 30% da população do México usa um veículo motorizado particular para todos os fins de deslocamento, ao passo que os 70% restantes optam por algum transporte público (65-68%) ou não motorizado (ONU HABITAT, 2015; AGUIRRE QUEZADA, 2017). O Censo Demográfico mais recente realizado no México (INEGI, 2015) constatou que uma parcela significativa do transporte não motorizado é utilizada para duas das finalidades mais importantes de deslocamento cotidiano: trabalho e escola.

Apesar do predomínio de pedestres e ciclistas no México, o transporte não motorizado é pouco estudado, além de subfinanciado e subestimado. Houve avanços significativos na introdução desse tema na agenda das políticas públicas federais e locais nos últimos anos, mas os modos motorizados continuam dominando o investimento em infraestrutura e a composição institucional em torno das questões de planejamento urbano no México (IRACHETA, 2014; ONU HABITAT, 2015; AGUIRRE QUEZADA, 2017).

Tendo em vista, portanto, que o transporte não motorizado desempenha um papel predominante na realidade cotidiana dos cidadãos mexicanos, em primeiro lugar é indispensável tratá-lo como um modo para deslocamentos curtos e para acessar meios de transporte coletivos em áreas urbanas. Atualmente, 77% dos mexicanos vivem em área urbana e espera-se que essa notável maioria aumente para 80% até 2030 (CONAPO, 2014). Em segundo lugar, o transporte não motorizado, além de economicamente viável, muitas vezes é o único disponível, sobretudo em um país no qual 40% da população vive em situação de pobreza (INEGI, 2015). Em terceiro lugar, ele é essencial para o deslocamento de pessoas menores de 15 anos.

As políticas de mobilidade urbana no México devem responder a um contexto de baixa motorização e aumento das vulnerabilidades dos usuários de transporte não motorizado nas cidades. Os cidadãos mexicanos ainda não optaram totalmente pelo automóvel particular como meio de transporte principal. Isso é reforçado pelo fato de que dois terços dos deslocamentos são feitos principalmente por algum tipo de transporte público, já para fins de trabalho e estudo, os mexicanos se locomovem a pé. Os tempos de viagem ainda são razoavelmente curtos em todo o país: a maioria delas leva menos de 30 minutos (INEGI, 2015), apontando para uma realidade em que a maior parte das cidades mexicanas ainda não é grande o suficiente para exigir investimentos robustos em transporte de massa.

Gráfico 4: Divisão modal para deslocamentos ao trabalho e à escola

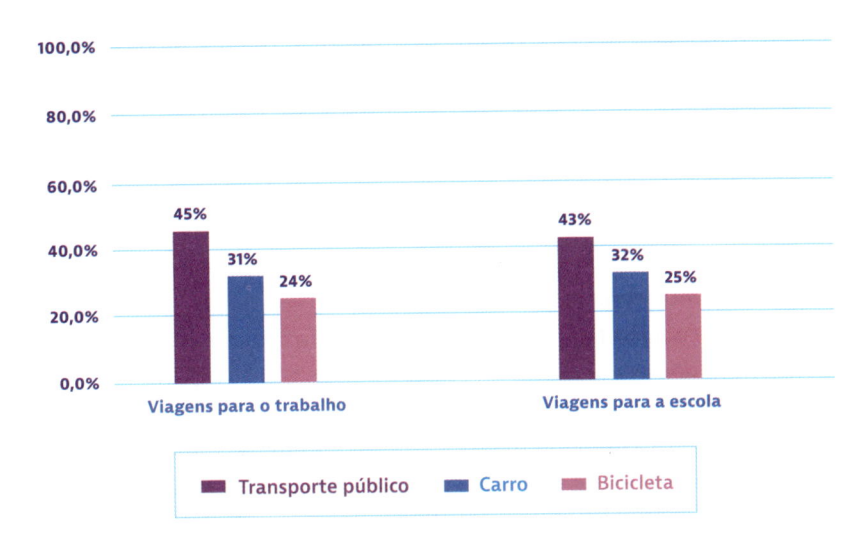

	Transporte público	Carro	Bicicleta
Viagens para o trabalho	45%	31%	24%
Viagens para a escola	43%	32%	25%

Fonte: ITDP, 2017.

ESTRATÉGIA DE MOBILIDADE POR BICICLETAS NA CIDADE DO MÉXICO

Mesmo que a área metropolitana da Cidade do México seja enorme, seus padrões de deslocamento não diferem muito das demais cidades mexicanas. De acordo com a última pesquisa Origem-Destino realizada na Região Metropolitana da Cidade do México, 21 milhões de habitantes fazem 34 milhões de viagens por dia, com um aumento na taxa de carros, que chegou a 6 milhões. No entanto, 46% das viagens são feitas por transporte público, 32% a pé (apenas), 20% em veículo individual motorizado e 2% em bicicletas.

Somente na última edição da pesquisa é que foram incluídas as viagens a pé, "invisíveis" nas pesquisas de 1994 e 2007. Isso levou à descoberta de impressionantes 11,15 milhões de deslocamentos por dia feitos exclusivamente a pé — participação comparável a dos serviços de *paratransit* (11,54 milhões) e quase o dobro do automóvel particular (6,6 milhões). Resultados como esses denotam as lacunas no entendimento de como os mexicanos realmente se transportam e reforçam a justificativa da necessidade de aumentar o foco e os investimentos na infraestrutura do transporte não motorizado.

Mesmo assim, a Cidade do México trabalhou nos últimos anos para tornar seus sistemas de transporte mais ativos, facilitando a realização de caminhadas e ciclismo. As políticas e a infraestrutura cicloviária têm sido modelos para tomada de decisões financeiras e de projeto, impactando na sustentabilidade e saúde urbanas.

A experiência do governo com o lançamento do sistema de bicicletas compartilhadas Ecobici em 2010, como parte da Estratégia de Mobilidade por Bicicleta da Cidade do México, é um exemplo da importância de se revisar as políticas de habilitação em profundidade e garantir que sistemas sejam projetados para ajudar as cidades a atingir seus objetivos.

Em 2007, a Secretaria do Meio Ambiente da Cidade do México apresentou seu Plano Verde (CIUDAD DE MÉXICO, 2011), um apelo urgente à época para melhorar a qualidade atmosférica e da mobilidade. Esse plano exigia a criação de uma estratégia de incentivo à mobilidade por bicicleta, cujo ponto de partida foi o fechamento de 10 quilômetros de ruas para veículos motorizados e sua abertura para usuários de veículos não motorizados todos os domingos, das 8 horas às 14 horas.

De 2008 a 2016, a Cidade do México também introduziu uma série de novas políticas e projetos associados. Com o Ecobici, surgiram novas ciclovias segregadas. Em nove anos, o sistema acumulou mais de 300 mil usuários registrados, totalizando mais de 35 mil viagens diárias. As viagens de bicicleta na cidade aumentaram 500%.

Programas de Rua Aberta, como o Muévete en Bici, incentivaram as pessoas a pensar em como poderiam substituir os deslocamentos de carro por caminhadas ou pedaladas. A avenida Francisco I. Madero (também conhecida apenas por "Calle Madero" e que corta 1 quilômetro do Centro Histórico) foi permanentemente fechada para carros em 2010. Hoje, cerca de 200 mil pedestres a atravessam todos os dias, com aumento de pelo menos 30% na atividade comercial e redução da atividade criminal em 96%. Atualmente, é uma das avenidas mais seguras, acessíveis e valiosas do país.

Inicialmente, a Ecobici possuía 85 estações e mil bicicletas. Em 2019, expandiu-se para mais de 480 estações e 6.800 bicicletas (incluindo 340 e-bikes), gerando uma média de 34 mil usuários ativos diários. É o maior sistema de bicicletas compartilhadas da América Latina, cujo modelo foi replicado em várias outras cidades da região. Também ganhou o Prêmio

Ciclociudades em 2013 por fornecer uma opção de mobilidade inovadora e eficiente para a cidade (VON RITTER FIGUERES, 2017).

Logo, a base do sucesso desse modelo começou mediante uma revisão aprofundada das políticas e das garantias de que o sistema de bicicletas compartllhadas seria projetado para ajudar a atender às metas previstas no Plano Verde. Além das intervenções já mencionadas no Centro Histórico, o programa fechou o leito carroçável do Paseo de la Reforma, importante centro financeiro da capital, desde a Calle Lieja até as imediações do Centro Histórico, incentivando os cidadãos a se conectar com sua vizinhança de outras maneiras a partir do transporte não motorizado.

Essa ideia foi inspirada em dois programas semelhantes: um realizado em Bogotá, Colômbia, e o outro em Guadalajara, México. O programa na Cidade do México foi exitoso em promover uma mudança cultural na maneira como os mexicanos lidam com a bicicleta como meio de transporte. Operado pelo Escritório de Estratégia de Mobilidade de Bicicleta, esse programa também desempenhou um papel importante no estabelecimento do Ecobici, bem como na construção de infraestrutura cicloviária que, hoje, compõe uma rede de quase 200 quilômetros e dois grandes bicicletários, sem mencionar outros projetos relacionados (MCCONVILLE, 2010; MÉNDEZ, 2014).

Garantir que o Ecobici fosse incorporado ao plano ambiental e de mobilidade urbana mais amplamente foi crucial para o seu sucesso. Com isso, o sistema não foi implantado pelo Departamento de Mobilidade (Semovi), mas acabou sendo gerido pelo Departamento do Meio Ambiente, coincidindo também com uma série de projetos de transporte ambiciosos que estavam sendo planejados ao mesmo tempo pelo Semovi (por exemplo, novo corredor rápido de transporte exclusivo de ônibus — como o Metrobus — e a linha 12 do metrô).

Assim, a estratégia de mobilidade por bicicletas na Cidade do México é para além do sistema de compartilhamento desses veículos. O objetivo foi aumentar as viagens de bicicleta como um todo, integrando o plano cicloviário e o sistema Ecobici à rede de transporte urbano para melhorar a conectividade dos deslocamentos do tipo *last mile*. O Ecobici possui uma opção integrada a uma espécie de Bilhete Único. Nove em cada dez viagens são intermodais, combinando o compartilhamento de bicicletas com outras opções de transporte, como BRT, metrô e trens suburbanos (CIUDAD DE MÉXICO, 2017).

Antes e depois da implementação
do programa Muévete en Bici
Fotos: Enrique Abe

ANTES

DEPOIS

Em outubro de 2017, a Cidade do México recebeu o Prêmio Modelo Global de Renovação Urbana (DE LA LANZA, 2018) por criar estacionamento cicloviário em massa em terminais de transporte público. A cidade implementou três estações de bicicleta, beneficiando os 190 mil usuários registrados. Uma das características mais atrativas do sistema de bicicletas compartilhadas é a facilidade de desembarque no destino. Por conta disso, essa infraestrutura — estacionamento rápido, acessível e fácil — se mostrou vital para quem tem bicicleta própria, tornando a condição de posse da bicicleta mais atrativa e conveniente.

Essas mudanças em prol da mobilidade ativa não beneficiam apenas os residentes da Cidade do México. Metade dos usuários do Ecobici vive fora da área de operação e 15% deles vivem fora da capital. Muitos moradores, agora, usam a bicicleta para chegar às estações de transporte público, qualificando positivamente a experiência dos deslocamentos do tipo *last mile*.

GANHOS NOTÁVEIS

Em 2009, o México estabeleceu a meta de reduzir as emissões de gases de efeito estufa em 30% até 2020 e 50% até 2050. Em 2012, o Plano Nacional de Desenvolvimento para 2013-2018 incluiu, pela primeira vez, a promoção de cidades densas, compactas e conectadas, bem como o desenvolvimento de projetos de transporte público e não motorizado. Os investimentos ativos em mobilidade da Cidade do México vêm alcançando, assim, um progresso notável para atender a esses objetivos.

A cidade obteve benefícios econômicos e de saúde pública nos últimos sete anos no valor estimado de 109 milhões de dólares. A construção de mais de 170 quilômetros de ciclovias nesse período têm benefício potencial total de mais de 65 milhões de dólares, um retorno do investimento quase seis vezes superior ao custo de construção. Durante os primeiros sete anos, o sistema Ecobici monetizou benefícios de 26 milhões de dólares em saúde, substituindo cerca de 24.000 quilômetros em viagens realizadas por automóveis.

Além disso, 16% dos usuários do Ecobici trocaram seus automóveis pelas bicicletas compartilhadas, representando uma redução de até 3.900 toneladas de dióxido de carbono (CO_2), o equivalente a plantar 9 mil mudas de árvores. Por fim, graças à plataforma de dados abertos do Ecobici, sabemos que o uso médio dessas bicicletas representa entre 31 e 55% do exercício semanal recomendado pela Organização Mundial da Saúde (OMS).

Para o sucesso do Ecobici, foi crucial garantir que o sistema fosse integrado ao plano geral de mobilidade urbana da cidade. No entanto, foi durante a realização de um teste-piloto para sistemas *dockless* de bicicletas e patinetes compartilhados, em março de 2018, quando as autoridades perceberam e apontaram que as empresas interessadas em oferecer serviços de micromobilidade precisavam cumprir requisitos mínimos, como tamanho da frota, segurança e transparência de dados. A cidade decretou oficialmente que, de acordo com a estrutura legal relativa ao compartilhamento de bicicletas no México, as empresas interessadas em fornecer esse serviço deveriam solicitar uma licença à Semovi (articulada ao Departamento de Meio Ambiente). Para receber a licença, o operador deveria atender a vários requisitos (CIUDAD DE MÉXICO, 2018b):

» Certificação como empresa mexicana.
» Proposta técnica detalhando os processos de implementação e operação.
» Estudo de viabilidade, incluindo análise de demanda.
» Carta de compromisso para compartilhamento de dados em tempo real.
» Inventário de bicicletas.
» Seguro para usuários com a mesma condição fornecida pelo sistema Ecobici.
» Registro gratuito para usuários e designação de áreas geográficas específicas para estacionar bicicletas.
» Proibição de anúncios em bicicletas ou outros componentes técnicos do sistema.

De acordo com o último relatório do departamento de Mobilidade da Cidade do México, os serviços de micromobilidade geraram 700 mil viagens, com apenas 1.400 bicicletas e novecentos patinetes operados por seis empresas (três para bicicletas e o restante para patinetes); ou seja, um total de 2.300 veículos que geram cerca de 15.500 viagens diárias, quase sete viagens diárias por veículo.

Duas em cada três viagens de bicicleta utilizadas através do sistema *dockless* foram feitas por homens, sendo as mulheres minoria nesse contexto (35%). Mas a porcentagem de mulheres usuárias desse serviço ainda é maior do que a registrada na Pesquisa de Origem-Destino referente a viagens realizadas em bicicleta particulares (25%).

A distância média registrada foi de 1,4 quilômetro com tempo médio de 14 minutos, no que supomos ser a distância e o tempo adequados para realização de viagens intermodais com transporte público. Outro dado mostra a existência de uma empresa que oferece bicicletas elétricas com as quais a distância média aumenta para 3,7 quilômetros a um tempo médio de 27 minutos de deslocamento (1% do total de viagens).

Durante a semana, a média de viagens dobra em relação à média do fim de semana: de terça a sexta-feira, a média de viagens ficou acima de 9,8 viagens por bicicleta, enquanto no fim de semana foram registrados cinco (sábado) a seis usos (domingo) diários por bicicleta.

Esse novo *modus operandi* do Semovi reduziu o tamanho da frota em cerca de 68% ao procurar melhorar o mecanismo de controle e dimensionamento do sistema. Embora o número de viagens gerais tenha sido reduzido em 39% com essa medida, o número de viagens por bicicleta praticamente dobrou em 45 dias, indo de seis para 11. Isso significa que, não obstante o menor número de veículos, desde que estejam bem distribuídos no território, é possível atender à demanda do serviço.

A reformulação dada pelas empresas à manutenção das estações/bicicletas contribuiu para aumentar o desempenho das viagens diárias por veículo e, ao mesmo tempo, evitar a saturação de bicicletas estacionadas no espaço público. Isso também se traduziu na redução do número de reclamações de cidadãos e usuários com o sistema. Um dos subprefeitos da região expressou publicamente que o número de reclamações reduziu cinco vezes em comparação aos registros anteriores coletados no programa-piloto.

POR POUCO CUSTO

Existem outros projetos de promoção da bicicleta como meio de transporte aguardando implementação, mas, muitas das vezes, falta apoio financeiro e político. O que talvez seja mais notável no caso da Cidade do México é o investimento em mobilidade ativa, ainda que pequeno, apesar dos fundos públicos dedicados à infraestrutura de automóveis.

A grande maioria das viagens realizadas na região metropolitana custa em torno de 30% do salário mensal típico. No entanto, mais de

80% do investimento em infraestrutura pública é destinado a veículos motorizados.

O desafio de financiar melhorias na mobilidade ativa não é exclusivo da Cidade do México. Na América Latina, 60% dos investimentos em mobilidade estão concentrados em projetos para veículos particulares. Em alguns lugares, membros da sociedade civil estão começando a reverter essa quantidade. Contudo, precisamos de mais iniciativas para inflexionar as cidades e, assim, atender às metas globais de preservação do meio ambiente e redução da pobreza. Os ganhos da Cidade do México até o momento são impressionantes, embora cerca de 200 mil carros ainda estejam circulando nas ruas todos os anos, sujeitos a problemas de congestionamento, poluição, mudanças climáticas e conectividade.

Melhorar a experiência de caminhar e andar de bicicleta é essencial para tornar as ruas mais seguras nas cidades em crescimento rápido e melhorar a qualidade de vida e sustentabilidade. Como mostra a experiência da Cidade do México, eles também são bons investimentos.

O QUE FAZER NA AMÉRICA LATINA E NO SUL GLOBAL?

Embora o desenvolvimento de novas tecnologias de bicicletas compartilhadas e micromobilidade, em geral, ainda seja recente no mundo e pouco implementado nas cidades latino-americanas, é importante ressaltar a garantia de mobilidade urbana integrada, segura e sustentável que proporcionam. Para isso, é essencial que governos e operadoras locais estabeleçam canais de comunicação acessíveis e alinhados às políticas públicas para trabalho em conjunto e desenvolvimento de legislação adequada, fornecendo infraestrutura segura e gerenciando com eficiência a operação e manutenção desses sistemas.

As autoridades, o setor privado e as principais partes envolvidas devem trabalhar lado a lado para o desenvolvimento das condições que garantam o sucesso do uso desses sistemas através do dimensionamento dos resultados coletados pelos testes-piloto, do fluxo de informações para a decisão e garantia de acesso seguro extensivo a todos.

O surgimento de novas tecnologias cria oportunidades para aumentar o interesse dos usuários em alternativas de mobilidade sustentável, mas também desafia as autoridades municipais de todo o mundo a consolidar políticas e a mensurar seus benefícios para diversas áreas.

REFERÊNCIAS BIBLIOGRÁFICAS

AGUIRRE QUEZADA, J. P. Movilidad urbana en México. *Cuaderno de Investigación*, Dirección General de Análisis Legislativo, México, n. 30 p. 1-38, mar. 2017. Disponível em: <http://www.bibliodigitalibd.senado.gob.mx/bitstream/handle/123456789/3342/CI%2027.pdf?sequence=1&isAllowed=y>. Acesso em: 30 set. 2020.

CIUDAD DE MEXICO. *Cuatro años de avances: Plan verde de la Ciudad de México.* Federal District Government, GoM, out. 2011. Disponível em: <http://centro.paot.org.mx/documentos/sma/Informe_PV_a_4anos.pdf>. Acesso em: 30 set. 2020.

_____. *CDMX: Hacia una ciudad ciclista*. Federal District Government, Government of Mexico, 2017. Disponível em: <https://derivelab.org/proyecto/cdmx-hacia-una-ciudad-ciclista/>. Acesso em: 30 set. 2020.

_____. *Ecobici. Federal District Government*, Government of Mexico, 2018a. Disponível em: <www.ecobici.cdmx.gob.mx>. Acesso em: 30 set. 2020.

_____. *Gaceta oficial de la Ciudad de Mexico*. Vigésima Época, n. 281. Março de 2018. Gobierno de la Ciudad de México, 2018b. Disponível em: <https://semovi.cdmx.gob.mx/storage/app/media/Anexo%201.%20Aviso%20bicicletas%20sin%20anclaje.pdf>. Acesso em: 30 set. 2020.

CONSEJO NACIONAL DE POBLACIÓN (CONAPO). *La Situación Demográfica de México 2014.* Disponível em: <https://www.conapo.gob.mx/work/models/CONAPO/Situacion_Demografica_De_Mexico/2014/HTML/files/assets/basic-html/page157.html>. Acesso em: 29 set. 2020.

DE LA LANZA, I. *Cyclists and Walkers Lead Mexico City on the Road to Sustainability*, 10 maio 2018. Disponível em: <https://www.thecityfix.org/blog/cyclists-walkers-lead-mexico-city-road-sustainability-ivan-de-la-lanza/>. Acesso em: 30 set. 2020.

HEAT. *Health Economic Assessment Tool for walking and cycling*. Disponível em: <https://www.heatwalkingcycling.org>. Acesso em: 29 set. 2020.

INSTITUTE FOR TRANSPORTATION & DEVELOPMENT POLICY (ITDP). *A Global High Shift Cycling Scenario* (Report), 12 nov. 2015. Disponível em: <https://www.itdp.org/2015/11/12/a-global-high-shift-cycling-scenario/>. Acesso em: 29 set. 2020.

_____. *Invertir para Movernos*, 2017. Disponível em: <http://invertirparamovernos.itdp.mx/#/resultados>. Acesso em: 30 set. 2020.

INSTITUTO NACIONAL DE ESTADÍSTICA Y GEOGRAFÍA (INEGI). *Encuesta Intercensal 2015*. Disponível em: <https://www.inegi.org.mx/programas/intercensal/2015/>. Acesso em: 30 set. 2020.

_____. *Encuesta Origen Destino en Hogares de la Zona Metropolitana del Valle de México* (EOD) 2017. Disponível em: <https://www.inegi.org.mx/programas/eod/2017/>. Acesso em: 30 set. 2020.

IRACHETA, A. *Metrópolis y gobernanza. Bases conceptuales y experiencias.* Cidade do México: Siglo XXI, 2014.

MCCONVILLE, M. Mexico City Launches Ecobici Bike-Sharing Program. The City Fix, February 26, 2010. Disponível em: <http://thecityfix.com/blog/mexico-city-launches-ecobici-bike-sharing-program>. Acesso em: 30 set. 2020.

MÉNDEZ, G. Beyond Move in Mexico City: Integrating Sustainable Mobility into the Everyday. The City Fix, 30 jun. 2014. Disponível em: <https://thecityfix.com/blog/beyond-move-mexico-city-integrating-sustainable-mobility-ecobici-biking-gisela-mendez/>. Acesso em: 29 set. 2020.

MOON-MIKLAUCIC, C. et al. *The Evolution of bikes haring; 10 questions on the emergence of new technologies, opportunities and risks* (Working Paper). Washington, DC: World Resources Institute, 2018. Disponível em: <http://www.wri.org/publication/evolution-bike-sharing>. Acesso em: 29 set. 2020.

O'BRIEN, O. *Global Map of Bikeshare*, 2019. Disponível em: <http://bikesharemap.org>. Acesso em: 5 maio 2019.

ONU HABITAT. *International Guidelines on Urban and Territorial Planning* (Report), 2015. Disponível em: <https://unhabitat.org/international-guidelines-on-urban-and-territorial-planning>. Acesso em: 30 set. 2020.

ORGANIZAÇÃO DAS NAÇÕES UNIDAS (ONU). *Share the Road Global outlook on walking and cycling* (Relatório), out. 2016. Disponível em: <https://www.unenvironment.org/resources/report/share-road-global-outlook-walking-and-cycling-october-2016>. Acesso em: 29 set. 2020.

ORGANIZAÇÃO MUNDIAL DA SAÚDE (OMS). *Global status report on road safety 2013.* Genebra: World Health Organization, 2018. Disponível em: <https://www.who.int/iris/bitstream/10665/78256/1/9789241564564_eng.pdf?ua=1>. Acesso em: 29 set. 2020.

OROZCO, M.; PALMERÍN, A. *Reporte de la Gestión del Fondo Metropolitano.* ITDP, México, 2011.

SUSTAINABLE MOBILITY FOR ALL (SUM4ALL). *Global Mobility Report 2017.* Disponível em: <https://openknowledge.worldbank.org/bitstream/handle/10986/28542/120500.pdf?sequence=6>. Acesso em: 29 set. 2020.

THE ROCKEFELLER FOUNDATION. *Catalyzing the New Mobility in Cities.* Shaping Outcomes for Effective Social Enterprise (Relatório), 30 mar. 2012. Disponível em: <https://www.rockefellerfoundation.org/wp-content/uploads/Intellecap-Catalyzing-the-New-Mobility-in-Cities.pdf>. Acesso em: 29 set. 2020.

UNION INTERNATIONALE DES TRANSPORTS PUBLICS (UITP). *Mobility in Cities Database (MCD)* (Synthesis Report), jun. 2015. Disponível em: <https://cms.uitp.org/wp/wp-content/uploads/2020/06/MCD_2015_synthesis_web_0.pdf>. Acesso em: 29 set. 2020.

VON RITTER FIGUERES, N. *Lock in Does Not Lock Out: Bike-Sharing in the Transition Towards Sustainable Urban Mobility*, nov. 2017.

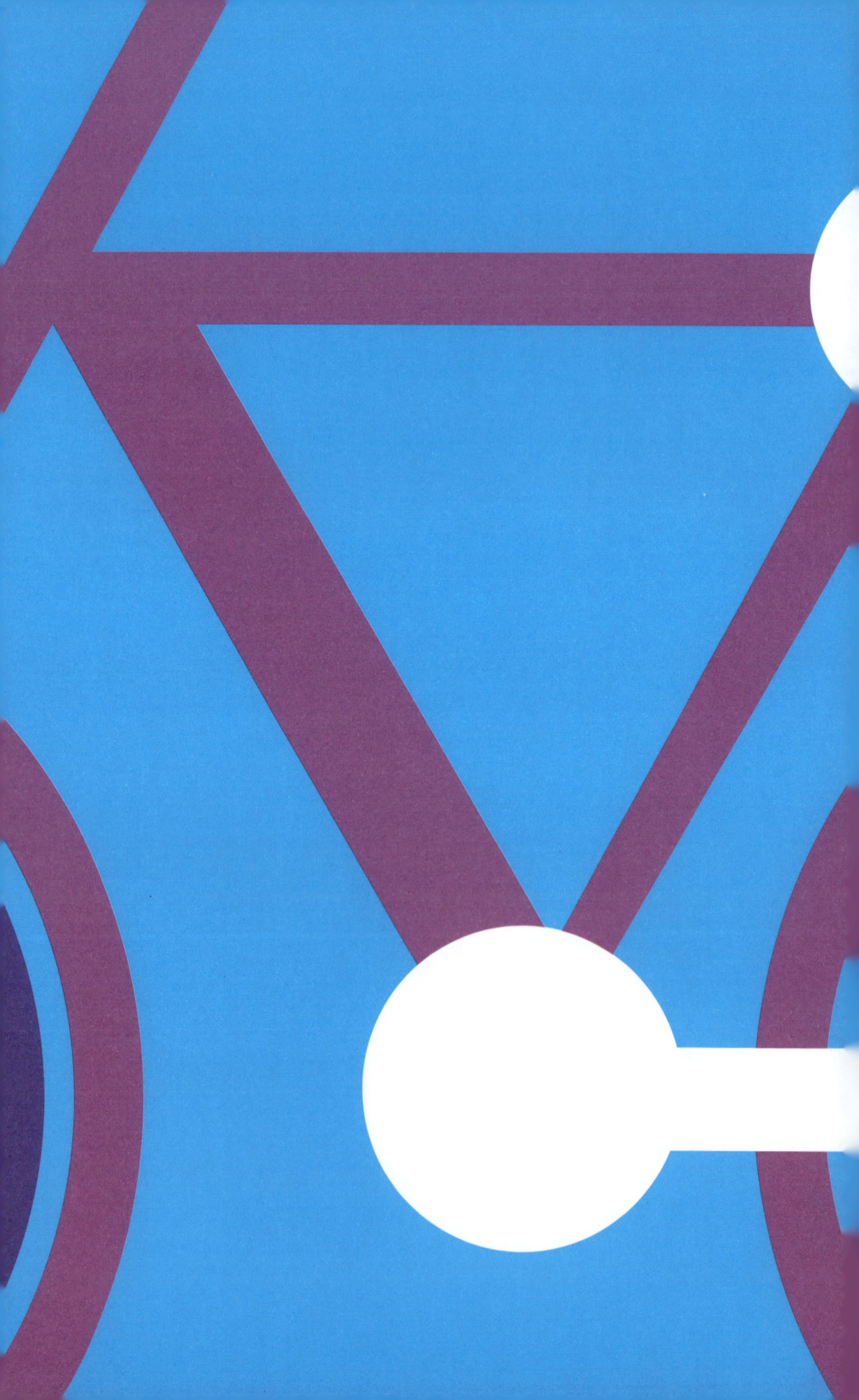

EFEITOS DO PEDALAR: BEM VIVER E MEIO AMBIENTE

4

BICICLETAS NA DINÂMICA DAS CIDADES: VERDADEIRAS ALIADAS NO COMBATE À EMISSÃO DE POLUENTES

David Tsai Formado em Geografia e Engenharia Química pela USP, atua no Instituto de Energia e Meio Ambiente e se dedica a estudos sobre poluição, mobilidade urbana e mitigação de emissões de gases de efeito estufa.

Felipe Barcellos Graduado em Engenharia Elétrica com ênfase em Sistemas Eletrônicos na Escola Politécnica da USP, possui formação técnica em eletrônica pela Fundação Instituto Tecnológico de Osasco. No Instituto de Energia e Meio Ambiente, atua em política energética, mobilidade urbana e modelagem de emissões atmosféricas.

Hellem Miranda Arquiteta e urbanista pela Universidade Federal do Paraná e mestre em Engenharia de Transportes pela EESC-USP, na qual faz doutorado. Tem experiência profissional nas áreas de mobilidade urbana, planejamento urbano e regional e meio ambiente.

Marcelo Cremer Graduado em Engenharia Química na Escola Politécnica da USP, como pesquisador do Instituto de Energia e Meio Ambiente se dedica a estudos sobre poluição, mobilidade urbana e transporte regional de cargas.

A sustentabilidade há tempos tem se tornado tema relevante no cenário internacional. A depleção de recursos naturais, a influência antrópica no sistema climático global e o adoecimento da população urbana são fatores fortemente presentes no debate público. Nesse sentido, a mobilidade urbana é particularmente importante para o estabelecimento de uma agenda socioambiental. Primeiro, em razão dos desafios para prover maior acessibilidade às oportunidades que a cidade oferece e, segundo, em razão de seu massivo consumo de energia e consequentes emissões de poluentes atmosféricos e gases de efeito estufa (GEE).

Um ponto de ação nessa agenda consiste no uso da bicicleta como um modo efetivo de transporte. Além de constituir uma alternativa barata e simples, ela minimiza os impactos negativos provocados pela intensa circulação dos veículos motorizados, estimula a interação social e promove a melhoria da qualidade de vida, saúde e equidade de oportunidades de seus usuários (MIRANDA et al., 2018; LITMAN, 2016).

A introdução da bicicleta na dinâmica das cidades tem se dado de maneiras distintas. A implantação de infraestruturas dedicadas (como ciclovias e ciclofaixas) é uma das formas mais difundidas para tal, sendo esse um importante passo para se chegar a uma mudança na matriz modal a caminho de uma mobilidade sustentável (PANTER et al., 2016; MARQUÉS et al., 2015; GONZALO-ORDEN et al., 2014; SOUSA, SANCHES e FERREIRA, 2014; BASU e VASUDEVAN, 2013). Outra estratégia utilizada para estimular o uso da bicicleta corresponde aos sistemas de compartilhamento. Apesar de idealizado na Holanda no ano de 1965, foi apenas nos anos 2000 que eles se popularizaram (OLDENZIEL et al., 2016; O'BRIEN et al., 2014) e hoje esses serviços estão presentes em aproximadamente novecentas cidades ao redor do mundo (DEMAIO e MEDDIN, 2012). O sucesso do *bike-sharing*, termo pelo qual é conhecido, é atribuído à necessidade de se buscar alternativas para driblar os congestionamentos urbanos, mas seus benefícios, econômicos e para a saúde pública vão além do desejo de viagens mais rápidas (THIGPEN et al., 2015; MÁTRAI e TÓTH, 2016).

Os benefícios socioambientais promovidos pelo uso das bicicletas compartilhadas têm sido alvo de estudos em diversos países (BREY et al, 2017; BULLOCK, BRERETON e BAILEY, 2017; GÖSSLING e CHOI, 2015; SÆLENSMINDE, 2002). Os resultados de pesquisas do leste asiático são os que chamam mais atenção, especialmente pelas dimensões dos serviços prestados. Simulações conduzidas por Lu et al., (2018) na cidade de Taipei indicaram que o uso de bicicletas compartilhadas conectadas ao transporte coletivo pode gerar significativa economia de recursos públicos pela simples prevenção de mortes anuais prematuras em razão da introdução de um modo ativo de transporte na realização de viagens diárias. Já o trabalho de Zhang e Mi (2018) apresenta o imenso potencial dos sistemas de compartilhamento de bicicletas para a redução do consumo de energia e emissões de poluentes.

Apesar dos reconhecidos benefícios para redução de poluentes, deve-se considerar que a promoção dos sistemas de compartilhamento também é influenciada pela qualidade do ar nas cidades. Li e Karmagianni (2018) apontam a necessidade de se levar em conta que altos índices de poluição no ambiente urbano são desestimulantes para a efetiva adoção do *bike-sharing* pela população. No entanto, os benefícios percebidos por usuários associados à redução do tempo e ao custo de viagem são condições essenciais para estimular sua adoção (LI e KARMAGIANNI, 2018). Tal fato demonstra que a opção pelo modo de transporte de cada indivíduo está intimamente relacionada aos benefícios individuais, sobrepondo-se aos interesses coletivos da sociedade.

Como se observa, os benefícios ambientais adquiridos com a inclusão e uso de sistemas de compartilhamento de bicicletas são inegáveis. Sendo assim, cidades como São Paulo, famosa por sua gigantesca frota de veículos, congestionamentos e altos níveis de poluição local, podem se beneficiar de diversas formas a partir da inserção desses serviços e de seu estímulo à adoção pela população.

Considerando todos os benefícios identificados a partir da adoção dos sistemas de *bike-sharing* no ambiente urbano, especialmente os reconhecidos ganhos ambientais, e dada a escassez de trabalhos que partem da observação de tais benefícios em países em desenvolvimento, especialmente na América Latina, o continente mais desigual e com maior concentração populacional em áreas urbanas (ONU, 2017), o objetivo deste estudo consiste em avaliar o papel que a operação de um sistema de bicicletas compartilhadas na cidade de São Paulo exerce para a redução da emissão de poluentes atmosféricos e de GEE.

ESTUDO DE CASO: ESTIMATIVA DE EMISSÕES EVITADAS PELO USO DO SISTEMA BIKE SAMPA

O sistema de compartilhamento de bicicletas conhecido como Bike Sampa, um dos modelos em operação na cidade de São Paulo, foi selecionado como estudo de caso a fim de se investigar seu efeito sobre as emissões atmosféricas. Esse processo buscou explorar as dificuldades e incertezas quanto à aplicação de um método para a estimativa de emissões evitadas dada a premissa da mudança modal para o modo de transporte bicicleta.

O Bike Sampa consiste em um dos modelos de compartilhamento mais tradicionais, no qual as bicicletas são distribuídas em estações fixas de forma que o usuário pode devolvê-las em qualquer uma das docas em operação. Em março de 2019, esse sistema dispunha de 241 estações distribuídas em áreas onde se concentram prioritariamente população branca e de alta renda (DURAN et al., 2018). O sistema contava ainda com 2.600 bicicletas (SOUZA, 2019), configurando uma média de 11 bicicletas por estação.

Tomando-se como referência o zoneamento adotado pela Pesquisa Origem-Destino da Região Metropolitana de São Paulo 2017 (METRÔ, 2017), o Bike Sampa dispõe de estações em 37 zonas, de um total de 342 no município de São Paulo. Essas zonas OD onde o sistema está presente concentram 6,0% da população de São Paulo, 12,6% da renda (METRÔ, 2017) e aproximadamente 18,6% das emissões de poluentes atmosféricos[1] (IEMA, 2017). Considerando os moradores dessas

---

[1] Considera-se aqui as emissões do poluente material particulado total (MP_{total}) provenientes do transporte de passageiros no município.

Figura 1: Distribuição das estações do sistema Bike Sampa na Região Metropolitana de São Paulo (mar. 2019)[2]

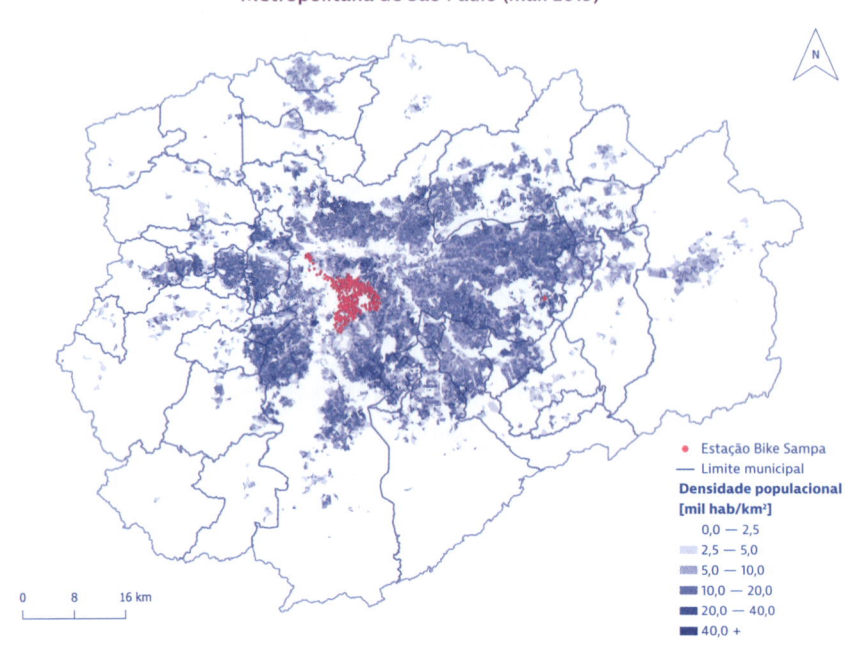

- Estação Bike Sampa
— Limite municipal
Densidade populacional [mil hab/km²]
0,0 — 2,5
2,5 — 5,0
5,0 — 10,0
10,0 — 20,0
20,0 — 40,0
40,0 +

zonas OD, para cada 272 habitantes uma bicicleta estaria disponível, aproximadamente. Além disso, vale lembrar que a área de abrangência do sistema corresponde a uma região de elevada oferta de empregos (18,8% do total ofertado na cidade, segundo a Pesquisa OD) e, portanto, de grande circulação de moradores de outras zonas.

MÉTODO

Dados

As seguintes fontes de dados foram utilizadas neste capítulo:
- » Dados de viagens do sistema Bike Sampa relativos aos 18 dias úteis de março de 2019 (foram desconsiderados os dias 4, 5 e 6 devido ao feriado de Carnaval);
- » Pesquisa Origem-Destino da Região Metropolitana de São Paulo 2017 (METRÔ, 2017);

---

[2] A Região Metropolitana de São Paulo também é composta pelos municípios de Biritiba Mirim, Guararema, Juquitiba, Salesópolis e Santa Isabel, não representados na Figura 1.

Figura 2: Localização das estações do sistema Bike Sampa e linhas de desejo de viagem (mar. 2019)[3]

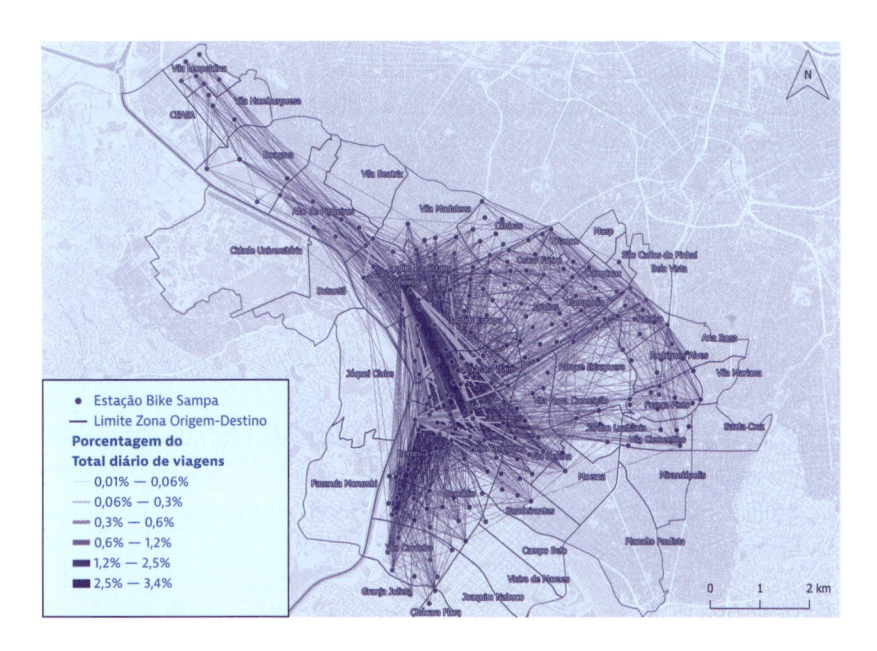

» Inventário de Emissões Atmosféricas do Transporte Rodoviário de Passageiros no Município de São Paulo (IEMA, 2017).

Procedimentos

Como se encontravam indisponíveis os valores de quilometragem percorrida por viagem registrada pelo sistema Bike Sampa, o processo de cálculo tem início a partir da estimativa dessa quilometragem (Q_{RE}) — procedimento 1 da Figura 3. Para tanto, é calculada a distância euclidiana entre a estação de retirada e a estação de entrega (D_{RE}) e em seguida aplica-se um fator de correção (C), uma vez que a distância real percorrida no sistema viário é sempre maior do que a distância euclidiana. Tal fator é estabelecido a partir da consulta dos melhores trajetos cicláveis sugeridos pela ferramenta Google Maps para os cinquenta pares R-E (estação de retirada para estação de entrega) mais comuns observados na amostra. Idealmente, as sugestões para todos os pares R-E poderiam ser obtidas a partir de um trabalho

---

[3] Foram suprimidas da representação as linhas de desejo com média diária de viagens menor do que 1, bem como a estação localizada na zona Cidade Tiradentes.

computacional adicional e da aquisição de um serviço do Google, porém, por simplificação, optou-se por realizar a consulta de modo manual. Os cinquenta pares R-E consultados representaram 21% das viagens amostradas. A média das diferenças entre os cinquenta trajetos sugeridos pelo Google Maps e as distâncias euclidianas resultou em um fator de correção (C) de, aproximadamente, 1,2.

$$Q_{RE}^{v} = D_{RE} \times C$$

Onde:

» Q_{RE}^{v} é a quilometragem estimada de uma viagem v de bicicleta compartilhada entre a estação de retirada (R) e a estação de entrega (E);
» D_{RE} é a distância euclidiana entre a estação de retirada (R) e a estação de entrega (E), em quilômetros;
» C é a razão média entre a quilometragem de trajeto e a distância euclidiana entre pares RE.

Para os casos de viagens com retirada e devolução da bicicleta na mesma estação, considerou-se a duração da viagem multiplicada por uma velocidade média de 13,6 km/h. Esse valor, assim como no caso anterior, foi adotado a partir da verificação dos trajetos sugeridos pela ferramenta Google Maps para os cinquenta pares R-E mais comuns observados na amostra.[4]

As estimativas de emissões evitadas, a partir do uso do compartilhamento de bicicletas, foram calculadas dada a premissa de que as viagens realizadas no sistema foram originadas pela mudança

---

4 É importante ponderar a hipótese de que viagens em que a bicicleta compartilhada é retirada e entregue em uma mesma doca estejam também associadas a usos de lazer e esporte. Por terem exatamente a mesma localidade como origem e destino, tal hipótese considera que essas viagens, caso não se tratassem de deslocamentos de passeio, não aconteceriam. Essa suposição é corroborada pelo fato de algumas estações onde esse tipo de uso do sistema é mais comum se localizarem próximas a orlas, parques, praças e ciclofaixas de lazer (considerando amostras de diferentes cidades). Assim, ao calcularmos as emissões evitadas por esse grupo de viagens, é possível que certo erro seja adicionado ao resultado final, uma vez que trajetos a passeio dificilmente teriam sido feitos por carros ou motos. Como os dados utilizados neste trabalho não sustentam essa hipótese por completo, não permitindo sua total adoção, optou-se por permanecer contabilizando as movimentações que se iniciam e terminam no mesmo lugar. A fim de isolar o uso recreativo das bicicletas, foram removidas da análise as viagens com mais de três horas de duração, bem como aquelas que aconteceram aos finais de semana ou feriados, conforme já mencionado.

Figura 3: Procedimento de estimativa de emissões evitadas pelo uso do sistema de bicicletas compartilhadas

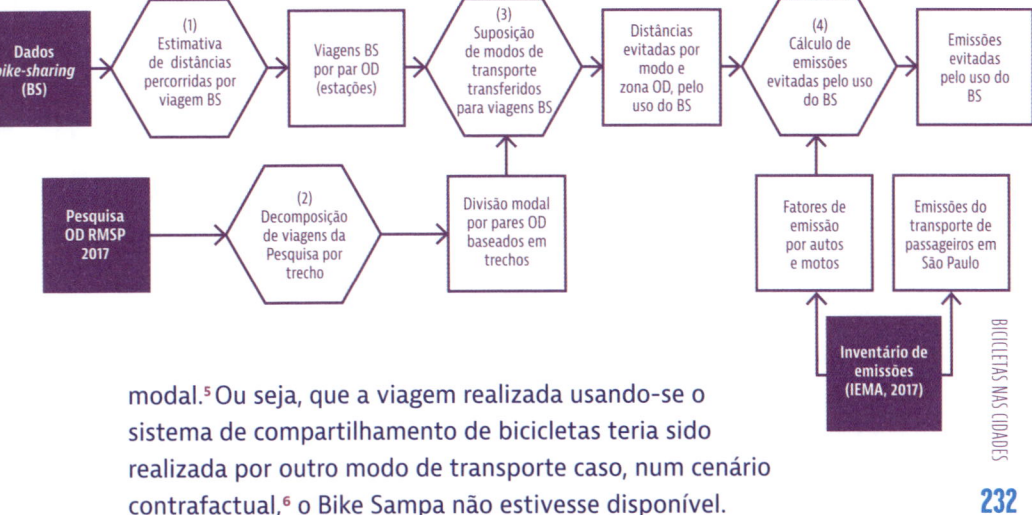

```
Dados bike-sharing (BS) → (1) Estimativa de distâncias percorridas por viagem BS → Viagens BS por par OD (estações) → (3) Suposição de modos de transporte transferidos para viagens BS → Distâncias evitadas por modo e zona OD, pelo uso do BS → (4) Cálculo de emissões evitadas pelo uso do BS → Emissões evitadas pelo uso do BS

Pesquisa OD RMSP 2017 → (2) Decomposição de viagens da Pesquisa por trecho → Divisão modal por pares OD baseados em trechos

Fatores de emissão por autos e motos ↑
Emissões do transporte de passageiros em São Paulo ↑
Inventário de emissões (IEMA, 2017)
```

modal.[5] Ou seja, que a viagem realizada usando-se o sistema de compartilhamento de bicicletas teria sido realizada por outro modo de transporte caso, num cenário contrafactual,[6] o Bike Sampa não estivesse disponível.

Dada a ausência de pesquisas específicas, a definição do modo de transporte que teria sido utilizado no cenário contrafactual foi dada a partir de sua probabilidade de ocorrência, segundo sua participação na divisão modal de cada par OD — procedimento 3 da Figura 3.

A Pesquisa OD é a fonte de informação mais importante e atual sobre o comportamento dos habitantes da Região Metropolitana de São Paulo em relação a suas viagens diárias na metrópole. No banco de dados da Pesquisa, cada viagem realizada por um habitante amostrado pode ser caracterizada em até seis trechos:

1. Caminhada na zona de origem (ZO-ZO);
2. Deslocamento entre a zona de origem e a zona da 1ª transferência de modo de transporte (ZO-T1);

---

5 Uma consideração importante quanto à aplicação da hipótese de mudança modal, é o fato de um usuário do *bike-sharing* poder substituir um ou mais trechos de sua viagem, ou até mesmo a viagem completa pelo uso da bicicleta. No método aqui aplicado, utilizamos uma divisão modal que dá preferência para a substituição de trechos de viagens, e não viagens completas, considerando a facilidade e conveniência que os sistemas de *bike-sharing* em geral oferecem aos usuários para a substituição de trechos. A realização de pesquisas com o usuário e a aplicação de modelos que incorporem tratativas mais adequadas para as diversas possibilidades de comportamento de mudança modal podem endereçar essa questão.
6 Cenário contrafactual é aquele que não aconteceu, mas poderia ter acontecido. Contrapõe-se à situação ou evento que aconteceu realmente, chamada de factual.

3. Deslocamento entre a zona da 1ª transferência de modo de transporte e a zona da 2ª transferência de modo de transporte (T1-T2);
4. Deslocamento entre a zona da 2ª transferência de modo de transporte e a zona da 3ª transferência de modo de transporte (T2-T3);
5. Deslocamento entre a zona da 3ª transferência de modo de transporte e a zona de destino (T3-ZD);
6. Caminhada na zona de destino (ZD-ZD).

Foi considerado que uma viagem Bike Sampa não necessariamente substitui uma viagem completa, ou seja, todos os trechos, mas sim um ou mais trechos dela. Assim, as divisões modais por par OD utilizadas na aplicação da hipótese de mudança modal, para identificar o modo de transporte substituído, foram baseadas na decomposição das viagens em até seis trechos, de acordo com sua segmentação indicada na Pesquisa OD — procedimento 2 da Figura 3. Essas divisões modais baseadas nos trechos diferem das divisões modais apresentadas diretamente nos documentos consolidados e nas tabelas gerais da Pesquisa OD, que são baseadas nas viagens completas (soma de trechos) e adotam um modo de transporte principal para cada viagem.[7]

Para a análise, assumiu-se que os segmentos realizados a pé com duração inferior a dez minutos não seriam substituídos pela bicicleta, assim eles foram removidos da matriz de trechos de viagens por par OD.

Com fins de ilustração, a Tabela 1 mostra como a divisão modal resultante varia em função de diferentes premissas adotadas, influenciando a estimativa de emissões evitadas a partir da mudança modal. Trata-se de uma importante incerteza do método adotado neste capítulo, que poderia ser reduzida a partir da realização de pesquisas específicas para identificar o modo de transporte que seria utilizado em cada viagem no cenário contrafactual.

Adotou-se que apenas as viagens cujos modos originais são "dirigindo automóvel", "dirigindo motocicleta", "táxi convencional" e "táxi não convencional" causam redução de emissões, ou seja, provocam emissões no cenário contrafactual e que podem ser evitadas no cenário factual. Apenas essas supostas viagens representariam veículos emissores que deixaram de circular em função da viagem realizada com a bicicleta compartilhada no cenário factual. Os ônibus também são veículos emissores, mas no caso

---

7 A Pesquisa OD estabelece uma hierarquia de modos de transporte para definir o modo principal de uma viagem. Por exemplo: uma viagem composta por trechos "a pé", "por ônibus" e "por metrô", terá o modo "metrô" como principal.

Tabela 1: Divisão modal na RMSP calculada segundo diferentes recortes

MODO DE TRANSPORTE	DIVISÃO MODAL		
	COM BASE EM VIAGENS E MODO PRINCIPAL	COM BASE EM TRECHOS	COM BASE EM TRECHOS, EXCLUINDO A "PÉ" < 10 MIN
A pé	31,8%	65,6%	30,3%
Ônibus, micro-ônibus e perua/van	19,8%	14,6%	29,7%
Dirigindo automóvel	18,6%	7,5%	15,2%
Metrô, trem e monotrilho	11,1%	4,3%	8,8%
Passageiro de automóvel	8,4%	3,6%	7,3%
Transporte escolar	5,0%	2,0%	4,0%
Dirigindo moto	2,3%	0,9%	1,9%
Táxi e táxi não convencional	1,1%	0,5%	1,0%
Bicicleta	0,9%	0,4%	0,8%
Outros	1,1%	0,6%	1,2%

Fonte: Elaborado a partir de dados da Pesquisa OD (METRÔ, 2017).

das viagens por ônibus substituídas, não há veículos que deixam de circular e não são evitadas emissões, uma vez que o sistema de transporte público continua a operar.

Foi também assumido que viagens por bicicleta compartilhada com distância inferior a 500 metros não substituem viagens por automóveis e motocicletas.

Por simplificação, definiu-se que essas viagens por automóveis e motocicletas teriam a mesma distância das respectivas viagens realizadas com a bicicleta compartilhada. Com isso, o próximo passo é aplicar os fatores de emissão para calcular as emissões evitadas — procedimento nº 4 da Figura 3. O cálculo de emissões evitadas foi realizado a partir da seguinte fórmula:

$$E_m^p = \Sigma_v \left(Q_{RE}^v \times P_m^{OD} \times F_m^p \right)$$

Onde:

» E_m^p é a emissão evitada de gás ou poluente p pela viagem substituída do modo de transporte m, expresso em massa de p;
» Σ_v é o somatório de viagens v do sistema de compartilhamento de bicicletas;
» Q_{RE}^v é a quilometragem estimada de uma viagem *v* de bicicleta compartilhada entre a estação de retirada (*R*) e a estação de entrega (*E*);
» P_m^{OD} é a participação do modo de transporte *m* na divisão modal do par *OD* correspondente ao par *RE*;
» F_m^p é o fator de emissão de gás ou poluente *p* para o modo de transporte substituído *m*, expresso em massa de *p* por quilômetro.

Foram utilizados fatores de emissão representativos do ano 2015 para o município de São Paulo de IEMA (2017), destacando-se o fato de que foi estimado que aproximadamente 52% dos veículos *flex-fuel* optou por etanol hidratado, enquanto 48% optou por gasolina C:[8]

- Fator de emissão de material particulado total (MP_{total})[9] para automóveis: 26,3mg/km
- Fator de emissão de MP_{total} para motocicletas: 14,7g/km
- Fator de emissão de GEE (em CO_2e)[10] para automóveis: 93,7g/km
- Fator de emissão de GEE (em CO_2e) para motocicletas: 39,2g/km

O poluente MP_{total} foi selecionado para a presente análise dado que as estações de monitoramento da qualidade do ar geridas pela Companhia Ambiental do Estado de São Paulo, localizadas na área

---

8 Gasolina C: mistura de gasolina A (pura) e etanol anidro que é comercializada nos postos de abastecimento de combustível.
9 O MP_{total} é a soma do material particulado oriundo da combustão e do material particulado oriundo do desgaste de pneus, freios e pista.
10 CO_2e: dióxido de carbono equivalente. Métrica empregada para converter o efeito dos diferentes GEEs em uma mesma medida, tomando o dióxido de carbono (CO_2) como referência.

de abrangência do Bike Sampa, indicam frequentes ultrapassagens dos níveis máximos de concentração ambiental recomendados pela Organização Mundial da Saúde (CETESB, 2019). Além disso, automóveis e motocicletas respondem por mais de três quartos das emissões de MP_{total} do transporte rodoviário de passageiros no município (IEMA, 2017).

Para alocar as viagens de bicicleta e respectivas emissões evitadas por zona OD, foram distribuídas as quilometragens totais das viagens (Q_{RE}^{v}) nas zonas usando a razão entre a extensão do segmento da distância direta entre o par RE localizado dentro de cada zona (D_{RE}^{Z}) e a distância direta entre o par RE (D_{RE}). As viagens com retirada e entrega da bicicleta na mesma estação foram definidas como intrazonais.

$$Q_{RE}^{v,Z} = Q_{RE}^{v} \times D_{RE}^{Z} / D_{RE}$$

Onde:

» $Q_{RE}^{v,Z}$ é a quilometragem estimada, dentro de uma determinada zona Z, de uma viagem v de bicicleta entre a estação de retirada (R) e a estação de entrega (E);
» Q_{RE}^{v} é a quilometragem estimada de uma viagem v de bicicleta entre a estação de retirada (R) e a estação de entrega (E);
» D_{RE}^{Z} é a extensão do segmento, localizado dentro de uma zona Z, da distância euclidiana entre a estação de retirada (R) e a estação de entrega (E);
» D_{RE} é a distância euclidiana entre a estação de retirada (R) e a estação de entrega (E).

Resultados

Em março de 2019, o número médio de viagens diárias do Bike Sampa representou cerca de 0,4% do total de deslocamentos (trechos de viagens) estimados, a partir dos dados da Pesquisa OD, para os pares Origem-Destino onde se observou retirada e entrega de bicicletas compartilhadas no sistema. Estimou-se um total de 22,2 mil quilômetros percorridos pelas bicicletas por dia.

Estimou-se em 4,7 mil quilômetros por dia a distância que seria percorrida pelas viagens de automóveis substituídas. Quanto às viagens de motocicletas substituídas, estimou-se em 247 quilômetros por dia a distância total que seria percorrida. No conjunto, isso representou cerca de 22% da quilometragem percorrida pelas bicicletas.

Figura 4: Material particulado emitido por automóveis e motocicletas por zona OD, e emissões evitadas pelo uso de bicicletas compartilhadas

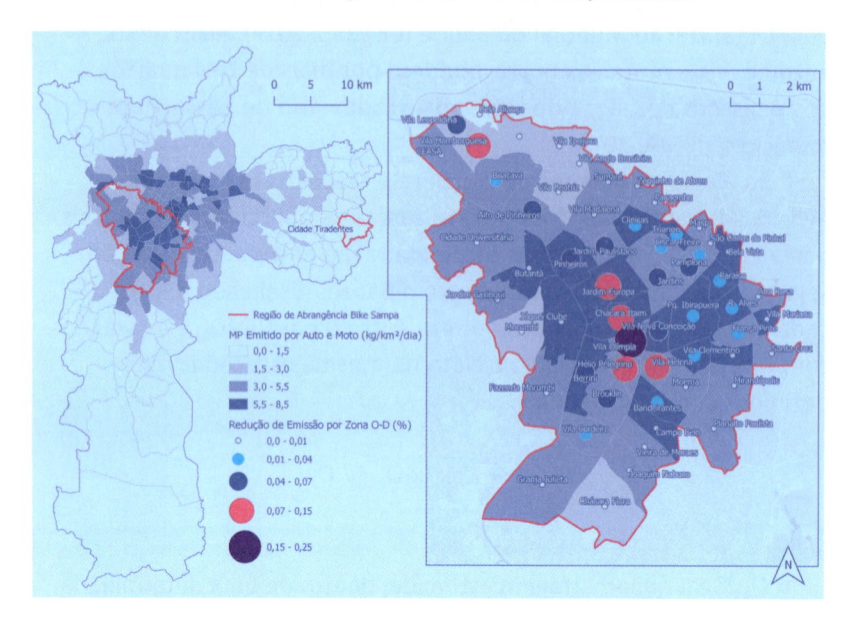

Nas zonas OD onde há estações Bike Sampa, as emissões totais evitadas foram estimadas em aproximadamente 438 quilos CO_2e, representando 0,04% das emissões por automóveis e motocicletas em um dia representativo de 2015 dentro dessas localidades, comparando-se com as estimativas do Iema (2017). A mesma diminuição foi obtida para o MP_{total}.

Conforme a distribuição de viagens de bicicleta, as emissões evitadas ocorreram com maior ou menor intensidade nas zonas OD. Na zona Vila Olímpia, onde foi estimado o maior percentual de emissões evitadas, a redução chegou a 0,24% para o CO_2e.

CONCLUSÕES E APONTAMENTOS

Este capítulo ilustra o impacto que um sistema de bicicletas compartilhadas pode ter em termos de emissões atmosféricas evitadas, ainda que em tímida escala em comparação ao tamanho da metrópole na qual ele está inserido e dentro de um contexto urbano onde o deslocamento por bicicletas ainda não é plenamente favorecido pela infraestrutura viária. O valor geral obtido de 0,04% de redução de emissões nas zonas onde se localizam as estações

Tabela 2: Zonas OD com maior participação no total de viagens diárias do Bike Sampa

ZONA ORIGEM-DESTINO	VIAGENS QUE PASSAM PELA ZONA	NÚMERO DE ESTAÇÕES	QUILOMETRAGEM			EMISSÕES					
			Percorrida no Bike Sampa (km/dia)	Migrada de automóveis (%)	Migrada de motocicletas (%)	Material Particulado (MP)			Dióxido de Carbono Equivalente (CO_2e)		
						Total * (kg/dia)	Evitada (g/dia)	Redução (%)	Total * (t/dia)	Evitada (kg/dia)	Redução (%)
Chácara Itaim	45,7%	16	3.576,9	19,3%	1,5%	16,6	19,0	0,114%	54,7	66,9	0,122%
Jardim Europa	44,1%	16	4.636,4	14,6%	1,2%	18,9	18,7	0,099%	62,6	65,7	0,105%
Pinheiros	41,7%	14	2.963,1	10,4%	0,9%	16,3	8,5	0,052%	57,4	30,0	0,052%
Vila Olímpia	28,5%	9	1.409,9	25,7%	0,6%	4,5	9,7	0,216%	14,3	34,3	0,239%
Berrini	25,3%	19	1.685,3	18,9%	0,3%	15,1	8,5	0,056%	49,0	30,1	0,061%
Hélio Pelegrino	15,0%	7	834,2	27,9%	0,6%	4,5	6,2	0,138%	14,2	22,0	0,155%
Jardins	7,5%	17	669,6	37,5%	2,6%	12,3	6,9	0,056%	37,3	24,2	0,065%
Jardim Paulistano	6,7%	7	467,7	22,1%	1,6%	5,0	2,8	0,057%	16,1	10,0	0,062%
Brooklin	6,4%	12	621,8	36,4%	0,7%	10,4	6,0	0,058%	32,4	21,4	0,066%
Parque Ibirapuera	5,4%	6	626,4	26,9%	1,1%	18,8	4,5	0,024%	57,9	16,1	0,028%
Vila Helena	4,9%	6	386,5	39,2%	1,1%	4,0	4,1	0,100%	13,0	14,4	0,111%
Alto de Pinheiros	4,9%	7	595,3	32,6%	2,5%	12,5	5,3	0,043%	42,6	18,8	0,044%
Vila Nova Conceição	4,6%	6	323,4	35,8%	1,0%	6,2	3,1	0,050%	19,9	11,0	0,055%
Paraíso	4,1%	8	297,1	21,7%	0,2%	6,3	1,7	0,027%	19,5	6,1	0,031%
Oscar Freire	4,0%	8	278,2	23,1%	2,1%	5,0	1,8	0,036%	15,7	6,3	0,040%
Zonas com Estações Bike Sampa (TOTAL)	100,0%	241	21.884,4	20,9%	1,1%	298,5	123,9	0,042%	976,2	437,8	0,045%
Região de Abrangência Bike Sampa (TOTAL)	100,0%	241	22.173,3	21,0%	1,1%	468,7	126,3	0,027%	1.553,7	446,0	0,029%
Município de São Paulo (TOTAL)	100,0%	241	22.173,3	21,0%	1,1%	2.155,8	126,3	0,006%	7.565,5	446,0	0,006%

* Contabilizando apenas as emissões provenientes do transporte individual de passageiros (automóveis e motocicletas).

Bike Sampa mostra apenas uma pequena fração da contribuição do uso de bicicletas na cidade, sendo uma parcela ainda menor dos potenciais benefícios em um cenário de maiores investimentos e políticas públicas orientadas para esse modo de transporte. Portanto, os discretos resultados alcançados reforçam a necessidade de expansão dessa categoria de deslocamento, conforme as próprias diretrizes do Plano de Mobilidade (PREFEITURA DO MUNICÍPIO DE SÃO PAULO, 2016) e do Plano Diretor Estratégico (PREFEITURA DO MUNICÍPIO DE SÃO PAULO, 2014) paulistanos.

Também foi possível propor e aplicar um método para a estimativa de emissões evitadas, explicitando as premissas assumidas e as incertezas decorrentes. Comumente, as próprias empresas que oferecem os serviços de compartilhamento de bicicletas publicam suas estimativas de emissões evitadas. Para que os resultados de diferentes fontes de informação possam ser comparados, é necessário que as premissas assumidas sejam explicitadas, uma vez que os valores obtidos podem divergir bastante, segundo os métodos adotados. Por exemplo, ao se assumir que toda e qualquer viagem realizada substitui uma viagem por automóvel, uma premissa que representaria o caso hipotético de maior ganho ambiental, as emissões evitadas poderiam ser cerca de 5 vezes maiores.

A literatura tem mostrado que os sistemas de bicicletas compartilhadas, em geral, produzem impactos sociais e ambientais positivos para a qualidade de vida urbana. Para que o poder público e a sociedade em geral possam mensurar e monitorar os benefícios ambientais dos serviços de bicicletas compartilhadas, dois conjuntos gerais de informações são importantes.

O primeiro conjunto de informações se refere a instrumentos de gestão da qualidade do ar e de emissões de gases de efeito estufa. Tais instrumentos devem ser operacionalizados e atualizados normalmente pelo poder público. O monitoramento da qualidade do ar é um instrumento essencial, pois é preciso saber os níveis de poluição na área de abrangência dos sistemas de *bike-sharing*. Conforme Li e Karmagianni (2018) indicaram, a exposição à poluição pode desestimular a efetiva adoção do *bike-sharing* pela população. A partir do monitoramento da qualidade do ar, são medidas as concentrações de poluentes e detectados os episódios críticos de poluição. Outro instrumento essencial são os inventários de emissões atmosféricas, que identificam as fontes emissoras e suas contribuições relativas.

No segundo conjunto de informações temos aquelas produzidas pelas empresas que oferecem o serviço de bicicletas compartilhadas. Tratam-se de informações sobre o sistema, seu uso e características: localização das estações, número de viagens, trajetos percorridos, perfil dos usuários, entre outros. Além disso, seriam úteis pesquisas sobre o comportamento dos ciclistas quanto ao motivo da realização da viagem e o modo de transporte que teria sido a opção caso o *bike-sharing* não estivesse disponível.

Por fim, a resposta à pergunta "bicicletas compartilhadas: como contribuem para mitigar emissões?" continuará a ser perseguida e melhores interpretações surgirão à medida em que os sistemas de *bike-sharing* se tornem mais robustos, novas informações forem disponibilizadas e métodos mais aprimorados possam ser aplicados. Enquanto isso, as cidades devem buscar inserir o uso da bicicleta de modo integrado no planejamento urbano, contribuindo para a construção de modelos de transporte que exerçam papel essencial na corrida à sustentabilidade, sendo responsáveis por gerar influência direta no desenvolvimento humano local (HIDALGO e HUIZENGA, 2013).

REFERÊNCIAS BIBLIOGRÁFICAS

BASU, S.; VASUDEVAN, V. Effect of bicycle friendly roadway infrastructure on bicycling activities in urban India. *Procedia — Social and Behavioral Sciences*, v. 104, p. 1139-1148, dez. 2013.

BREY, R. et al. Is the widespread use of urban land for cycling promotion policies cost effective? A Cost-Benefit Analysis of the case of Seville. *Land Use Policy*, v. 63, p. 130-139, abr. 2017.

BULLOCK, C.; BRERETON, F.; BAILEY, S. The economic contribution of public bike-share to the sustainability and efficient functioning of cities. *Sustainable Cities and Society*, v. 28, p. 76-87, jan. 2017.

CETESB — COMPANHIA AMBIENTAL DO ESTADO DE SÃO PAULO. *Qualidade do Ar no Estado de São Paulo 2018*, São Paulo: 2019. 210 p.

DEMAIO, P.; MEDDIN, R. *The Bike-sharing World Map*, 2012. Disponível em: <www.bikesharingmap.com>. Acesso em 18 out. 2018.

DURAN, A. C. et al. Bicycle-sharing system socio-spatial inequalities in Brazil. *Journal of Transport & Health*, v. 8, p. 262-270, mar. 2018.

GONZALO-ORDEN, H. et al. Bikeways and cycling urban mobility. *Procedia — Social and Behavioral Sciences*, v. 160, p. 567-576, dez. 2014.

GÖSSLING, S.; CHOI, A. S. Transport transitions in Copenhagen: Comparing the cost of cars and bicycles. *Ecological Economics*, v. 113, p. 106-113, maio 2015.

HIDALGO, D.; HUIZENGA, C. Implementation of sustainable transport in Latin America. *Research in Transportation Economics*, v. 40, n. 1, p. 66-77, abr. 2013.

IEMA — INSTITUTO DE ENERGIA E MEIO AMBIENTE. *Inventário de Emissões Atmosféricas do Transporte de Passageiros no Município de São Paulo*, 2017. Disponível em: <http://emissoes.energiaeambiente.org.br/>. Acesso em: 28 out. 2019.

LI, W.; KAMARGIANNI, M. Providing quantified evidence to policy makers for promoting bikesharing in heavily air-polluted cities: A mode choice model and policy simulation for Taiyuan-China. *Transportation Research Part A: Policy and Practice*, v. 111, p. 277-291, maio 2018.

LITMAN, T. *Evaluating active transport benefits and costs*. Victoria Transport Institute, 2016. 88p.

LU, M. et al. Improving the sustainability of integrated transportation system with bikesharing: A spatial agent-based approach. *Sustainable Cities and Society*, v. 41, p. 44-51, ago. 2018.

MARQUÉS, R. et al. How infrastructure can promote cycling in cities: Lessons from Seville. *Research in Transportation Economics*, v. 53, p. 31-44, nov. 2015.

MÁTRAI, T.; TÓTH, J. Comparative assessment of public bike sharing systems. *Transportation Research Procedia*, v. 14, p. 2.344-2.351, 2016.

METRÔ — COMPANHIA DO METROPOLITANO DE SÃO PAULO. *Resultados Finais da Pesquisa Origem e Destino 2017*. Disponível em: <http://www.metro.sp.gov.br/pesquisa-od/>. Acesso em: 28 out. 2019.

MIRANDA, H. F. et al. Validação de um instrumento para caracterizar níveis de estresse em rotas cicláveis de uma cidade média brasileira. In: 8° Congresso Luso-Brasileiro para o Planejamento Urbano, Regional, Integrado e Sustentável. Anais... PLURIS, Coimbra, 2018.

O'BRIEN, O. et al. Mining bicycle sharing data for generating insights into sustainable transport systems. *Journal of Transport Geography*, v. 34, p. 262-273, jan. 2014.

OLDENZIEL, R. et al. (eds.) *Cycling cities: The European experience, hundred years of policy and practice*. Eindhoven, Holanda: Foundation for the History of Technology, 2016.

ORGANIZAÇÃO DAS NAÇÕES UNIDAS (ONU). *Panorama multidimensional del desarrollo urbano en América Latina y el Caribe*. Comisión Económica para América Latina y el Caribe (Cepal), 2017. 113 p.

PANTER, J. et al. Impact of new transport infrastructure on walking, cycling, and physical activity. *American Journal of Preventive Medicine*, v. 50, n. 2, p. 45-53, fev. 2016.

PREFEITURA DO MUNICÍPIO DE SÃO PAULO. *Plano Diretor Estratégico do Município de São Paulo*. Disponível em: <https://www.prefeitura.sp.gov.br/cidade/secretarias/urbanismo/legislacao/plano_diretor/index.php?p=201105>. Acesso em: 24 set. 2019.

PREFEITURA DO MUNICÍPIO DE SÃO PAULO. *Plano de Mobilidade Urbana do Município de São Paulo 2015*. São Paulo: 2016. 200 p.

SÆLENSMINDE, K. *Walking and cycling track networks in Norwegian cities*. Oslo: Institute of Transport Economics, report 567, 2002. 54 p.

SOUSA, A. A.; SANCHES, S.; FERREIRA, M. A. G. Perception of barriers for the use of bicycles. *Procedia — Social and Behavioral Sciences*, v. 160, p. 304-313, dez. 2014.

SOUZA, M. *Bike Sampa, um ano com nova tecnologia*. Mobilize Brasil, 23 jan. 2019. Disponível em: <https://www.mobilize.org.br/noticias/11410/bikesampa-completa-um-ano-com-nova-tecnologia.html>. Acesso em: 30 set. 2020.

THIGPEN, C. G. et al. Using a stages of change approach to explore opportunities for increasing bicycle commuting. *Transportation Research Part D: Transport and Environment*, v. 39, p. 44-55, ago. 2015.

ZHANG, Y.; MI, Z. Environmental benefits of bike sharing: A big data-based analysis. *Applied Energy*, v. 220, p. 296-301, jun. 2018.

BICICLETAS COMPARTILHADAS E DESIGUALDADES SOCIOAMBIENTAIS

Victor Callil Pesquisador do Centro Brasileiro de Análise e Planejamento (Cebrap) desde 2009, é mestre em Sociologia pela Faculdade de Filosofia, Letras e Ciências Humanas da USP. Realiza pesquisa sobre mobilidade urbana.

Eduardo Rumenig Entusiasta da bicicleta há vinte anos, é mestre e doutorando em Ciências pela Escola de Educação Física e Esporte da USP. Possui experiência em ensino e pesquisa nas áreas de educação física e antropologia urbana, com ênfase em mobilidade ativa.

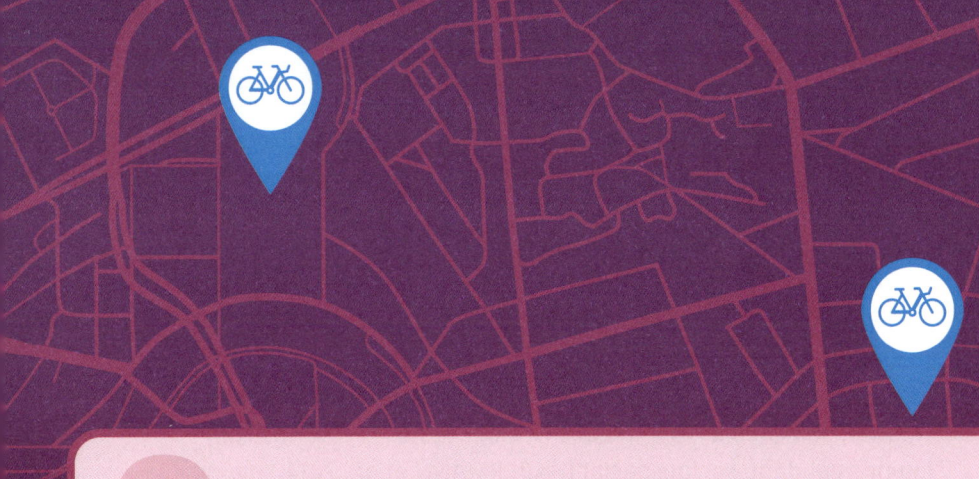

O uso e a dependência de automóveis movidos pela combustão de energia fóssil figura como um dos principais problemas urbanos atualmente (NAZELLE et al., 2011; HABERMANN et al., 2014; MÜELLER et al., 2015; ABE e MIRAGLIA, 2016; KLEINERT e NORTON, 2016; SÁ et al., 2017). Estima-se que 4 milhões de pessoas morrem prematuramente todos os anos em função das elevadas concentrações de poluentes atmosféricos, emitidos, sobretudo, por automotores (WATTS et al., 2018), e um número ainda maior seja acometido por doenças não transmissíveis, também deflagradas pela exposição à poluição atmosféricas (CHOWDHURY, 2018; FIGUERES, LANDRIGAN e FULLER 2018), predominando as doenças cardiorrespiratórias (SANTOS et al., 2016; SHINARAY et al., 2018).

Todavia, as externalidades negativas causadas pelos automotores podem ser evitáveis por meio de políticas públicas endereçadas à redução desses veículos. E, entre as alternativas, destacam-se os serviços de bicicletas compartilhadas (BC), que contribuem para reduzir a concentração de poluentes atmosféricos (ROJAS-RUEDA et al., 2012), os riscos e custos dos acidentes de trânsito (JACOBS, AERON-THOMAS e ASTRUP, 2004; BRIGGS, MASON e BORMAN, 2016) e promover a atividade física, operando, no limite, como uma política de saúde pública (RABL e NAZELLE, 2012).

Com frequência, estudos acerca dessas bicicletas referem-se à geolocalização e ao perfil dos usuários (CLARK e CURL, 2016; DURAN et al., 2018) e, em geral, suscitam críticas. Embora reconheçam avanços em termos de mobilidade urbana, essas análises criticam a concentração geográfica das BC em regiões com elevada qualidade socioespacial, que dispõem de outros modais de transporte e cujos residentes possuem *status* socioeconômico elevado, muito superior ao restante da cidade. Em outros termos, criticam a concentração das vantagens da vida urbana.

No entanto, ainda que circunscrito a determinado território, os sistemas de BC podem contribuir para reduzir as desvantagens e as desigualdades da vida urbana, ao menos em termos socioambientais. Isso porque automotores figuram como um dos principais emissores de poluentes atmosféricos; e em algumas cidades, sua circulação é maior justamente nos territórios com maior qualidade socioespacial (HABERMANN et al., 2014), maior oferta de modais de transporte (REQUENA, 2015), trabalho, população flutuante (CALLIL e COSTANZO, 2017), e residentes com maior renda e escolaridade.

Como essas regiões operam usualmente como conectores urbanos, disponibilizar as bicicletas nesses territórios pode contribuir para desencorajar as viagens motorizadas, reduzindo a emissão e a concentração de poluentes atmosféricos em toda a cidade;[1] o que mitigaria as externalidades negativas provocadas pelos poluentes em todos os estratos socioeconômicos. Assegurar, portanto, o acesso ao transporte não motorizado, mesmo em regiões com elevada qualidade socioespacial, talvez contribua — ainda que indiretamente — para a saúde da população, seja residente ou flutuante.

Desse modo, nosso objetivo foi analisar se os serviços de BC, da maneira como estão distribuídos pelo território, contribuiriam para reduzir as desigualdades socioambientais no município de São Paulo. Para tanto, caracterizamos as viagens com origem e destino circunscritas a duas regiões da cidade de São Paulo: com residentes com maior renda e escolaridade, que dispõem do serviço de BC e plurimodalidade de transportes; e com residentes de baixa renda e escolaridade, que não dispõem de aluguel de bicicletas e contam com poucas opções de transporte. Então, estimamos o impacto da substituição das viagens motorizadas individuais por viagens [facilmente] pedaláveis sobre a emissão de CO_2 e suas possíveis consequências em termos socioambientais.

---

[1] No início de 2018 uma greve promovida por caminhoneiros reduziu substancialmente o tráfego de veículos pesados nas principais cidades brasileiras, incluindo São Paulo. Durante essa restrição, os níveis de poluição do ar na capital paulista foram reduzidos pela metade. Ver Ziegler (2018).

Nossa hipótese é que considerar apenas critérios socioeconômicos para definir a geolocalização dos serviços de BC restringiria os benefícios socioambientais oriundos do uso da bicicleta. A plurimodalidade de transportes e a circulação de população flutuante adquirem maior importância para definir o território que os serviços de BC serão disponibilizados.

O trabalho está segmentado em quatro seções. A primeira enuncia os sistemas de BC nas cidades brasileiras. Exploramos, na sequência, as desigualdades socioambientais do espaço urbano paulistanos e algumas de suas consequências. Em seguida, apresentamos a metodologia e os resultados do exercício empírico dos objetivos e hipóteses enunciados. Por fim, análises em torno dos resultados.

A POLÍTICA DE MOBILIDADE E AS (DES)VANTAGENS DA VIDA URBANA

O uso da bicicleta como meio de transporte, após queda até o final do século XX, voltou a aumentar em diversos países nas últimas décadas (DING DING, JIA e GEBEL, 2018), e algumas cidades brasileiras — como São Paulo — seguiram a mesma tendência (METRÔ, 1997 e 2007; CICLOCIDADE, 2012 e 2015; CEBRAP, 2015 e 2017). A preocupação ambiental e as mudanças climáticas induzidas, entre outros fatores, pelo modo de vida urbano — e pelo uso excessivo do automóvel — resultaram em iniciativas direcionadas à substituição dos automotores pelo transporte não motorizado; e a bicicleta — alinhada com essas novas proposições de planejamento urbano — emergiu como uma alternativa eficiente, de baixa emissão, menor impacto ambiental, custos de aquisição e manutenção e infraestrutura facilmente implementável.

Face a todas essas vantagens, empresas começaram a oferecer serviços de BC em cidades brasileiras. Em São Paulo, os primeiros serviços datam do final de 1990, com estações fixas de autoatendimento (DEMAIO, 2003 e 2009; SHAHEEN et al., 2010). Com o desenvolvimento de recursos tecnológicos de rastreamento e localização, esses serviços gradativamente tornaram-se mais acessíveis, tanto em relação à interface do usuário com as operadoras quanto com a própria operação em si, de modo que atualmente o aluguel de bicicletas prescinde de estações fixas.[2] Em 2019, São Paulo contava com três diferentes serviços de BC: Ciclo Sampa, Yellow e Bike Itaú.

Essa diversidade de patrocinadores, contudo, pouco contribuiu para a distribuição territorial dos serviços de BC, circunscritos, invariavelmente, às mesmas regiões da cidade: o centro expandido e uma pequena parte da Zona Sul. Coincidentemente, trata-se do corredor financeiro de São Paulo (COMIN, 2012). Essa concentração de serviços de BC seria a principal crítica de movimentos sociais e de urbanistas que atuam para a cicloinclusão. Esses atores alegam que os serviços de aluguel de bicicletas deveriam ser melhor distribuídos pelo território, acreditando que a descentralização reduziria as desvantagens e injustiças em termos de mobilidade, acesso à cidade e, mesmo, em termos socioambientais.

Vale lembrar, no entanto, que a BC foi idealizada para atender regiões que concentram maior volume de empregos, serviços e acesso a oportunidades, pois são essas amenidades que atraem pessoas e viagens, o que resulta na maior circulação de população flutuante nesses territórios (CALLIL e COSTANZO, 2017). A rigor, as BC foram idealizadas para atender à etapa final das viagens: *first/last mile* (DEMAIO, 2009), antes realizadas a pé ou por ônibus. A possibilidade de alugar uma bicicleta representaria, então, um serviço de baixo custo para o usuário, e capilaridade para o sistema.

Considerando que essas regiões — que concentram as viagens e as vantagens da vida urbana — também apresentam maior tráfego de veículos e maior concentração de poluentes atmosféricos (HABERMANN et al., 2014), oferecer serviços de BC talvez contribuísse para reduzir o uso de automotores e, no limite, a poluição urbana. Desse modo, embora reconheçamos a importância de descentralizar os serviços de BC, não parece razoável disponibilizá-los em locais que não disponham desses atributos: serviços, acesso a oportunidades, plurimodalidade de transporte e alta circulação de população flutuante. O sistema ficaria subutilizado.

Formular políticas públicas cicloinclusivas de BC exigiria, portanto, mapear previamente o território e seus usos. Mas a despeito de quase três décadas de existência, os impactos do compartilhamento

---

2 Embora o sistema *dockless* possibilite, em tese, maior liberdade de circulação, subterfúgios econômicos restringem seu uso às mesmas regiões das cidades atendidas pelo sistema *dock*. A empresa impõe valores maiores para o uso das bicicletas caso seja estacionada em regiões periféricas. O argumento é que não existem funcionários suficientes para atender essas áreas.

de bicicletas nas diversas dimensões da vida urbana, em especial em termos socioambientais, ainda carecem de uma análise sistemática.

INJUSTIÇAS SOCIOAMBIENTAIS E MOBILIDADE URBANA

Habermann et al. (2014) argumentam que, em São Paulo — e provavelmente na maior parte das grandes cidades brasileiras –, os estratos socioeconômicos superiores vivem em territórios com maior tráfego de automotores e, consequentemente, maior concentração de poluentes atmosféricos. Ademais, esses estratos também emitem maior quantidade de poluentes atmosféricos por quilômetro percorrido por passageiro, em função do tipo de transporte predominantemente utilizado: motorizado individual. A classe AB é responsável por 58% da emissão dos transportes de passageiros da cidade, tendo volume de emissão por passageiro 32% maior do que os habitantes da classe CD. Todavia, não são, necessariamente, os mais expostos à poluição atmosférica. A qualidade socioespacial do território, como existência de corpos d'água, áreas verdes, residências com sistemas de ventilação eficientes e espaços urbanos planejados, contribuiria para mitigar a exposição e, consequentemente, as externalidades negativas deflagradas pela poluição do ar à saúde.

É o que demonstram, por exemplo, Toledo e Nardoci (2011). As autoras constatam que as maiores taxas de mortalidade por problemas respiratórios relacionados, entre outras coisas, à poluição do ar, concentram-se nos estratos socioeconômicos inferiores. Andrade (2014, *apud* ZIEGLER, 2018) também afirma que são as periferias urbanas as mais afetadas pela poluição atmosférica, visto que a frota veicular é mais antiga, o que aumentaria a emissão desses veículos. Os passageiros de ônibus, sobretudo aqueles que fazem longos trajetos, também inalariam maior quantidade de poluentes comparados a motoristas de automóveis ou passageiros de metrô. Consequentemente, a despeito das causas, parece que os mais pobres constituem o grupo mais vulnerável aos efeitos da poluição do ar (DO, WANG e ELLIOT, 2013; MAJEED, 2018), seja em função do modal e padrão de deslocamento, seja em função da qualidade socioterritorial ou acesso a serviços e amenidades. Haveria, portanto, uma grave situação de injustiça socioambiental, uma vez que mesmo emitindo menor quantidade de poluentes, os mais pobres estariam mais expostos à poluição atmosférica (ANDRADE, 2014 *apud* ZIEGLER, 2018).

Os sistemas de BC podem reforçar essas desigualdades socioespaciais, segundo alguns autores (GOODMAN e CHESHIRE, 2014; DURAN et al., 2018), uma vez que se concentram em regiões que já evidenciam acesso às facilidades da vida urbana. Porém, a localização desses serviços em regiões periféricas que não evidenciam plurimodalidade de transporte e circulação de população flutuante talvez agrave as desigualdades e injustiças socioambientais, devido ao fato de que o acesso ao transporte não motorizado, mesmo em áreas que já dispõem de facilidades e amenidades, pode contribuir para reduzir a poluição do ar e tornar o espaço urbano mais salutogênico.

A fim de verificar essa hipótese, organizamos um exercício considerando duas regiões específicas da cidade de São Paulo. Uma delas — central — dispõe do serviço de BC, plurimodalidade de transporte e é ocupada, predominantemente, por estratos socioeconômicos superiores (T1). A outra — periférica — constitui seu inverso: não dispõe de plurimodalidade de transporte, serviços e amenidades e é ocupada pelos estratos socioeconômicos mais baixos (T2). Verificamos como o uso das BC nesses dois territórios influenciariam na redução das emissões de CO_2, substituindo as viagens realizadas por automotores por viagens por bicicleta. Procuramos elucidar se critérios socioeconômicos, apenas, são suficientes para alocar os serviços de BC no território, estimando os possíveis efeitos sobre as desigualdades socioambientais.

POTENCIAL DE REDUÇÃO DA EMISSÃO DE CO_2

As regiões selecionadas para análise correspondem às Zonas OD[3] 14 e 15 (T1) e 13 (T2) da Pesquisa de Mobilidade Urbana realizada pelo Metrô de São Paulo, em 2012. Os bairros contemplados foram Pinheiros, Itaim Bibi e Vila Olímpia (T1) e Lajeado, Guaianases e Cidade Tiradentes (T2). As BC operam em T1 desde 2014, registrando um número expressivo de viagens: em torno de 300 mil (DESTAK, 2018). T2, por sua vez, não possui serviços de BC, embora concentrem as maiores taxas de residentes nas classes CD (66%). Os territórios selecionados são descritos no mapa a seguir.

---

[3] Zonas OD são recortes territoriais sobre os quais podem ser feitas análises das pesquisas de mobilidade e das pesquisas de origem e destino realizadas pela Companhia do Metropolitano de São Paulo.

Mapa 1 — Zonas OD selecionadas para estimar os efeitos socioambientais do sistema de BC em São Paulo e mapa de calor dos empregos formais como indicativo de população flutuante

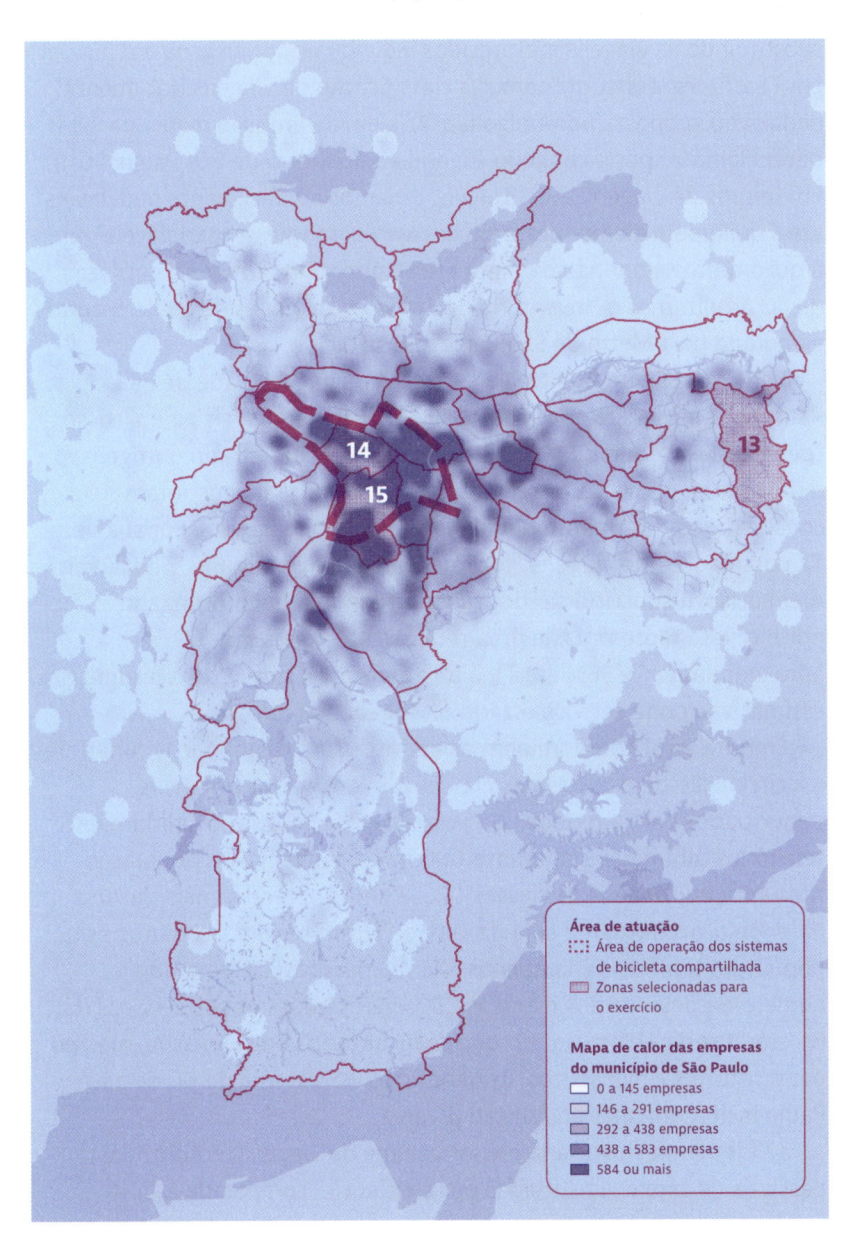

Área de atuação
- Área de operação dos sistemas de bicicleta compartilhada
- Zonas selecionadas para o exercício

Mapa de calor das empresas do município de São Paulo
- 0 a 145 empresas
- 146 a 291 empresas
- 292 a 438 empresas
- 438 a 583 empresas
- 584 ou mais

Elaboração: Cebrap. Fonte: Relação Anual de Informações Sociais (Rais), Ministério do Trabalho e Emprego (MTE).

Sob o argumento de que os serviços de BC são elitistas e de que é preciso oferecer esses serviços aos territórios ocupados por pessoas de menor renda, estimamos o potencial de redução de emissão de CO_2, substituindo as viagens motorizadas individuais por viagens por bicicleta em T1 e T2. Para isso, utilizamos a classificação de viagens [facilmente] pedaláveis proposta por Amigo (2018), além da emissão média de CO_2 por quilômetro por passageiro sugerida pelo Metrô de São Paulo (2011). Em termos de viagens substituíveis, teríamos as "facilmente pedaláveis": até 5 quilômetros e por pessoas com até 50 anos, e as "pedaláveis": até 8 quilômetros e por pessoas com até 50 anos. Em termos de emissão de CO_2, utilizamos o "Inventário de Emissões de Gases de Efeito Estufa" elaborado pelo Metrô de São Paulo, em 2011.

Verificamos que, em 2012, 51% das viagens na cidade de São Paulo seriam classificadas como "facilmente pedaláveis", e 8% como "pedaláveis"; sendo que 3,6% dessas viagens tinham como origem e destino T1, e 5,1% T2. Em relação a T1, 70% das viagens foram consideradas "facilmente pedaláveis", e 3% "pedaláveis". Por sua vez, T2 possuía 75% de viagens "facilmente pedaláveis", e 6% "pedaláveis". Além disso, a substituição do transporte individual motorizado por bicicleta representaria uma redução na emissão de CO_2 de aproximadamente 56% em T1, e de apenas 12% em T2. Um resumo das estimativas pode ser visualizado na tabela ao lado.

Embora em T1 predominem os estratos socioeconômicos superiores e a circulação de pessoas das classes A e B, 67% dos possíveis beneficiados com a redução das viagens motorizadas residiriam em territórios alhures, e 31% (quase 800 mil pessoas) dessa população flutuante pertenceria às classes CD. Já em T2, embora mais de 70% da população flutuante seja da classe CD, em termos absolutos essa população representaria apenas 645 mil pessoas. Desse modo, o número de pessoas dos estratos CD beneficiadas com os serviços de BC em T1 seria 22% maior do que se localizados em T2. Assim, mesmo em territórios circunscritos, os benefícios do sistema de BC de São Paulo incluiriam uma população diversa.

T2 também evidenciaria menor volume de viagens motorizadas passíveis de serem substituídas por bicicleta — comparado a T1 –, resultando numa redução de emissão de CO_2 de apenas 5 kg.km^{-1}.passageiro^{-1}; enquanto em T1 essa redução seria de aproximadamente 20 kg.km^{-1}.passageiro^{-1}. Desse modo, se os serviços de BC fossem localizados em T2, e as viagens motorizadas fossem substituíveis por pedaláveis, 3,5 toneladas de CO_2 deixariam de ser emitidas. Comparativamente,

Tabela 1. Caracterização dos territórios, pessoas e viagens das Zonas OD contempladas na análise

VARIÁVEIS / VALOR	VIAGENS MOTORIZADAS INDIVIDUAIS PASSÍVEIS DE SEREM TROCADAS	FACILMENTE PEDALÁVEIS (DAS VIAGENS DE MOTORIZADOS INDIVIDUAIS)	PEDALÁVEIS (DAS VIAGENS DE MOTORIZADOS INDIVIDUAIS)	REDUÇÃO NA EMISSÃO DE CO_2 DO TERRITÓRIO	PERFIL SOCIOECONÔMICO RESIDENTES		PERFIL SOCIOECONÔMICO POPULAÇÃO FLUTUANTE	
					FAIXAS AEB	FAIXAS CED	FAIXAS AEB	FAIXAS CED
São Paulo	7.171.737 / 100%	52%	8%	12%	49%	51%	-	-
Território 1	305.816 / 4,2%	62%	5%	56%	90%	10%	70% / 525.469	30% / 89.699
Território 2	52.033 / 0,8%	74%	3%	12%	29%	71%	29% / 645.106	71% / 257.602

VARIÁVEIS	POPULAÇÃO CIRCULANTE BENEFICIADA	VOLUME MÉDIO DE CO_2 ECONOMIZADO POR PESSOA NA TROCA DAS VIAGENS POR MOTORIZADOS INDIVIDUAIS PEDALÁVEIS	VOLUME TOTAL DE CO_2 DEIXADO DE SER INALADO PELA POPULAÇÃO FLUTUANTE E LOCAL CLASSES CD
Território 1	2.575.699 (total) / 1.785.506 (AB) / 790.193 (CD)	20 g.km⁻¹.passageiro⁻¹	15.567 kg de CO_2
Território 2	902.708 (total) / 257.602 (AB) / 645.106 (CD)	5 g.km⁻¹.passageiro⁻¹	3.451 kg de CO_2

em T1, a redução na emissão seria de 15,6 toneladas de CO_2. Os serviços de BC reduzem as desigualdades socioambientais no modo como se distribuem atualmente, mesmo concentrando ativos urbanísticos e não revertendo, fundamentalmente, as (des)vantagens da vida urbana.

Essas constatações não desobrigam, obviamente, a oferta de BC em regiões periféricas. Apenas demonstram que as políticas cicloinclusivas, para serem efetivas, devem utilizar outros critérios além da condição socioeconômica dos residentes. A população flutuante, a plurimodalidade de transportes, a existência de comércios, serviços e amenidades que operam como atrativos de viagens devem ser considerados para decidir a geolocalização das BC sob o risco de subutilizar o sistema e ampliar as desigualdades socioambientais.

CONSIDERAÇÕES FINAIS

Nossos resultados, ainda que em caráter *work in progress*, indicam que as BC, mesmo circunscritas a regiões com elevada qualidade socioespacial, habitadas por pessoas de melhor condição socioeconômica e com fácil acesso a serviços, infraestrutura e oportunidades, seriam capazes de reduzir algumas desvantagens socioambientais. Isto porque a substituição das viagens motorizadas por viagens por bicicleta reduziriam a emissão e a concentração atmosférica de CO_2 tornando a atmosfera e o espaço urbano mais salutogênico. No T1, aproximadamente um terço da população flutuante seria oriunda das classes CD, de modo que os serviços de aluguel de bicicletas contemplariam um perfil socioeconômico plural quando comparado ao território que concentra uma população mais vulnerável em termos socioeconômicos e menor acesso a oportunidades (T2).

As elevadas taxas de morbidade e mortalidade decorrentes de doenças associadas à exposição à poluição atmosférica alertam para a necessidade de reformular as políticas de transporte urbano. Os serviços de compartilhamento de bicicleta seriam estratégicos para reverter esse quadro, atuando na micromobilidade. Conforme demonstramos, 73% das viagens motorizadas individuais poderiam ser substituídas por viagens de bicicleta em T1, com substanciais efeitos sobre a emissão de CO_2 (56% — só daquelas realizadas por automóveis). Já em T2, a redução da emissão de CO_2 seria menor (12%), reduzindo os potenciais benefícios socioambientais do programa de compartilhamento de bicicletas.

O CO_2 é um gás tóxico que possui grande afinidade com as células sanguíneas transportadoras de oxigênio (hemoglobinas). Por isso, pode reduzir a capacidade pulmonar e a tolerância ao esforço físico, por comprometer a oferta de oxigênio aos tecidos (CARLISLE e SHARP, 2001). Em combinação a outros poluentes — como o material particulado e os óxidos de nitrogênio —, aumentam o risco de falência e ataque cardíaco (BOURDREL et al., 2017). A exposição ao CO_2 aumenta o estresse oxidativo, causando lesão e disfunção celular (GILES e KOEHLER, 2014). Por isso, reduzir as concentrações de CO_2 é imprescindível para melhorar a saúde e a qualidade de vida nas cidades.

Em suma, evidenciamos que, mesmo instalados em regiões com características de ocupação e uso do solo elitizado, os programas de BC também beneficiam os estratos socioeconômicos inferiores, na medida em que concentram um maior número de viagens — reduzindo de modo substancial a emissão de CO_2 — e uma população flutuante mais plural. Ressaltamos, portanto, a importância de analisar a dinâmica de uso do solo, a existência de população flutuante e a plurimodalidade de transporte (além do perfil socioeconômico dos grupos) antes de uma eventual ampliação dos serviços de BC.

REFERÊNCIAS BIBLIOGRÁFICAS

ABE, K.C.; MIRAGLIA, S.G.E.K. Health Impact Assessment of Air Pollution in São Paulo, Brazil. *International Journal of Environmental Research and Public Health*, v. 13(694), p. 1-10, 2016.

AMIGO, I. Um carro a menos? Trocando o carro pela bicicleta. In: CALLIL, V.; COSTANZO, D. (orgs.) *Estudo de Mobilidade por Bicicleta*, São Paulo, Cebrap, 2018.

BOURDREL, T. et al. Cardiovascular effects of air pollution. *Archives of cardiovascular disease*, v. 110(11), p. 634-642, 2017.

BRIGGS, D.; MASON, K.; BORMAN, B. Rapid Assessment of Environmental Health Impacts for Policy Support: The Example of Road Transport in New Zealand. *International Journal of Environmental Research and Public Health*, v. 13(61), p. 1-23, 2016.

CALLIL, V.; COSTANZO, D. Padrões de uso de bike-sharing em 3 grandes cidades brasileiras. In: 21º Congresso Brasileiro de Transporte e Trânsito. *Anais...* ANTP, São Paulo, 2017.

CARLISLE, A. J.; SHARP, N. C. C. Exercise and outdoor ambient air pollution. *British Journal of Sports Medicine*, v. 35, p. 214-222, 2001.

CEBRAP. *Contagem de ciclistas no município de São Paulo*. São Paulo, 2015. Disponível em: <https://cebrap.org.br/wp-content/uploads/2017/08/Cebrap-Contagens-Ciclistas-SP-Setembro-2015-Capa.pdf>. Acesso em: 2 jan. 2019.

_____. *Contagem de ciclistas da rua da Consolação*. São Paulo, 2017. Disponível em: <https://cebrap.org.br/wp-content/uploads/2017/08/ Contagem-de-Ciclistas-da-Rua-da-Consolac%CC%A7a%CC%83o-Maio-2017.pdf>. Acesso em: 2 jan. 2019.

CHOWDHURY, R. et al. Reducing NCDs globally: The under-recognised role of environmental risk factors. *Lancet*, v. 392(10.143), p. 212-221, 2018.

CICLOCIDADE. *Relatório de contagem de ciclistas — Eliseu de Almeida*. São Paulo, 2012. Disponível em: <www.ciclocidade.org.br/quem-somos/noticias/685-relatorio-de-contagem-de-ciclistas-eliseu-de-almeida-2012>. Acesso em: 2 jan. 2019.

_____. *Relatório de contagem de ciclistas — Eliseu de Almeida*. São Paulo, 2015. Disponível em: <www.ciclocidade.org.br/quem-somos/noticias/695-relatorio-de-contagem-de-ciclistas-eliseu-de-almeida-2015>. Acesso em: 2 jan. 2019.

CLARK, J.; CURL, A. Bicycle and car share schemes as inclusive modes of travel? A sociospatial analysis in Glasgow, UK. *Social Inclusion*, v. 4(3), p. 83-99, 2016.

COMIN, A. et al. (orgs.) *Metamorfoses paulistanas: atlas geoeconômicos da cidade*. São Paulo: Ed.Unesp, 2012.

DEMAIO, P. Smart bikes: Public transportation for the 21st century. *Transportation Quarterly*, 57, 2003.

_____. Bike-sharing: History, Impacts, Models of Provision, and Future. *Journal of Public Transportation*, Arlington, v. 12, n. 4, p. 41-56, 2009.

DESTAK. Viagens de bicicleta compartilhada crescem 34% em São Paulo. *Destak Jornal*, 31 maio 2018. Disponível em: <https://www.destakjornal.com.br/cidades/sao-paulo/detalhe/viagensde-bicicletas-compartilhadas-crescem-1407-em-sao-paulo>. Acesso em: 31 mar. 2019.

DING, D.; JIA, Y.; GEBEL, K. Mobile bicycle sharing: the social trend that could change how we move. *Lancet*, v. 3(5), p. 215.

DO, D. P. et al. Investigating the relationship between neighborhood poverty and mortality risk: A marginal structural modeling approach. *Social Science and Medicine*, v. 91, p. 58-66, 2013.

DURAN, A. C. et al. Bicycle-sharing system socio-spatial inequalities in Brazil. *Journal of Transport & Health*, v. 8, p. 262-270, 2018.

FIGUERES, C.; LANDRIGAN, P. J.; FULLER, R. Tackling air pollution, climate change, and NCDs: time to pull together. *Lancet*, v. 392(10.157), p. 1.502-1.503, 2018.

GILES, L. V.; KOEHLER, M. S. The health effects of exercising in air pollution. *Sports Medicine*, v. 44(2), p. 223-249, 2014.

GOODMAN, A.; CHESHIRE, J. Inequalities in the London bicycle sharing system revisited: impacts of extending the scheme to poorer areas but then doubling prices. *Journal of Transport Geography*, v. 41, p. 272-279, 2014.

HABERMANN, M. et al. Socioeconomic inequalities and exposure to traffic-related air pollution in the city of São Paulo, Brazil. *Cadernos de Saúde Pública*, v. 30(1), p. 119-125, 2014.

JACOBS, G.; AERON-THOMAS, A., ASTRUP, A. *Estimating Global Road Fatalities*. Transport Research Laboratory, Crowthorne, 2004.

KLEINERT, S.; NORTON, R. Urban design: an important future force for health and wellbeing. *Lancet*, v. 23 (10.062), p. 2.848-2.850, 2016.

MAJEED, H. Consideration of local geographical variations in PM2.5 concentrations in China. *Lancet*, v. 3(12), p. 564, 2018.

METRÔ — COMPANHIA DO METROPOLITANO DE SÃO PAULO. *Pesquisa Origem-Destino 1997.* Síntese das informações. Região Metropolitana de São Paulo. São Paulo: Metrô, 1999. 53 p.

_____. *Pesquisa Origem-Destino 2007.* Disponível em: <www.metro.sp.gov.br/pesquisa-od/arquivos/OD_2007_Sumario_de_Dados.pdf>. Acesso em: 29 dez. 2018.

_____. Inventário de Emissões de Gases de Efeito Estufa. *Relatório Técnico 9.00.00.00/06*, 2011.

MÜLLER, N. et al. Health impact assessment of active transportation: A systematic review. *Preventive Medicine*, v. 76, p. 103-114, 2015.

NAZELLE, A. et al. Improving health through policies that promote active travel: A review of evidence to support integrated health impact assessment. *Environmental International*, v. 37, p. 766-777, 2011.

RABL, A.; NAZELLE, A. Benefits of shift from car to active transport. *Transport Policy*, v. 19, p. 121-131, 2012.

REQUENA, C. A mobilidade paulistana: viária e desigual. In: MARQUES, E. (org.) *A metrópole de São Paulo no século XXI: espaços, heterogeneidades e desigualdades.* São Paulo: Ed.Unesp, 2015.

ROJAS-RUEDA, D. et al. Replacing car trips by increasing bike and public transport in the greater Barcelona metropolitan area: A health impact assessment study. *Environment International*, v. 49 (15), p. 100-109, 2012.

SÁ, T. H. et al. Health impact modelling of different travel patterns on physical activity, air pollution and road injuries for São Paulo, Brazil. Environmental International, v. 108(4), p. 22-31, 2017.

SANTOS, U.P. et al. Association between traffic air pollution and reduced forced vital capacity: a study using personal monitors for outdoor workers. *PLoS One*, v. 11 (10), p. 1-12, 2016.

SHAHEEN, S. et al. Bikesharing in Europe, the Americas, and Asia. Transportation Research Record: Journal of the *Transportation Research Board*, v. 2.143, p.159-167, 2010.

SHINHARAY, R. et al. Respiratory and cardiovascular responses to walking down a traffic-polluted road compared with walking in a traffic-free area in participants aged 60 years and older with chronic lung or heart disease and age-matched healthy controls: a randomised, crossover study. *Lancet*, v. 391 (10.118), p. 339-349, 2018.

TOLEDO, G.; NARDOCCI, A. Poluição veicular e saúde da população: uma revisão sobre o município de São Paulo (SP), Brasil. *Revista Brasileira de Epidemiologia*, v. 14(3), p. 445-454, 2011.

WATTS, N. et al. The 2018 report of the Lancet Countdown on health and climate change: shaping the health of nations for centuries to come. *Lancet*, v. 392(10.163), p. 2.479-2.514, 2018.

ZIEGLER, M. F. Exposição à poluição é desigual na cidade de São Paulo. Divulgação do projeto temático conduzido pela pesquisadora Maria de Fátima Andrade. São Paulo: Fapesp, 2018. Disponível em: <http://agencia.fapesp.br/exposicao-a-poluicao-e-desigual-na-cidade-de-sao-paulo/29331/>. Acesso em: 14 dez. 2018.

SISTEMAS DE BICICLETAS COMPARTILHADAS, ATIVIDADE FÍSICA E SAÚDE

Ricardo Brandão
Doutor em Educação Física pela Universidade Gama Filho/Stanford University. Tem experiência com projetos relacionados à promoção da atividade física e doenças crônicas não transmissíveis. É coordenador do Laboratório de Vida Ativa (LaVA) e professor da Universidade do Estado do Rio de Janeiro (Uerj).

Victor Andrade
É co-organizador deste livro.

Letícia Quintanilha
É co-organizadora deste livro.

Entre os desafios enfrentados atualmente no campo da saúde, as crescentes taxas de obesidade, inatividade física e a poluição ambiental vêm se mostrando como grandes ameaças, sobretudo por estarem diretamente associadas à escalada de doenças crônicas não transmissíveis (DCNTs), tais como diabetes, doenças do coração e câncer. As DCNTs são hoje responsáveis por 41 milhões de mortes todos os anos, representando 70% de todos os óbitos no mundo, o que levou a Organização Mundial da Saúde (OMS) a estabelecer como uma de suas metas prioritárias em 2019 a redução da prevalência de tais doenças. (WORLD HEALTH ORGANIZATION, 2018; GUTHOLD et al., 2018).

Parte do problema é consequência do modo de vida moderno, que, a partir da revolução tecnológica do século XX, distanciou cada vez mais o movimento humano do cotidiano, consolidando hábitos sedentários por meio ainda do uso de tecnologias mais poluentes. Dados publicados em 2018 pelo Departamento de Prevenção de DCNTs da OMS, revelam que aproximadamente 1,4 bilhão de pessoas em todo o mundo não atendem às recomendações mínimas de 150 minutos de atividade física por semana.

Nesse contexto, a inatividade física é considerada um dos maiores fatores de risco para o surgimento de DCNTs, sendo responsável por aproximadamente 6% a 15% de sua prevalência e por 5,3 milhões de mortes todos os anos (LEE et al., 2012), dados que sinalizam para a urgência da transformação destes comportamentos.

A promoção da atividade física torna-se, portanto, fundamental para a reversão desse quadro. No entanto, para além dos objetivos e impactos na área da saúde, cada vez mais vêm sendo buscadas ações de caráter multissetorial e transversal, incluindo também o planejamento urbano e dos transportes, a fim de criar infraestruturas e ambientes que propiciem modos de vida mais ativos. Dessa forma, estratégias que facilitem modais como a caminhada e a bicicleta vêm representando uma alternativa eficaz na reintrodução da atividade física nos deslocamentos diários (SOLOMON e LAROCQUE, 2019).

Segundos dados recentes do Sistema de Vigilância de Fatores de Risco e Proteção para Doenças Crônicas por Inquérito Telefônico (VIGITEL BRASIL, 2018), apenas 13% dos brasileiros deslocam-se de maneira ativa diariamente aos seus locais de trabalho. Em adendo, tomando como exemplo a cidade de São Paulo, estima-se que 25% dos deslocamentos diários feitos por carros sejam de trajetos inferiores a 3 quilômetros e que 60% não ultrapassam distâncias superiores a 5 quilômetros, o que demonstra um alto potencial para uma troca modal favorável ao uso do transporte ativo.

Nesse sentido, os impactos do uso da bicicleta na saúde vêm sendo evidenciados em diversos estudos no Brasil e no mundo. Ainda que pedalar nos centros urbanos também possa ser associado a uma elevação do risco de acidentes de trânsito e exposição à poluição atmosférica, os benefícios constatados pela prática da atividade física costumam ser superiores para a saúde (MÜLLER et al. e FAJERSZTAJN, 2016). Tais benefícios se desdobram também em impactos econômicos, que vão desde o aumento da produtividade dos indivíduos e a redução do absenteísmo no trabalho por motivos de saúde, até a redução de gastos públicos para o tratamento de DCNTs e a economia gerada em função da diminuição de óbitos em fases precoces da vida (HAFNER, 2019). Assim a promoção do uso da bicicleta tornou-se de fundamental interesse não só para a saúde pública, mas também para uma boa gestão dos recursos.

Considerando tais objetivos, os sistemas de bicicleta pública representam uma importante oferta de infraestrutura cicloviária com alto potencial de incremento no número de deslocamentos ativos. Cidades do mundo todo estão vivenciando a implantação e crescimento deste tipo de serviço nas últimas décadas, sendo já possível identificar um aumento da prática do ciclismo urbano por meio deles. Em cidades como Londres e Barcelona, cujos sistemas de bicicletas compartilhadas já se encontram mais consolidados, percebe-se uma alta adesão entre seus habitantes, chegando a ter 30% de sua população registrada em planos anuais do serviço no caso da cidade espanhola (ROJAS-RUEDA, 2011).

No Brasil ainda são pouco conhecidos os impactos do uso da bicicleta em geral na saúde, considerando as limitações enfrentadas diante das metodologias mais frequentemente utilizadas e pela própria escassez de dados disponíveis sobre o uso de modos ativos. No entanto, por meio dos sistemas de bicicletas compartilhadas e do banco de dados gerado a partir do registro de viagens e usuários, torna-se também possível um melhor entendimento do impacto na prática de atividade física proporcionado por esses serviços.

Dessa maneira, o que se propõe é uma análise dos potenciais benefícios de alguns dos principais sistemas de compartilhamento de bicicletas brasileiros na saúde dos habitantes dos munícipios em que estão implantados. Mensurados de forma objetiva, espera-se contribuir para uma compreensão mais ampla do papel das bicicletas compartilhadas no contexto urbano atual brasileiro, aportando uma nova perspectiva ao planejamento, na qual o debate sobre este tipo de serviço também se refere às políticas públicas de saúde.

QUANTIFICANDO OS BENEFÍCIOS: IMPLICAÇÕES METODOLÓGICAS

Amplamente conhecidos, os benefícios do transporte ativo na saúde podem ser quantificados e mensurados a partir de múltiplos aspectos. Considerando a força do argumento econômico na tomada de decisão sobre o planejamento dos transportes urbanos, a OMS desenvolveu em 2011 uma ferramenta capaz de traduzir em números os impactos econômicos sobre a saúde especificamente associados à prática de caminhadas e do ciclismo. O Health Economic Assessment Tool (HEAT, 2017), Instrumento de Avaliação Econômica da Saúde, tem por objetivo evidenciar, em termos monetários, os benefícios associados à redução da mortalidade proporcionada pelo aumento dos níveis de atividade física através do uso frequente dos modos ativos (Figura 1).

Entre outros fatores que a ferramenta também considera — como riscos de mortalidade associados à exposição a poluição do ar e acidentes de trânsito — para o entendimento do papel dos sistemas de bicicletas compartilhadas foi levado em conta apenas o valor econômico associado à redução de mortalidade prematura, ou seja, o quanto se ganha, nos atuais níveis de uso das bicicletas públicas, por evitar óbitos através da prática da atividade física. Indo um pouco mais além, também foi avaliado qual seria o alcance do benefício financeiro caso houvesse um crescimento no número de ciclistas usuários do serviço.

Embora o instrumento aporte resultados bastante relevantes para a discussão sobre a mobilidade por bicicleta, é importante ter em vista pressupostos teóricos considerados na elaboração do cálculo. Ainda que estabelecidos a partir da análise e ampla discussão de um grupo multidisciplinar de especialistas coordenados pela OMS, seus resultados devem sempre ser vistos com cautela e considerando características e normas socioculturais locais (HEAT, 2017). Dessa forma, foram realizados ajustes em alguns dos valores, de forma que as respostas dadas pela aplicação se tornassem condizentes com o contexto brasileiro. Da mesma maneira, o banco de dados referente às viagens nos sistemas compartilhados precisou ser trabalhado especificamente para atender às questões implicadas no Heat. Entre estes pressupostos, considera-se uma relação de dose-resposta linear entre a duração das viagens por bicicleta (assumindo uma velocidade média constante) e a taxa de mortalidade. Isso implica dizer que para cada dose (tempo) aumentada de bicicleta estima-se uma redução proporcional de risco. Para isso, levando em conta os registros de duração de viagem apresentados no banco de dados, considerou-se a mediana desses valores como

Figura 1: Modelo teórico do Heat

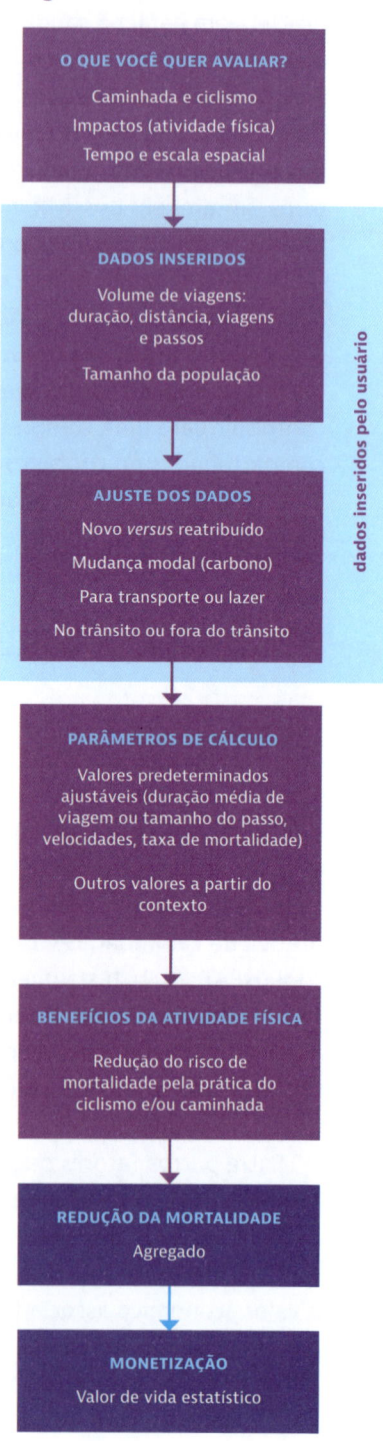

O QUE VOCÊ QUER AVALIAR?
Caminhada e ciclismo
Impactos (atividade física)
Tempo e escala espacial

DADOS INSERIDOS
Volume de viagens: duração, distância, viagens e passos
Tamanho da população

AJUSTE DOS DADOS
Novo *versus* reatribuído
Mudança modal (carbono)
Para transporte ou lazer
No trânsito ou fora do trânsito

PARÂMETROS DE CÁLCULO
Valores predeterminados ajustáveis (duração média de viagem ou tamanho do passo, velocidades, taxa de mortalidade)
Outros valores a partir do contexto

BENEFÍCIOS DA ATIVIDADE FÍSICA
Redução do risco de mortalidade pela prática do ciclismo e/ou caminhada

REDUÇÃO DA MORTALIDADE
Agregado

MONETIZAÇÃO
Valor de vida estatístico

dados inseridos pelo usuário

representação para o universo abordado. Também foi adotada como referência a velocidade de 14 km/h, amplamente considerada como média entre os ciclistas (HEAT, 2012), ainda que careça de confirmação para uma compatibilidade com o contexto brasileiro.

Considerando a limitação de dados disponíveis para os demais grupos etários, por um lado, o Heat restringe a análise a indivíduos de uma faixa etária entre 20 e 64 anos, assumindo uma redução de risco de mortalidade por uso de bicicletas similar para esse grupo, enquanto para indivíduos fora dessa faixa há uma variação mais significativa e que, portanto, poderia gerar distorções nos resultados obtidos. Isso exigiu também a filtragem dos usuários registrados no banco de dados dos sistemas de compartilhamento, considerando somente aqueles cuja idade se encontrava dentro da faixa estabelecida pelo Heat e, assim, compatível com o cálculo. Por outro lado, a ferramenta considera resultados bastante similares para homens e mulheres em termos de impactos na saúde do uso regular da bicicleta, não tendo sido necessária a diferenciação por sexo dos ciclistas.

Embora o Heat permita também introduzir fatores como a sazonalidade relacionada ao uso da bicicleta, os registros disponíveis dos sistemas de bicicletas compartilhadas não demonstraram uma variação significativa ou recorrente que justificasse tal diferenciação de comportamento entre diferentes períodos. Além disso, os sistemas analisados ainda apresentam um forte crescente no número de usuários, em que não se pode considerar um quadro estável de utilização do serviço, capaz de determinar com precisão as variações sazonais.

Ao monetizar os benefícios do uso regular da bicicleta compartilhada, a ferramenta não considera possíveis substituições de outras formas de atividade física que poderiam ser praticadas por estes usuários contabilizados. Assim, os resultados abordam o impacto dos sistemas de compartilhamento a partir de uma perspectiva de incremento da prática de atividade física pelo uso da bicicleta nesses serviços.

Para as estimativas de impacto econômico calculadas pelo Heat, é ainda tomado como referência o Valor de Vida Estatístico (VVE), uma medida econômica utilizada em análises de custo-benefício, que corresponde ao quanto uma amostra representativa da população estaria disposta a pagar para salvar a vida de uma pessoa indeterminada, por exemplo, em função de uma política de intervenção capaz de reduzir o risco anual de mortalidade. Amplamente utilizado em abordagens do setor de transportes, este valor varia segundo cada contexto, tendo sido neste caso calculado com base no produto interno bruto *per capita* brasileiro de 2018 (11.026,24 de dólares), resultando em um VVE de 1,19 milhão de dólares (MARDONES e MARCELO, 2018).

Foram ainda considerados outros valores específicos para a adaptação do cálculo à realidade brasileira, entre eles a taxa bruta de mortalidade (IBGE, 2018) e o risco relativo de mortalidade para o ciclismo, calculados com base em revisão sistemática de literatura (KELLY et al., 2014).

No tratamento do banco de dados, foram ainda excluídas viagens de estações temporárias do sistema que pudessem caracterizar o uso não regular por parte dos usuários. Por fim, optou-se por analisar apenas viagens entre cinco e 120 minutos por considerar que tempos inferiores a cinco minutos possivelmente representariam a não realização efetiva de uma viagem, enquanto durações superiores a 120 minutos poderiam representar o não uso efetivo da bicicleta por um usuário do sistema.

OS IMPACTOS DAS BICICLETAS EM NÚMEROS

Entre os sistemas de bicicletas compartilhados em funcionamento atualmente no Brasil, esta análise abordou os serviços operados pela empresa Tembici, patrocinados na sua maioria por instituições bancárias como o Banco Itaú e Banestes e, do setor de saúde, como a empresa Samp. Assim, foi possível entender e dimensionar impactos na saúde de seis cidades brasileiras, entre as quais estão importantes capitais como Rio de Janeiro e São Paulo. O estudo compreende então os sistemas Bike PE (Recife — PE), Bike POA (Porto Alegre — RS), Bike Rio (Rio de Janeiro — RJ), Bike Sampa (São Paulo — SP), Bike SSA (Salvador — BA) e Bike VV (Vila Velha — ES), considerando as viagens realizadas no período entre abril e outubro de 2018, o que totalizou 211 dias consecutivos. Foram contabilizadas 3.678.043 viagens, realizadas por usuários regulares em todo Brasil.

A cidade do Rio foi a que apresentou resultados mais expressivos no período contabilizado, sendo aquela que demonstra a maior frequência média de uso semanal pelos usuários, revelando ainda uma média de minutos pedalados por semana também superior às demais. No entanto, ao observamos a duração média de cada deslocamento, Salvador é a cidade que apresenta viagens mais longas, característica

Tabela 1: Dados gerais obtidos para os sistemas brasileiros operados pela Tembici

	BICICLETAS DISPONÍVEIS	ESTAÇÕES DISPONÍVEIS	DURAÇÃO DE VIAGENS — MEDIANA (MIN.)	TEMPO MÉDIO VIAJADO POR SEMANA (MIN.)	FREQUÊNCIA MÉDIA DE VIAGENS POR SEMANA — POR USUÁRIO
Bike PE	800	80	14	104	3.6
Bike POA	410	41	18	99	3.1
Bike Rio	2600	260	20	188	5.4
Bike Sampa	2700	260	16	84	3.2
Bike SSA	400	50	25	134	4.1
Bike VV	200	20	18	116	4.1

fortemente influenciada pela disposição das estações e da forma urbana local (Tabela 1).

Cidades litorâneas como Recife, Rio de Janeiro, Salvador e Vila Velha apresentaram a maior média semanal de duração de viagens, o que possivelmente pode apresentar relação com o uso mais intenso das bicicletas para o lazer — assim também muito utilizada nos finais de semana –, além de uma forte demanda pelo serviço associada ao turismo, resultando em mais minutos pedalados.

Entre os impactos dos comportamentos de viagem na prática de atividade física e consequentemente na saúde dessas cidades, podemos destacar o percentual de usuários de bicicletas compartilhadas que atingem a média de pelo menos 150 minutos semanais em viagens, o que representa alcançar, somente pelo uso desses sistemas, os níveis de atividade física recomendados pela OMS. Considerando os dados conjuntos de todas as localidades avaliadas, 11,1% dos usuários dos sistemas de compartilhamento chegam a tal meta. Enquanto isso, levantamentos indicam que apenas 13% da população brasileira pratica atividade física em seus deslocamentos (caminhadas e bicicleta) totalizando tempo superior a 150 minutos por semana (VIGITEL BRASIL, 2018). Na Figura 2, podemos observar dados comparativos entre os percentuais de usuários que utilizam o sistema de bicicletas compartilhadas por pelo menos 150 minutos semanais e o percentual de brasileiros (≥ 18 anos) que praticam atividades físicas no deslocamento (AFD), por tempo também equivalente a 150 minutos por semana, nas capitais aonde o sistema Tembici opera. Por um lado, esses resultados reforçam a hipótese de que sistemas que operam em cidades litorâneas propiciam uma maior probabilidade de que seus usuários atinjam as recomendações semanais de atividade física, quando comparados a cidades como São Paulo, possivelmente pelo maior uso como forma de lazer. Por outro, tais resultados revelam o alto potencial de contribuição das bicicletas compartilhadas no estímulo a um modo de vida mais ativo.

Ao monetizarmos os benefícios na saúde calculados através do Heat, estima-se, pelo uso das bicicletas contabilizado nos seis sistemas brasileiros no período em questão, que os serviços de compartilhamento são capazes de evitar 253 mortes prematuras por ano. Isso resulta em um impacto econômico de 1.220.400.000 de reais para o país. Numa projeção de longo prazo, em dez anos o uso das bicicletas compartilhadas seria ainda capaz de evitar 2.528 mortes prematuras, gerando um impacto corrigido (redução de 5% ao ano) de 9.401.600.000 de reais.

Figura 2: Percentual de usuários do sistema Tembici que realizam, em média, viagens com pelo menos 150 min./semana (barras azuis) e percentual de brasileiros (≥ 18 anos) que praticam atividades físicas no deslocamento (AFD), equivalente a 150 min./semana (barras roxas)

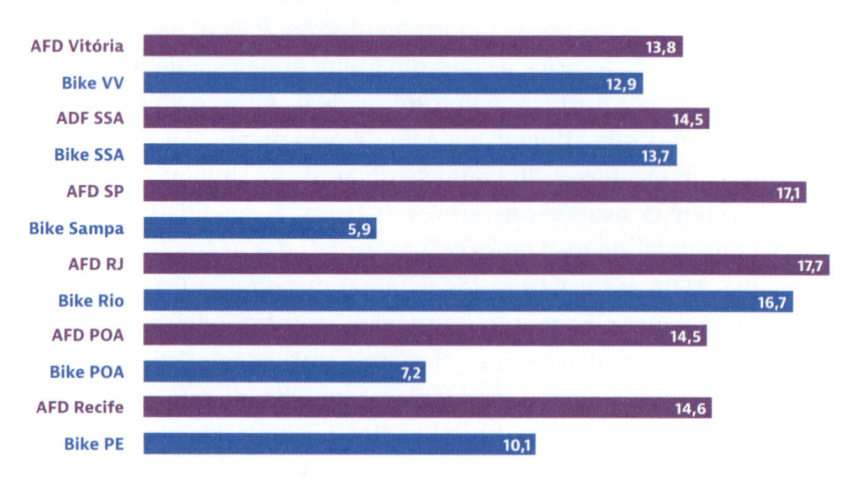

Categoria	Valor
AFD Vitória	13,8
Bike VV	12,9
ADF SSA	14,5
Bike SSA	13,7
AFD SP	17,1
Bike Sampa	5,9
AFD RJ	17,7
Bike Rio	16,7
AFD POA	14,5
Bike POA	7,2
AFD Recife	14,6
Bike PE	10,1

Fonte de dados das barras roxas: Vigitel Brasil (2018).

Tabela 2: Impactos econômicos do sistema de bicicletas compartilhadas sobre a saúde

	DURAÇÃO DE VIAGENS — MEDIANA (MIN.)	MORTES EVITADAS POR ANO	MORTES EVITADAS EM 10 ANOS	IMPACTO ECONÔMICO POR ANO (R$-MILHÕES)	IMPACTO ECONÔMICO EM 10 ANOS (R$-MILHÕES)*
Bike PE	14	18	175	84.524	687.040.000
Bike POA	18	27	273	131.984	1.017.000.000
Bike Rio	20	182	1.823	876.880	7.141.600.000
Bike Sampa	16	33	331	159.556	1.292.720.000
Bike SSA	25	17	169	81.360	691.560.000
Bike VV	18	11	15.788	51.280	418.100.000

*Considerando um desconto anual de 5%.

253 MORTES EVITADAS POR ANO
2.528 EM 10 ANOS

IMPACTO DE R$ 1.220.400.000 AO ANO
R$ 9.401.600.000 EM 10 ANOS

Observando mais em detalhe cada uma das cidades abordadas nesta avaliação, a alta frequência de uso semanal e os minutos pedalados também se refletem na dimensão econômica dos benefícios à saúde. Mais uma vez, a cidade do Rio de Janeiro destaca-se por seu alto potencial na redução de mortes prematuras, o que resulta também em economia de maior proporção. Chamam a atenção as cidades de São Paulo e Porto Alegre, para as quais estima-se um impacto superior a 100 milhões de reais ao ano, proporcionado somente pela prática de atividade física através das bicicletas compartilhadas (Tabela 2).

A fim de compreender melhor a dimensão de tais impactos, podemos estabelecer algumas comparações de caráter orçamentário. No caso do Rio de Janeiro, por exemplo, o valor evidenciado através do Heat pelo uso do sistema de compartilhamento equivale a aproximadamente 16,5% de todo orçamento da saúde aprovado para o município no ano de 2019. Já em escala nacional, o impacto econômico gerado somente por estes seis sistemas chega a corresponder a aproximadamente 0,94% do orçamento aprovado para o Ministério da Saúde em 2019.

Os benefícios econômicos gerados pelas bicicletas compartilhadas são reflexo de um mecanismo de prevenção, o que proporcionaria, além do impacto já calculado por mortes prematuras evitadas, a redução dos gastos em tratamentos de doenças crônicas, somado também a outros benefícios consequentes da melhoria do bem-estar dos indivíduos. Segundo DING et al. (2016), a inatividade física custou aos sistemas públicos de saúde no Brasil em 2013 cerca de 1.692.000.000 de reais. Considerando apenas o conjunto de localidades aqui avaliadas, resguardadas as devidas limitações e comparações, poderíamos especular que os sistemas operados pela Tembici representariam uma economia anual de 72% desse valor.

Por fim, foram analisadas ainda projeções de impacto sobre a mortalidade e a economia dele decorrente, tomando como referência os recortes de dados apresentados neste capítulo. Na Tabela 3 observamos o número adicional de mortes prematuras evitadas por cidade e ainda o impacto econômico associado a um aumento de 15% no número de usuários em cada localidade de operação do sistema Tembici para um cenário comparativo final de dez anos.

Tabela 3: Projeção de impacto econômico em 10 anos para um aumento de 15% de usuários por localidade

	ADICIONAL DE MORTES EVITADAS POR ANO	ADICIONAL DE MORTES EVITADAS EM 10 ANOS	IMPACTO ECONÔMICO ADCIONAL POR ANO (R$-MILHÕES)	IMPACTO ECONÔMICO ADICIONAL EM 10 ANOS (R$-MILHÕES)*
Bike PE	2	17	8.407,00	61.924.000,00
Bike POA	4	43	20.656,40	151.872.000,00
Bike Rio	24	236	113.452,00	836.200.000,00
Bike Sampa	5	53	25.357,20	186.676.000,00
Bike SSA	2	23	11.209,60	82.264.000,00
Bike VV	2	16	7.729,20	56.952.000,00

*Considerando um desconto anual de 5%.

Analisados em conjunto, os dados permitem estimar para o cenário brasileiro uma redução de 388 novas mortes prematuras e um impacto econômico total de 1.375.888.000 de reais, caso o sistema aumentasse em 15% a sua base de usuários em até dez anos.

CONSIDERAÇÕES FINAIS

Diante do forte cenário de altos índices de sedentarismo e crescente incidência de DCNTs, a prática da atividade física por meio das bicicletas públicas se revela como uma estratégia de importante contribuição para a saúde. Não somente pelos benefícios ambientais já associados ao uso da bicicleta em geral — de redução das emissões de gases poluentes pela migração para este modal — os serviços de bicicletas compartilhadas vêm estimulando e atraindo novos ciclistas, demonstrando um potencial também transformador de hábitos, capaz de gerar impactos positivos ainda maiores nas cidades brasileiras.

Mais além do bem-estar gerado pela prática da atividade física, o ciclismo urbano por meio das bicicletas compartilhadas revela, nos casos analisados, também um impacto econômico significativo, o que reforça a necessidade de um olhar holístico para as políticas de saúde. Nesse sentido, o incentivo aos sistemas de bicicletas compartilhadas se torna ao mesmo tempo estratégia de prevenção de doenças e de gestão mais eficiente dos recursos.

Nesse contexto, as bicicletas compartilhadas favorecem não somente a prática de atividade física por si só, mas através de sua ampla base de dados de registros de viagem, permitem subsidiar o desenvolvimento de tais estratégias. Com isso, permite-se também ampliar a abordagem tradicional do campo da saúde, por meio de ferramentas como o Heat. Embora reconhecido no contexto internacional, o Heat enfrenta desafios para sua aplicação à realidade brasileira, a exemplo da disponibilidade limitada de dados.

Ao mesmo tempo, a partir da compreensão obtida por meio dos padrões de uso das bicicletas compartilhadas, é possível encontrar maneiras de propiciar um incremento ainda maior dos usuários e fomentar o uso frequente desses serviços. Dessa forma, devem ser colocados em perspectiva mais desafios, como questões de desenho urbano e provisão de outras infraestruturas cicloviárias. Estratégias assim integradas podem, então, revelar relações de custo-benefício que tenham como consequência melhores condições de saúde e bem-estar para as populações.

REFERÊNCIAS BIBLIOGRÁFICAS

BRASIL. Programa Brasileiro de Mobilidade por Bicicleta-Bicicleta Brasil. *Caderno de Referência para elaboração de Plano de Mobilidade por Bicicleta nas Cidades*, 2007.

DING, D. et al. Lancet Physical Activity Series 2 Executive Committee. The economic burden of physical inactivity: A global analysis of major non-communicable diseases. *Lancet*, 388(10.051), p. 1.311-1.324, 24 set. 2016.

FAJERSZTAJN, L. et al. Como as cidades podem favorecer ou dificultar a promoção da saúde de seus moradores? *Estudos Avançados*, v. 30, n. 86, p. 7-27, abr. 2016.

GUTHOLD, R. et al. Worldwide trends in insufficient physical activity from 2001 to 2016: a pooled analysis of 358 population-based surveys with 1.9 million participants. *Lancet Glob Health*, v. 6, n. 10, p. e1.077-e1.086, out. 2018.

HAFNER, M. et al. *The economic benefits of a more physically active population: An international analysis*. Santa Monica, CA: Rand Corporation, 2019.

KELLY, P. et al. Systematic review and meta-analysis of reduction in all-cause mortality from walking and cycling and shape of dose response relationship. *Int J Behav Nutr Phys Act*, 11:132. 2.014, 24 out. 2014.

LEE, I. M. et al. Effect of physical inactivity on major non-communicable diseases worldwide: an analysis of burden of disease and life expectancy. *Lancet*, v. 380, n. 9838, p. 219-29, 21 jul. 2012.

MARDONES, C.; MARCELO, R. Estimation of the Value of Statistical Life in Chile and Extrapolation to Other Latin American Countries. *Latin American Research Review*, 53(4), p. 815-830, 2018.

MUELLER, N. et al. Health impact assessment of active transportation: A systematic review. *Prev Med*, 76, p. 103-114, jul. 2015.

ROJAS-RUEDA, D. et al. The health risks and benefits of cycling in urban environments compared with car use: health impact assessment study. *British Medical Journal (BMJ)*, v. 343, n. d4521, 2011.

SOLOMON, C. G.; LAROCQUE, R. C. Climate Change — A Health Emergency. *N Engl J Med*, v. 380, n. 3, p. 209-211, 17 jan. 2019.

VIGITEL BRASIL. *Vigilância de fatores de risco e proteção para doenças crônicas por inquérito telefônico: estimativas sobre frequência e distribuição sociodemográfica de fatores de risco e proteção para doenças crônicas nas capitais dos 26 estados brasileiros e no Distrito Federal em 2017.* Ministério da Saúde, Brasília, 2018.

WORLD HEALTH ORGANIZATION. *Health economic assessment tool (Heath) for walking and for cycling. Methods and user guide on physical activity, air pollution, injuries and carbon impact assessments.* Genebra, 2017.

_____. *Global action plan on physical activity 2018-2030: more active people for a healthier world.* Genebra, 2018.

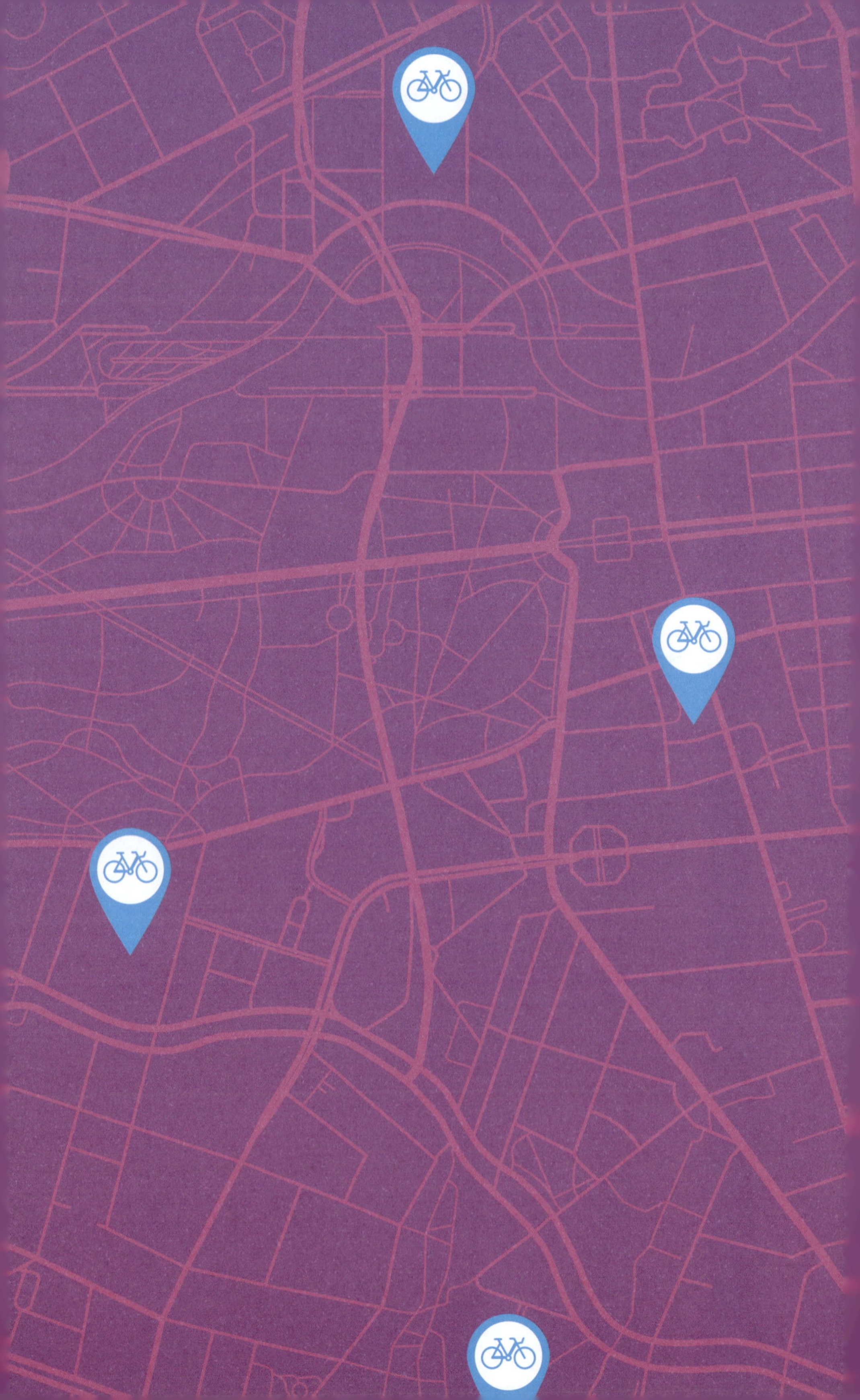

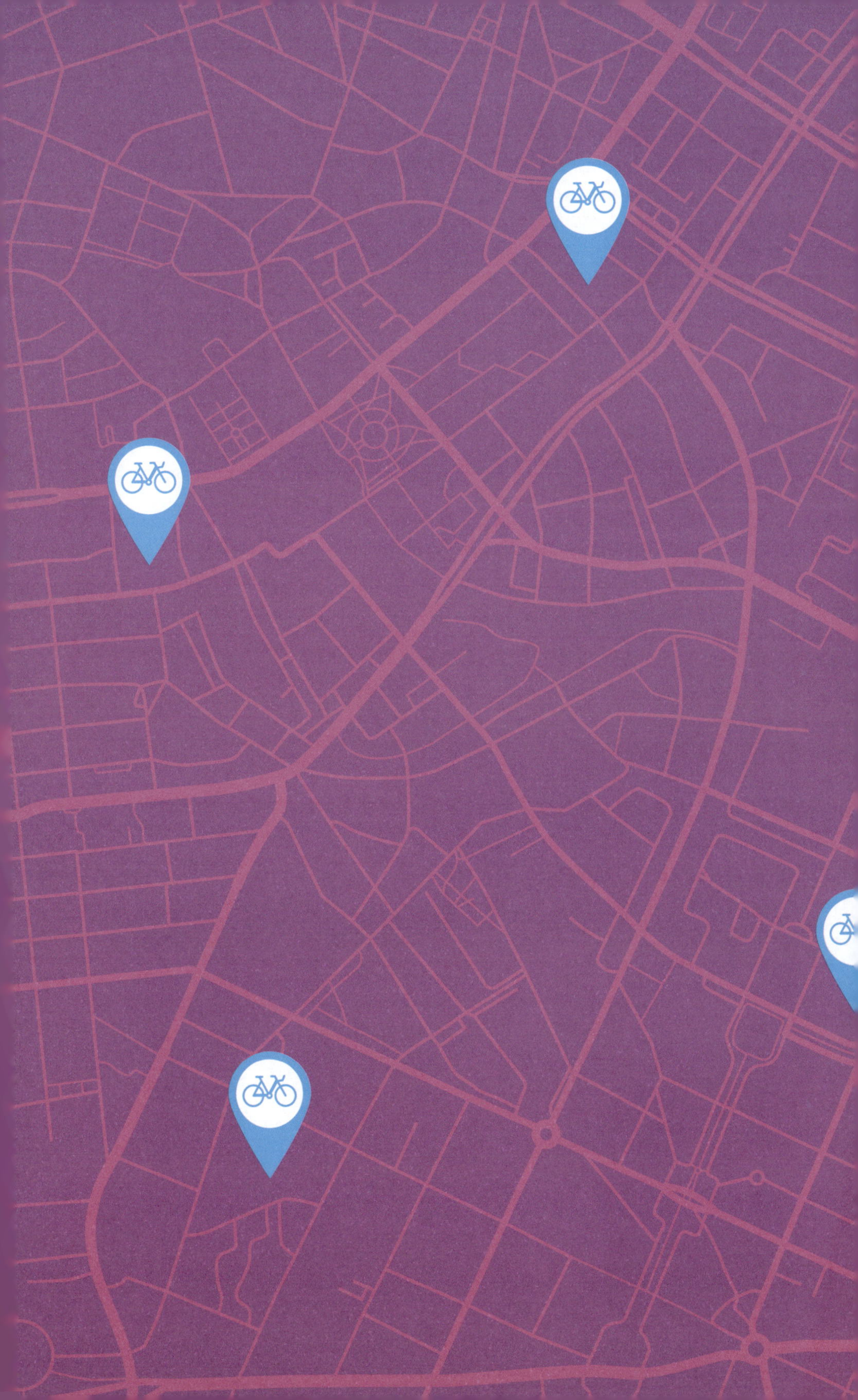

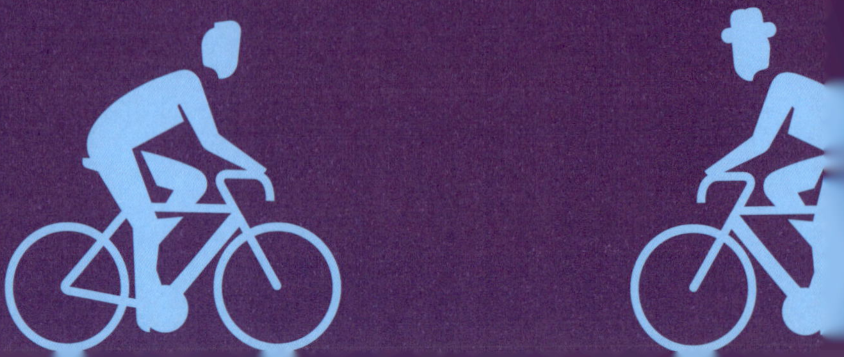

© 2020 Victor Andrade/LABMOB
© 2020 desta edição Relicário Edições

Grafia atualizada segundo o Acordo Ortográfico da Língua Portuguesa de 1990, em vigor no Brasil desde 1º de janeiro de 2009.

Edição
Michelle Strzoda

Coordenação editorial
Maira Nassif Passos

Apoio organizacional
Juliana DeCastro
Pedro Bastos

Tradução do inglês
[capítulos 1, 2, 8 e 10]
Pedro Bastos

Revisão
Ronaldo Balassiano
Luiz Saldanha
Ricardo Brandão

Projeto gráfico e tratamento de imagens
Anderson Junqueira

Diagramação
Anderson Junqueira
Tebhata Spekman

Dados Internacionais de Catalogação na Publicação (CIP) de acordo com ISBD

B583

Bicicletas nas cidades: experiências de compartilhamento, diversidade e tecnologia / Victor Andrade & Letícia Quintanilha (organizadores). - Belo Horizonte : Relicário, 2020.
280 p. : il. ; 15,5cm x 23cm.

Inclui índice e bibliografia.
ISBN: 978-65-86279-02-3

1. Mobilidade urbana. 2. Bicicleta. 3. Cidades. 4. Urbanismo. I. Andrade, Victor. II. Quintanilha, Letícia. III. Título.

2020-738   CDD 388.411
                    CDU 338.47

Índice para catálogo sistemático:
1. Mobilidade urbana : bicicleta 388.411
2. Mobilidade urbana : bicicleta 338.47

RELICÁRIO EDIÇÕES
Rua Machado 155 . casa 1 . Floresta
Belo Horizonte . MG . 31110-080 . Brasil
relicarioedicoes.com
contato@relicarioedicoes.com
@relicario.edicoes
@relicarioedicoes

1ª edição: dezembro 2020
Impressão: Rotaplan
Papel de miolo: Offset 90g/m²
Tipografias: Bernina Sans e Titular

Realização

LABMOB Laboratório de Mobilidade Sustentável

Parceria

iCS   prourb   Universidade Federal do Rio de Janeiro